Johannes Oldenettel · Ziergeflügel halten

Johannes Oldenettel

Ziergeflügel halten

Hühner- und Entenvögel

2., überarbeitete Auflage

46 Farbfotos
23 Zeichnungen

VERLAG
EUGEN
ULMER

Alle Zeichnungen im Buch von Joannis Selveris

Umschlagfoto: Hans Reinhard

Die Deutsche Bibliothek — CIP-Einheitsaufnahme

Oldenettel, Johannes:
Ziergeflügel halten : Hühner- und Entenvögel / Johannes Oldenettel. –
2., überarb. Aufl. – Stuttgart : Ulmer, 1998
ISBN 3-8001-7384-0

© 1993, 1998 Eugen Ulmer GmbH & Co.
Wollgrasweg 41, 70599 Stuttgart (Hohenheim)
Printed in Germany
Einbandgestaltung: Alfred Krugmann, Freiberg am Neckar
Lektorat: Ulrich Commerell
Herstellung: Steffen Meier
Satz: Typomedia Satztechnik GmbH, Ostfildern
Druck: Friedrich Pustet, Regensburg

Vorwort

▽

Vor vier Jahrzehnten hat der Verfasser dieses Buches sein erstes Pärchen Goldfasanen erworben. Das Geld für den Kauf der Tiere mußte vom geringen Lehrlingslohn abgespart werden. Nach einer etwa einstündigen Fahrt mit dem Fahrrad konnten die schriftlich bestellten Tiere — wer hatte damals schon Telefon — in Empfang genommen werden. Als sie zu Hause aus dem Pappkarton in das selbstgezimmerte Gehege entlassen wurden, wirkten die beiden halbwüchsigen Fasanen noch recht unscheinbar. Trotzdem, die Freude war groß und die Begeisterung wuchs, als der Hahn im nächsten Jahr sein volles Prachtgefieder erhielt und dann in der Balz liebestoll seine Henne umtänzelte.

Später kamen andere Fasanenarten hinzu, auch Wassergeflügel, Finkenvögel, Tauben, Sittiche, Weichfresser. Es wurde gezüchtet, und neben guten Zuchterfolgen gab es natürlich auch Mißerfolge. Gelegentlich wechselten die Arten, aber die Anfängervögel, die farbenfrohen Goldfasanen, bevölkern auch derzeit wieder eine meiner Volieren.

So habe ich mich in vielen Jahren mit den verschiedensten Ziergeflügelarten, ihrer Haltung und Zucht engagiert und eingehend befaßt und dabei auch viele Kontakte mit gleich oder ähnlich gesinnten Liebhabern gefunden. Tiere und Erfahrungen wurden ausgetauscht, dabei entstanden Freundschaften, die teilweise schon Jahrzehnte andauern.

Ich freue mich sehr, daß ich mit diesem Buch die Gelegenheit habe, den Freunden des Ziergeflügels, besonders den Anfängern oder, wie man heutzutage sagt, den »Einsteigern«, das notwendige Grundwissen vermitteln zu können.

Dabei gilt mein besonderer Dank meinen vielen Freunden, die mir schon früher und auch jetzt wieder mit Rat und Hilfe zur Seite standen. Aber auch meiner Frau, der viel Verständnis abverlangt wurde, wenn meine Liebhaberei gelegentlich ausuferte, möchte ich an dieser Stelle meinen herzlichen Dank sagen.

Dieses Buch soll über das Gesamtgebiet der Haltung und Pflege des Ziergeflügels informieren, so vor allem über die allgemeinen Grundsätze der Haltung, der richtigen Unterbringung, der Ernährung, der Zucht oder über mögliche Krankheiten. Anschließend wird dann eine Auswahl empfehlenswerter Ziergeflügelarten vorgestellt. Da »Ziergeflügel« sowohl die Hühnervögel, also Fasanen, Wachteln, Perlhühner, Kammhühner wie auch das Wassergeflügel, Enten, Gänse, Schwäne, umfaßt, war hier die Auswahl angesichts der Vielzahl bereits gezüchteter Arten nicht immer leicht. So sind manche der hier nicht aufgeführten Arten ebenfalls empfehlenswerte Pfleglinge. Da nahe verwandte Arten vielfach gleiche oder ähnliche Lebensansprüche haben, können die Hinweise zur Haltung und Pflege weitgehend von den in diesem Buch beschriebenen Verwandten übernommen werden.

Friedeburg-Etzel,
Johannes Oldenettel

Inhalt

▽

Ziergeflügel früher und heute

▽

Das Interesse an den Gefiederten besteht schon seit Jahrtausenden, wie Darstellungen der alten Kulturvölker zeigen. So wurde der dekorative Silberfasan schon vor 5000 Jahren von den Chinesen gemalt und in der Poesie verherrlicht. Und vor 4000 Jahren vermehrten und mästeten die Ägypter bereits Enten. Allerdings wurden diese Geflügelarten damals vor allem als wohlschmeckende Nutztiere gehalten oder galten als beliebte Opfergaben, um die Götter zu besänftigen, so in Europa die Graugans und die Stockente, die sich beide gut zur Domestikation eigneten.

Später kam auch der Jagdfasan dazu, obwohl er nie zum Haustier wurde. Die Griechen brachten ihn etwa um 500 v. Chr. nach Europa. Sie führten einen regen Handel am Schwarzen Meer und hatten an der Südostküste in Kolchis, dem heutigen Georgien, Kolonien angelegt. Hier, in der Gegend des Flusses Phasis, lernten sie diesen großen bunten Vogel kennen, der nach dem Fluß auch seinen Namen »Phasan« erhielt. Des guten Fleisches wegen, vielleicht auch wegen seines farbenprächtigen Gefieders, nahmen sie ihn mit in ihre Heimat, wo er vermehrt wurde und später verwilderte und sich weiter ausbreitete. Den eigentlichen Aufschwung erlebte die Fasanenzucht aber erst später durch die Römer, die Fasanen hielten und sie mästeten. Auf den Spuren der Römer breitete sich der Fasan in der Folgezeit dann in Europa aus, so auch bei den Germanen. Später entstanden in den Klöstern und an den Fürstenhöfen Fasanerien, in denen Fasanen nicht nur als Nutzvögel, sondern mehr und mehr als Ziervögel gehalten wurden.

Ein Vogel, der wegen seiner auffallenden Schönheit schon früh zum Haustier wurde, ist der Pfau. Er kann wohl als die erste Ziergeflügelart gelten. Bereits seit über zwei Jahrtausenden ist er im antiken Europa bekannt, und Abbildungen von Pfauen finden sich sowohl auf den Agraffen römischer Emailkunst wie auch auf den Fresken in den Ruinen Pompejis. Auch das erste Vogelschutzgesetz galt dem Pfau. Als Alexander der Große auf seinen Eroberungszügen nach Indien kam, lernte er hier den Pfau kennen. Er war wohl von der besonderen Schönheit dieses Vogels so beeindruckt, daß er das Töten von Pfauen mit der Todesstrafe belegte. Ein paar Jahrhunderte später, bei den Römern, sah es ganz anders aus. Sie züchteten Pfauen als Leckerbissen, wofür wir heute kein Verständnis aufbringen können.

Erst in neuerer Zeit nahm die Ziergeflügelhaltung ihren eigentlichen Aufschwung. Im Mittelalter wurden zwar bereits Wachteln wegen ihres Rufes, des Wachtelschlages, in besonderen Käfigen gehalten, in England Höckerschwäne gezähmt und in China Goldfasane gezüchtet, aber es waren doch nur wenige Arten aus der großen Vielfalt der Hühner- und Entenvögel. Ab dem 18. Jahrhundert wurden dann in rascher Folge erst einige, dann immer mehr Arten eingeführt, wozu vor allem die Ausweitung des Überseehandels, besonders mit den Kolonialländern, entscheidend beitrug. Viele Ersteinfuhren kamen nach England, wurden dort gezüchtet und gelangten schließlich auf das Festland, nach Frankreich, Holland und Deutschland. Eine Attraktion war besonders die Buntheit vieler Arten. So kam es, daß auf vielen Bauernhöfen neben dem allgegenwärtigen Nutzgeflügel, den Hühnern, Enten und Tauben, auch einige Perlhühner, Pfauen oder Silberfasane mitliefen. Nach dem letzten Weltkrieg trat erst langsam, dann immer schneller, eine große Wandlung ein. Die Bauernhöfe, inzwischen hochtechnisiert und bar jeglicher Romantik, boten keinen Platz mehr für eine bunte Geflügelschar. Nutzgeflügel wie Hühner, Enten und Puten wanderten in Großbetriebe, um ihr Dasein eingesperrt in Drahtkäfigen unter Kunstlicht zu verbringen. Und ebenso war auch für Ziergeflügel kein Platz mehr da. Die heutige Landwirtschaft mit ihrer hochmodernen Wirtschaftsweise, die von wildkräuterfreien (unkrautfreien) Monokulturen und Pestiziden (Pflanzenschutzmitteln) gekennzeichnet ist, bietet keinen Raum für eine große Artenvielfalt.

Das Fazit: Birkhühner sind nahezu ausgerottet, Rebhühner werden überall seltener und sogar der früher so häufige, buntschillernde Jagdfasan ist mancherorts schon eine Rarität. Das »Pickwerwick« der Wachtelhähne, das mir in meiner Jugend so wohlvertraut war, hörte ich schon lange nicht mehr.

Dazu verlieren viele Menschen den Kontakt zur Natur, wenn sie naturentfremdete und von Industrie und Technik bestimmte Berufe auszuüben haben und in einer naturfremden Umgebung leben müssen. Wen wundert es deshalb, wenn zunehmend der Wunsch geäußert wird, in der häuslichen Umgebung Tiere zu halten, um sich an ihrer Schönheit und ihrem Wesen zu erfreuen. Dieser Wunsch ist durchaus berechtigt. Wer in einem Hochhaus wohnt, muß sich allerdings auf Heimtiere wie Kanarienvögel oder Aquarienfische beschränken. Aber bereits auf einem Grundstück um ein Eigenheim läßt sich der Wunsch nach einer Ziergeflügelvoliere getrost verwirklichen. Dann erweist sich sehr rasch, welche Freude und Befriedigung eigenes Ziergeflügel bereiten kann und daß es eine Schar Gleichgesinnter in Stadt und Land gibt, die eine oder auch mehrere Volieren haben und Fasanen, Enten oder auch anderes Ziergeflügel halten und züchten.

Was bezeichnen wir als Ziergeflügel?

▽

Im Gegensatz zum Nutz- oder Wirtschaftsgeflügel, den Haus-Hühnern, -Enten, -Puten, -Perlhühnern und Japanwachteln, die ihres Fleisches, ihrer Eier oder Federn wegen gehalten und gezüchtet werden, handelt es sich beim »Ziergeflügel« um Arten, die man meist ohne besonderes Nutzinteresse, nur der »Zierde« wegen, hält. Ihre Schönheit und ihr mehr oder weniger interessantes Verhalten begeistern und erfreuen.

Wenn wir von Kranichen, Reihern, Störchen und Straußenvögeln, deren Haltung wir den Tierparks überlassen sollten, einmal absehen, können wir das Ziergeflügel grob in zwei Hauptgruppen, die Hühner- und Entenvögel, unterteilen.

Die **Hühnervögel** (Galliformes) sind landbewohnende Arten, so z.B. die Wachteln, Fasanen, Pfauen und Kammhühner. Die kleinsten Vertreter der Hühnervögel, die nur ca. 40 g schweren Chinesischen Zwergwachteln und ihre Verwandten, sind kaum mehr als Ziergeflügel zu betrachten und eher den Ziervögeln zuzurechnen.

Als überwiegende Bodenbewohner, welche einen Großteil ihrer Nahrung durch Scharren suchen, haben Hühnervögel naturgemäß kräftige Beine und starke Füße. Abgesehen von einzelnen Arten, z.B. Silberfasanen, Pfauen und Perlhühnern, welche man, da sie recht standorttreu sind, im Freilauf halten kann, werden die meisten Hühnervogelarten zweckmäßigerweise in Volieren untergebracht.

Die **Entenvögel** (Familie Anatidae), das Wasserziergeflügel, unterscheiden sich von den Hühnervögeln eindeutig durch ihre mit Schwimmhäuten verbundenen Vorderzehen. Dies kennzeichnet sie als Schwimmvögel. Gänse und Schwäne sind dabei ebenso Entenvögel wie »richtige« Enten. Die Dauer ihres Aufenthaltes im Wasser ist, bedingt durch die Art ihres Nahrungserwerbs, recht unterschiedlich. Während Meeresenten einen Großteil ihrer Zeit auf und im Wasser verbringen und ihre Nahrung zum Teil tauchend aus größerer Tiefe holen, sind andere, wie Gänse, überwiegend Landbewohner, wobei die australische Hühnergans bereits kaum mehr ins Wasser geht. Dazwischen gibt es alle Übergänge. Entsprechend sind auch die Ansprüche der einzelnen Entenvögel an ihr Wasserbecken im Gehege sehr unterschiedlich.

Wassergeflügel hält man vielfach in einer gemischten Gesellschaft aus mehreren Arten auf eingezäunten Teichanlagen. Um die Tiere dann am Entfliegen zu hindern, muß man sie flugunfähig machen. Besser, aber auch teurer, ist die Haltung in Fluggehegen (Volieren). Die verschiedenen Haltungsformen werden nachfolgend im einzelnen beschrieben.

Verschiedene Haltungsformen im Vergleich

▽

Freiflughaltung

Die allereinfachste Form der Haltung von Ziergeflügel ist die völlige Freiflughaltung. Auf einem abgelegenen Bauernhof, der von größerem Gartenland umgeben ist, läßt sich diese Haltungsform mit einigen Arten durchaus ermöglichen. Besonders die halbdomestizierten Pfauen und Perlhühner eigenen sich dafür, aber auch Silberfasane oder auf dem Grundstück aufgezogene Graugänse und Streifengänse.

Neben Stockenten werden auch gerne Rotschulterenten im Freiflug gehalten. Bei aller Freude an freigehaltenen Tieren dürfen wir dabei aber einige Risiken nicht übersehen. Besonders im Winter können durch streunende Hunde, Katzen, Füchse und Marder, bei den Enten auch durch den Habicht, Verluste entstehen. Dichte Wohngebiete und starkbefahrene Straßen erhöhen das Risiko ebenfalls, abgesehen davon, daß nicht jeder Nachbar Verständnis aufbringt, wenn Ihre Pfauen oder Gänse über seine Petersilienbeete stolzieren.

Freilandhaltung

Die nächste Möglichkeit, die Freilandhaltung im eingezäunten Garten, seien es der Hausgarten oder Teile davon, natürlich auch auf anderen Grundstücken, ist bereits sehr viel weniger risikoreich. Damit unsere Tiere nicht entweichen können, müssen sie flugunfähig sein. Wir können dies mit Flügelklammern oder durch Beschneiden der Schwungfedern eines Flügels (nicht alle beide!) erreichen. In beiden Fällen muß man aber an die jährliche Mauser denken. Durch die neu gewachsenen Schwungfedern wieder flugfähig geworden, entfliegen immer wieder Tiere. Die Möglichkeit, durch Amputieren (Kupieren) eines Flügels (kupiert wird die Hand ohne Daumen, so daß die Handschwingen fehlen), die Tiere dauerhaft flugunfähig zu machen, wurde bislang bei Enten und Gänsen praktiziert. Nach dem neuen Tierschutzgesetz vom 18. 8. 1986, vierter Abschnitt §6, ist das Kupieren inzwischen aber verboten. Vor den vielen Gefahren, die unseren Tieren durch Eindringlinge, besonders durch tierische Raubfeinde, drohen, schützt nur ein solider Zaun. Bei der Einzäunung wird leicht am falschen Ende gespart. Und wenn es auch jahrelang gutgehen mag, irgendwann können Reineke Fuchs oder ein wildernder Hund ein Blutbad unter unseren Tieren anrichten.

Bei der Zaunhöhe müssen wir neben dem Nachbarrecht auch das Baurecht beachten. Im Bundesland Niedersachsen z. B. beträgt derzeit die zulässige Höhe von genehmigungsfreien Einfriedungen 1,80 m über der Geländeoberfläche. Im Außenbereich gilt dies bis höchstens 50 m Entfernung von einem Gebäude mit Aufenthaltsräumen. Denken wir daran, daß Katzen, manchmal auch Füchse, wie auch der gewandte Steinmarder, Zäune überklettern. Dagegen helfen nur eine enge Maschenweite und oberseits am Zaun eine stark nach außen abgewinkelte Abwehrvorrichtung. Gegen Mauswiesel und Hermeline können wir die Maschenweite nicht eng genug wählen: Noch bei 2 cm Maschenweite schlüpft das Mauswiesel hindurch. Wohl nicht den Alttieren, aber den kleinen Küken wird es gefährlich. Hier helfen nur glatte Kunststoff- oder Metallplatten von mindestens 70 cm Höhe, welche ein Hochklettern verhindern. Gegen ein Unterwühlen durch Füchse oder Ratten hilft ein mindestens 50 cm tiefes Betonfundament, besser sogar mit 80 cm Tiefe. Nützlich kann auch ein leistungsstarkes Elektro-Weidezaungerät sein. Ein Draht wird im unteren Bereich an Isolatoren befestigt und am besten oben noch ein zusätzlicher Draht. Eine Katze oder ein anderer Eindringling, der beim Überklettern einen Stromschlag verspürt, wird höchstwahrscheinlich keinen zweiten Versuch mehr unternehmen. Wichtig bei der Freilandhaltung sind auch vorbeugende Maßnahmen gegen jegliches Raubzeug. Ständig müssen Kasten- oder andere Fallen unterschiedlicher Größe aufgestellt sein. Vor allem dürfen wir eine Tierart auf keinen Fall in unseren Anlagen dulden: die Wanderratte. Wenn sie zunächst vielleicht nur ihren Anteil vom Geflügelfutter holen, so werden Ratten doch mit Sicherheit auf den Geschmack kommen und sich dann an die Eier, Küken, ja später sogar an halbwüchsige Jungtiere heranwagen. Leider lassen sich diese Räuber ohne Gift nicht kurzhalten; Cumarin-Präparate sind das sicherste Mittel gegen die Ratten. Man legt das Gift in besonderen Kästen aus, welche je ein Einschlupf- und Ausschlupfloch von 4 cm Durchmesser haben. Auf keinen Fall dürfen unser Geflügel, andere Haustiere und natürlich die Kinder mit dem Gift in Berührung kommen.

Ein weiteres Problem bei den oben offenen Gehegen sind die Eindringlinge aus der Luft. Zum einen sind dies Spatzen, Türkentauben, auf Teichen auch Stockenten und andere Vögel, die sich des Ziergeflügelfutters bedienen, aber auch Krähen und Elstern als Eier- und Kükenräuber. Ein mehrmaliges Füttern am Tage, wobei jeweils nur soviel Futter ausgestreut werden sollte, wie kurzfristig gefressen wird, empfiehlt sich daher in jedem Fall, denn ständiges Futter in den Näpfen zieht allein schon die Sperlinge der weiteren Umgebung in Scharen an. Angesichts der Eierräuber ist es notwendig, die Eier der Offenbrüter mehrmals am Tage einzusammeln. Oftmals ist aber die scharfäugige Krähe schneller und hat das frischgelegte Ei bereits angepickt.

Im Freiland des Hausgartens werden meist nur wenige Tiere gehalten. Zur Zierde manchmal nur ein einzelnes Paar einer besonders schönen Art; der Garten als Lebensraum der Familie sollte auch nicht allzu sehr eingeengt werden. Innerhalb der solide eingezäunten Anlage lassen sich auch mit geringem Kostenaufwand Einzelgehege als Zucht- oder Jungtiergehege abteilen. Mit ein paar Stahlstangen und ca. 75 cm hohem Maschendraht oder Netz geschieht das recht schnell. Hinterher, wenn kein Bedarf mehr besteht, können die provisorischen Unterteilungen leicht wieder entfernt werden. So lassen sich auch rasch Wechselausläufe schaffen. Damit in sehr großen Anlagen keine großen Hetzjagden beim Einfangen der Tiere erforderlich sind, können wir durch solche Unterteilungen auch Fangabteile anlegen. Eine

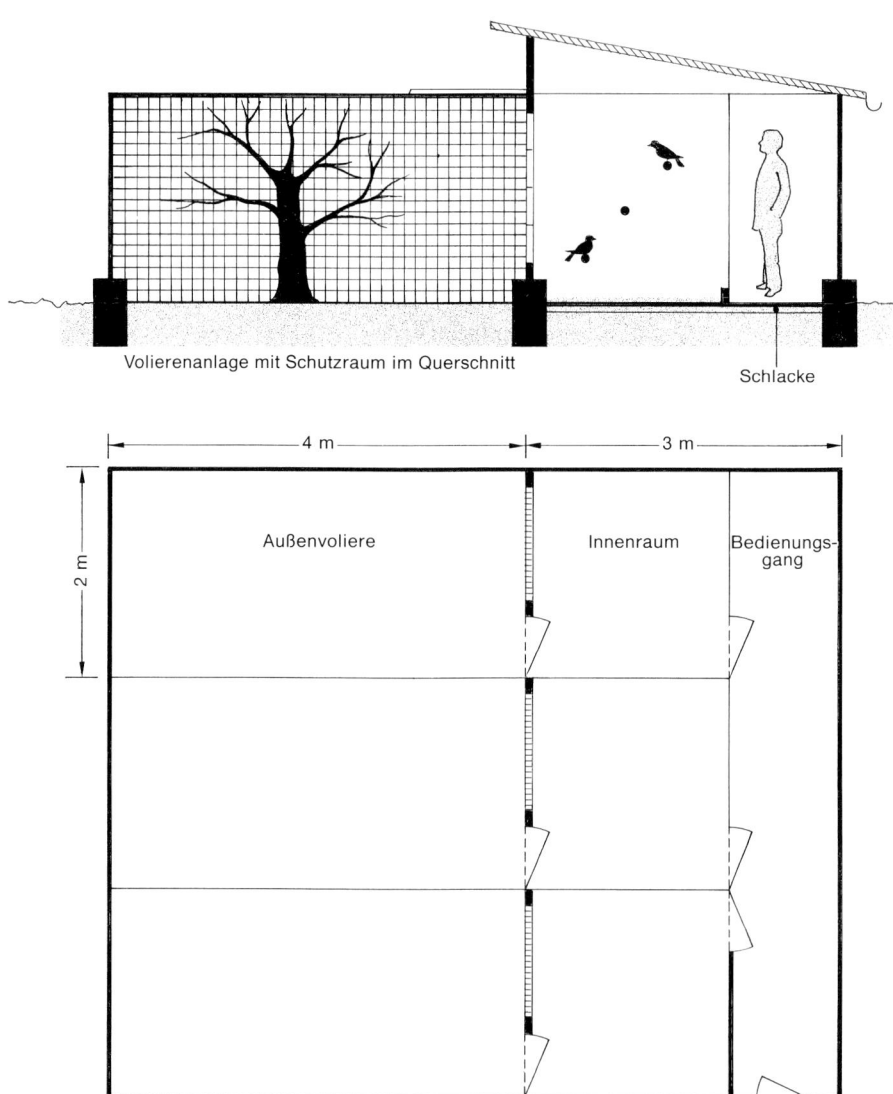

Volierenanlage mit Schutzraum im Querschnitt

Schlacke

Grundriß-Schema einer Ziergeflügel-Zuchtanlage.

andere Möglichkeit wäre ein Fangkäfig an einer Futterstelle, der mittels Schnurabzug bedient wird.

Fluggehege

Ein auch von oben geschlossenes »Flug«-Gehege, eine Voliere, ist zwar gegenüber dem nur eingezäunten Gehege teurer, bietet aber für die Haltung unserer Tiere viele Vorteile. Zum einen können die Tiere flugfähig bleiben, zum anderen bietet die Voliere Schutz gegen Eindringlinge von oben. Und in Verbindung mit einem Schutzhaus (Stall) können wir die Tiere ganzjährig darin belassen. Wir haben dann jederzeit die Möglichkeit, den Tieren je nach Witterung entweder den Zugang in die Außenvoliere zu gestatten oder sie bei extremen Minustemperaturen, Schneetreiben usw. im Stall zu belassen. Über den Bau von Volieren und Schutzhäusern, sowie ihrer Bepflanzung, erfahren Sie Näheres im Abschnitt über die Unterbringung (S. 23ff).

Teich

Ohne einen Teich geht es nicht, wenn Sie Schwimmvögel halten wollen. Sollen es Gänse sein, die ein Wasserbecken meist nur zum gelegentlichen Baden aufsuchen, mag eine ausgediente Duschwanne genügen. Schwimmenten aber, und vor allem Tauchenten wie Reiher- oder Tafelenten, sind stark vom Wasser abhängig, sie verbringen dort einen großen Teil ihrer Zeit. Sie ohne einen entsprechenden Teich — ob es sich nun um einen künstlich angelegten oder Naturteich handelt — zu halten, wäre nicht artgerecht. Abgesehen davon ist es immer wieder reizvoll, eine Entenmutter mit einer Schar schwimmender und tauchender Küken anzusehen.

Über die sachgemäße Anlage von Teichen wird ebenfalls im Abschnitt Unterbringung (S. 37) berichtet.

Über die notwendigen Ställe, die je nach Art aus einer einfachen, dreiseitig verkleideten und mit einem Dach versehene Unterkunft bis hin zum heizbaren Massivstall bestehen können, und deren Bewuchs, wird im Abschnitt »Unterbringung« berichtet.

Zeitaufwand und Kosten

Die Grundvoraussetzungen sind erfüllt: Der geeignete Platz im Garten für das geplante Ziergeflügelgehege ist vorhanden, ein Gang zu den zuständigen Behörden ergab, daß dem Bau des Stalles oder des Teiches nichts im Wege steht (darüber informiert der nachfolgende Abschnitt: gesetzliche Bestimmungen).

Bevor Ihre endgültige Entscheidung, Ziergeflügel zu halten, fällt, sollten Sie, falls nicht schon geschehen, noch einige Überlegungen anstellen und daran denken, was auf sie zukommt. Sie sollten wissen, daß die Befriedigung und das Vergnügen an einer eigenen Tierhaltung auch Ihre Zeit und Ihren Geldbeutel in Anspruch nehmen werden. Ferner sollten Sie auch in Betracht ziehen, daß nach dem Abflauen der ersten Begeisterung in jedem Jahr 365 Tage die Tiere gewissenhaft versorgt werden müssen. Das gilt auch für die Zeit der Urlaubsreisen und der übrigen Abwesenheit von zu Hause.

Der Bau der Volieren, Ställe oder Teiche erfordert einigen Einsatz, besonders wenn man alles selber machen möchte und muß. Hierüber Kosten oder Zeiten anzugeben, ist angesichts der verschiedenen Ausführungsmöglichkeiten schwierig, das Ergebnis wäre viel zu ungenau. Da die Erstellung der Anlagen ein einmaliges Vorhaben ist und mit der Fertigstellung ihren Abschluß findet, sollte vielmehr das interessieren, was an laufenden Kosten und Zeitaufwand auf Sie zukommt.

Ein Beispiel: Ein Fasanenliebhaber hat eine Anlage mit 6 Abteilen. Er hält in 5 Abteilen Fasanen verschiedener Arten, paarweise oder mit einem Hahn und zwei bis drei Hennen besetzt, sowie als Nebenbesetzung je ein Pärchen Kleinvögel. Das sechste, größere Abteil ist für den Nachwuchs bestimmt. Hier zieht er jährlich ca. 30 bis 40 Jungtiere auf.

Täglicher Zeitaufwand:
Morgens: Futterreste entfernen und Pellets zur freien Aufnahme bereitstellen. Frisches Grünfutter, z. B. Vogelmiere oder Salat, aus dem Garten holen. Den beigesellten Chinanachtigallen ihr Weichfutter in die für die Fasanen unerreichbaren Hängeampeln geben und ebenso den Finken in den Nachbarvolieren ihr Waldvogelfutter.

Abends: Tränken reinigen und sauberes Wasser verabreichen, eine Körnermahlzeit geben. Leckerbissen zuteilen, z. B. den Fasanen einige Beeren oder Mehlwürmer. Dabei sollte sich noch etwas Zeit zum Anschauen und Beobachten der Tiere ergeben.
Täglicher Zeitaufwand: ca. 1¼ Stunde.

Am Wochenende:
Am Sonnabend ist die Zeit für besondere Pflegearbeiten: Die Abteile werden ausgeharkt, verdreckte Einstreu wird ausgewechselt, die Futtergeräte und -plätze werden gereinigt.
Zusätzlicher Zeitaufwand: 2 ½ Stunden.

Diese Zeiten gelten für Normalzeiten. In der Zuchtzeit, wenn allerhand Nachzuchttiere zu versorgen oder Tiere zu versenden sind, kann sich der Zeitaufwand gut und gerne auch mal verdoppeln.
Oder aber im Winter bei starkem Frost: Dann muß zweimal am Tage angewärmtes Wasser gegeben werden, besonders wenn sich der Durst nicht mit Schnee stillen läßt. Auch das kann täglich eine zusätzliche halbe Stunde Zeit kosten. Heizbare Tränken, es gibt sie ja bereits, wären da eine wesentliche Erleichterung.

Jährliche Generalreinigung:
Im Nachwinter, rechtzeitig vor Zuchtbeginn, ist Großreinemachen: Verkotete Erdstellen werden abgetragen und ausgewechselt und Wände, Stallboden und Einrichtung mit heißem Sodawasser gründlich gereinigt; Wände und Decken gekalkt; Sitzstangen und -äste ausgewechselt; Nistplätze hergerichtet.
Das Ganze ist an einem Tag gar nicht zu schaffen.
Zeitaufwand: 2 Tage.

S. 17 ▷
oben: Satyrtragopane, Hahn balzt die Henne an
unten: Silberfasan, Hahn

S. 18 ▷▷
oben links: Königsglanzfasan, Hahn
oben rechts: Swinhoefasan, Hahn
unten links: Gelber Goldfasan, gelbe Mutation, Hahn
unten rechts: Goldfasan

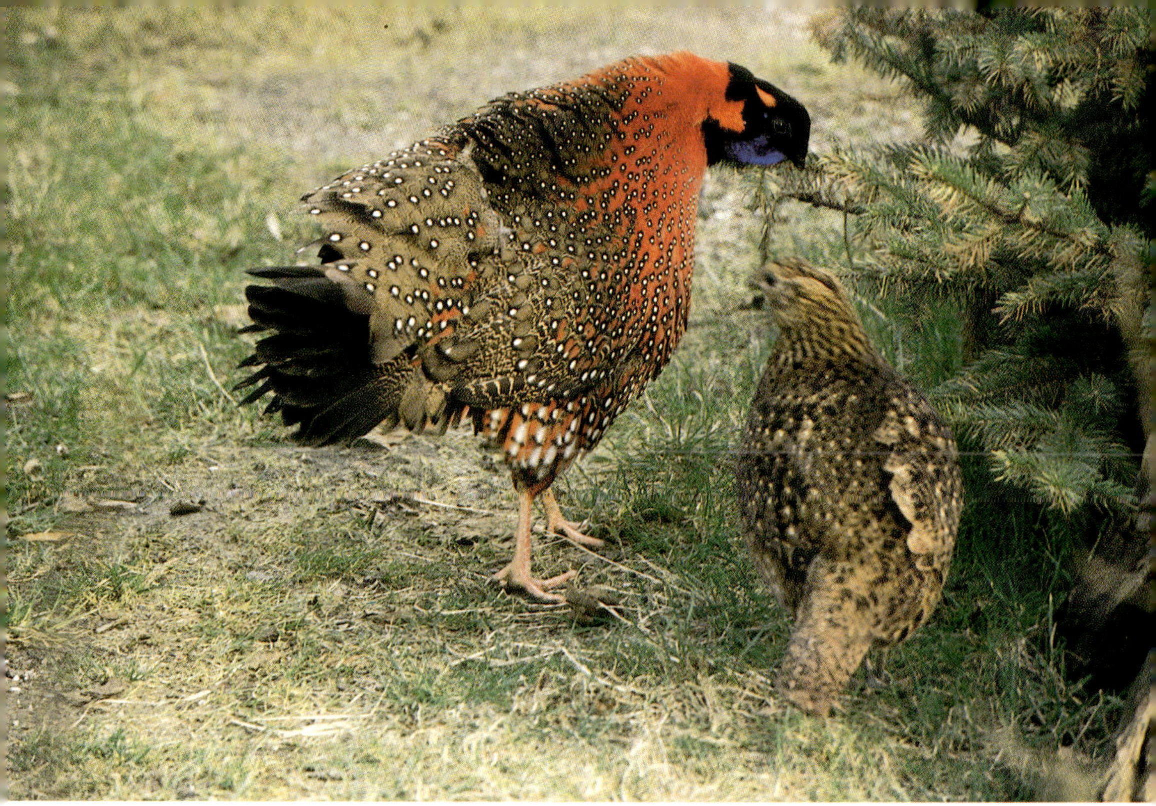
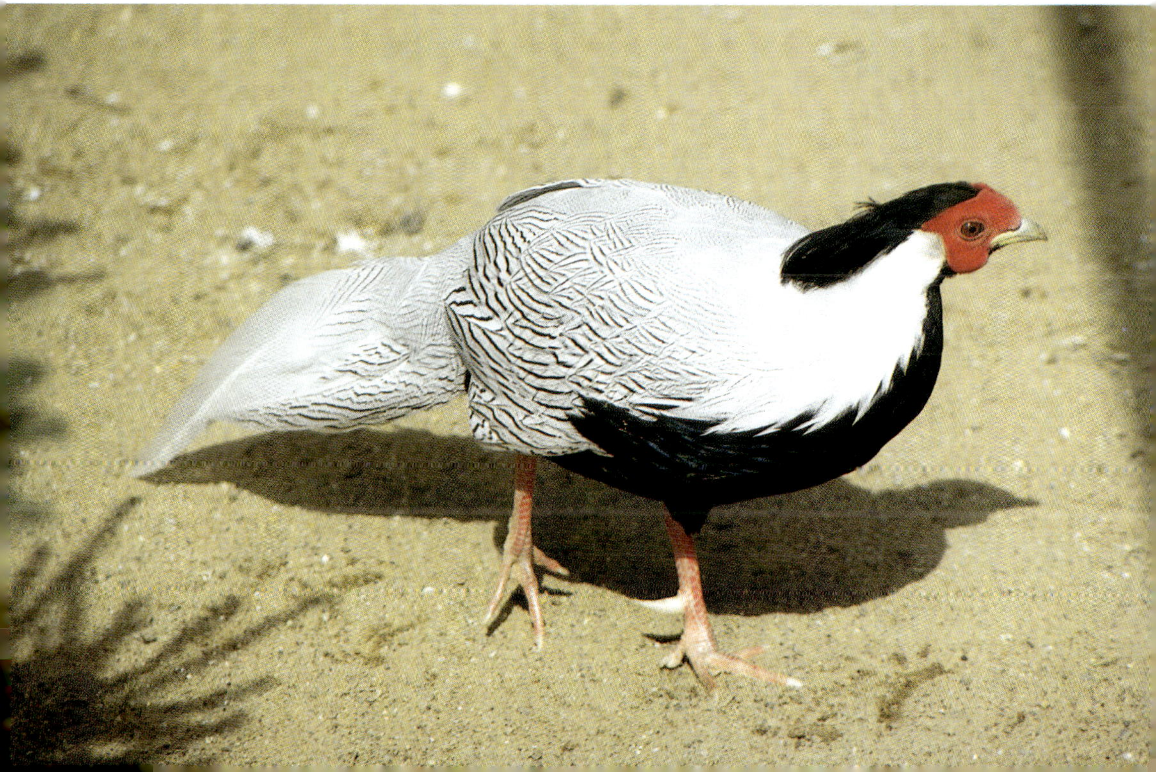

Kosten für Futter, Medikamente, Aufzucht und sonstiges

Für einen Bestand an rund 18 Alttieren werden etwa 440 kg Pellets und Körnerfutter benötigt. Die Kosten pro kg betragen derzeit ungefähr –,80 DM: insgesamt also 352,– DM.

Für die Aufzucht von rund 30 Jungtieren, die teilweise mit 8 Wochen, manche später, einige erst im Frühjahr nächsten Jahres verkauft werden können, entstehen folgende Futterkosten: Das Futter für 30 Tiere, die durchschnittlich je 80 g Futter in 150 Futtertagen benötigen, ergibt 360 kg zu 0,90 DM/kg = 324,– DM.

Für die Fütterung der Nebenbesetzung werden im Jahre rd. 80,– DM benötigt. Gesamtfutterkosten: 756,– DM.

An sonstigen Kosten wie für Medikamente, Anzeigen für den Jungtierverkauf, Stromkosten usw. sind etwa 200,– DM anzusetzen. Mit weiteren Kleinigkeiten ergeben sich damit knapp 1000,– DM laufende Kosten im Jahr.

Aber es gibt auch Einnahmen. Für 30 Nachzuchttiere sind nach Art und Alter der Tiere je 20,– bis 50,– DM zu erlösen. Bei durchschnittlich 35,– DM pro Tier gleicht sich die Rechnung dann gerade aus. So sind wenigstens die laufenden Unkosten gedeckt. Die Kosten der Stall- und Volierenanlage und der eigene Arbeitsaufwand bleiben dabei allerdings unberücksichtigt, sie sind der Preis der Liebhaberei und der Freude an den Tieren.

Nun könnte man sagen, das ist eine Milchmädchenrechnung, oft hat man hingegen Pech, es gibt Aufzuchtverluste und hohe Tierarztrechnungen. Dem stehen aber, gewissenhafte Pflege vorausgesetzt, doch meist erfolgreiche Zuchtjahre gegenüber, die Ärger und Schaden wieder wettma-

chen. Und auch andere Liebhabereien und Hobbys kosten schließlich Geld, die meisten entschieden mehr als die Ziergeflügelhaltung.

Oftmals wird nach dem Futterbedarf einzelner Ziergeflügelarten gefragt. Da hierüber wohl kaum genaue Ermittlungen angestellt wurden, orientieren wir uns zweckmäßigerweise bei den Hühnerhaltern.

So benötigen Legehennen pro Tag ca. 100 g Futter (Körner + Legemehl), voll legende Hochleistungshühner auch bis 130 g. Bei Zwerghühnern sind es rund 60 g. Rechnen wir für mittelgroße Fasanen 80 g und für Zierenten gleicher Größe vielleicht 10% mehr, haben wir eine Faustzahl, die durchaus realistisch sein dürfte. Mit dem derzeitigen Kilopreis des Futters können wir dann leicht den Pfennigbetrag ausrechnen, mit dem unser Taschengeldkonto durch Futterkosten pro Tier belastet wird.

Bei derzeit etwa 0,70 DM pro kg Futter wären das somit:

$$0,70 \text{ DM} \times 0,080 \text{ kg} = 0,056 \text{ DM pro Tag}.$$

Im Jahr also 20,38 DM Futterkosten.

Oder die Aufzuchtskosten. Hierzu einige Überlegungen: ein legereifes Huhn, ca. 4½ Monate alt, kostet zur Zeit rund 12,– DM.

Da Geflügelfarmen mit Verlusten nicht existieren können, schließt der obige Preis mit Sicherheit alle Unkosten und einen kleinen Gewinn mit ein. Auf Fasanen oder Zierenten übertragen, errechnen sich reell daher rund 10,– bis 11,– DM Aufzuchtskosten als Erlös für die meisten unserer Tiere. Das Argument, daß die Großbetriebe ja ihr Futter angesichts großer Mengenrabatte wesentlich billiger einkaufen können, ist zwar richtig, aber der Mengenbedarf unserer meist viel kleineren Tiere ist dagegen ja auch geringer. Die Ergebnisse der bisherigen Beispiele sind natürlich dann nicht mehr zutreffend, wenn an Arten wie z. B. Pfaufasanen, Straußwachteln oder Zwergsägerküken Futterspezialitäten wie Mehlwürmer mit einem derzeitigen kg-Preis von 20,– bis 22,– DM zuzüglich Versandkosten oder aber teures Obst gefüttert werden.

Der Verbrauch und damit die Kosten werden sehr reduziert bei einer Haltung in großen, naturnahen Gehegeanlagen mit geringer Besetzung. So beispielsweise bei Entenhaltung auf Naturteichen oder noch mehr, wenn den Wildgänsen eine große Grasfläche zur Verfügung steht. Eine derartige Haltung verringert nicht nur die Futterkosten, sondern auch den Zeitaufwand für die tägliche Pflege. Bei den Gänsen, welche tagsüber ihr Gras äsen können, benötigt man im Sommer abends nur ein paar Minuten, um ihnen ihre Handvoll Körner als Zusatznahrung zu geben.

Gesetzliche Bestimmungen

Auch als Ziergeflügelliebhaber werden wir mit unseren Vorhaben von allerhand Gesetzen und Bestimmungen tangiert. Um Konflikte zu vermeiden, müssen wir sie beachten. Als Übersicht zu den in Frage kommenden Gesetzen und Bestimmungen dient die nachfolgende Tabelle.

Viele Gesetze sind durch ein Bundesrahmengesetz nur grob ausgelegt und werden durch die Ländergesetze ergänzt. Hierzu sollte man beachten, daß letztere voneinander abweichen oder teilweise durch zwischenzeitliche Änderungen oder Novellierungen überholt sein können. Wenn Sie darüber nicht ganz sicher sind, wenden Sie sich vorsorglich und rechtzeitig an die für Sie zuständige Behörde. Ihre Stadtbeziehungsweise Gemeindeverwaltung kann Ihnen diese benennen.

Eine grundlegende Frage ist: Darf ich auf meinem Grundstück überhaupt ein Gehege bauen und Ziergeflügel halten? Dazu gilt folgendes: Das Bauen, z. B. unserer Ställe, wird übergeordnet durch das Baugesetzbuch geregelt. Abgesehen von bestimmten einschränkenden Auflagen im Bebauungsplan und in reinen Wohngebieten, darf eine Hobbytierhaltung nicht untersagt werden. Näheres ergibt sich aus der Baunutzungsverordnung. Diese gilt allerdings nur für Baugebiete, nicht jedoch für die Außenbereiche der Gemeinden. Beim Bauen im Außenbereich wird diese Verordnung zur Beurteilung aber hilfsweise herangezogen.

Ferner ist beschrieben, daß Anlagen und Einrichtungen für die Hobby-Kleintierhaltung nur dann »untergeordnete« Nebenanlagen und Einrichtungen im Sinne des §14 sind, wenn sie gegenüber dem Wohnen als Hauptnutzung, räumlich und funktionell von untergeordneter Bedeutung sind und wenn ihre Nutzung dem Wohnen zu- und untergeordnet ist. Die Frage »Mein Haus hat soundsoviel qm bebaute Fläche, wie groß dürfen nun meine Gehege werden?« ist dennoch nur schwierig zu beantworten. Bestimmte Maße für die Größe der Kleintierställe oder eine bestimmte Zahl der Tiere, um für die verschiedenen Wohnbaugebiete einen allgemein gültigen Maßstab für die Zulässigkeit zu gewinnen, können nämlich wegen der Verschiedenartigkeit der Beurteilungskriterien nicht bindend festgelegt werden.

Damit bleiben also nur der Weg zur zuständigen Baubehörde oder eine schriftliche Bauvoranfrage und die

Hoffnung auf günstige Beurteilungskriterien. Außer der Baugenehmigung geht es auch um die naturschutzrechtliche Genehmigung. Das Bundesnaturschutzgesetz (BNatSchG) besagt nämlich in §24, Abs.1, daß gewisse Tiergehege und die Haltung der Tiere in ihnen genehmigungspflichtig sind.

Da das Bundesnaturschutzgesetz jedoch kein unmittelbar geltendes Recht, sondern eine sogenannte Rahmenvorschrift für die Landesgesetzgebung ist, erfolgt eine Regelung durch die einzelnen Bundesländer in ihren Landesnaturschutzgesetzen. Als Beispiel Niedersachsen: Dort sind Tiergehege nur dann genehmigungsfrei, wenn sämtliche Gehege eines Halters zusammengenommen 50 qm Grundfläche nicht überschreiten und darüber hinaus darin keine Tiere der besonders geschützten Arten gehalten werden.

Auch hier wieder der Rat: Ein rechtzeitiges Gespräch mit dem Sachbearbeiter ihrer Naturschutzbehörde kann unnötigen Ärger vermeiden und Schwierigkeiten aus dem Wege räumen.

Übersicht der Gesetze und Bestimmungen, die den Ziergeflügelzüchter in der BRD (Stand 1992) berühren

Anwendungen	Recht, Rechtsträger, wichtige Gesetze und Verordnungen	Behandelt in Abschnitt
Tiergehegebau, Beschaffung, Haltung, Absatz der Tiere	**Naturschutzrecht** Bundesnaturschutzgesetz v. 20.12.76 als Rahmengesetz, Bundesartenschutz-Verordnung in der Neufassung vom 18.9.1989, Washingtoner Artenschutzübereinkommen v. 22.5.75 (WA) hierzu EWG Verordnung vom 3.12.82 (Ländergesetze)	Reglementierung von Haltung und Vermarktung sowie von Im- und Export. Im Laufe des Jahres 1997 sind in diesem Rechtsgebiet einschneidende Änderungen zu erwarten.
Haltung [Flügelamputation (ist verboten §6)]	**Tierschutzrecht** Tierschutzgesetz v. 17.2. 1993	Beschaffung und Eingewöhnung, Zucht, Unterbringung
Beschaffung, Haltung	**Bundesjagdgesetz** vom 29.9.1976 Bundeswildschutzverordnung vom 25.10.85	Voraussetzungen der Haltung

Übersicht der Gesetze und Bestimmungen, die den Ziergeflügelzüchter in der BRD (Stand 1992) berühren (Fortsetzung)

Tiergehegebau, Einzäunungen	**Baurecht** Baugesetzbuch, Baunutzungsverordnung, Ländergesetze (Landesbauordnungen)	Voraussetzungen der Haltung, Unterbringung (vor allem: Regelungen bzgl. Tiergehegen)
Entnahme von Grundwasser oder Wasser aus Bächen. Einleitung verschmutzten Wassers	**Wasserrecht** Wasserhaushaltsgesetz als Rahmengesetz; Ländergesetze	
Der Ziergeflügelhalter als Mieter	**Mietrecht** (Privatrecht) **BGB**	
Der Ziergeflügelhalter als Wohnungseigentümer	**Wohnungseigentumsgesetz (WEG)**	
Grenzbebauung, Grenzeinzäunung	**Nachbarrecht** (Privatrecht) **BGB**	Voraussetzung der Haltung
Tiereinfuhr, Quarantäne, Melde- und anzeigepflichtige Krankheiten	**Tierseuchenrecht** Tierseuchengesetz v. 28. 4. 80, Psittakose-Verordnung in der Neufassung vom 14. 11. 91	Beschaffung und Eingewöhnung, Krankheiten

Bau und Ausgestaltung der Volieren, Schutzhäuser und Teiche

▽

Zuvor einige grundsätzliche Überlegungen

Wo sollten wir am zweckmäßigsten das oder die Gehege für unsere Tiere anlegen? Sehr wichtig ist, daß ein Großteil des Tages die Sonne den Volierenboden erreicht. Extreme Nordlagen sind deshalb ungeeignet. Bedenken sollte man, besonders wenn man im Sommer plant, den viel niedrigeren Sonnenstand im Winter und die langen Schlagschatten von Mauern und Gebäuden. Oft fehlt dann den Tieren monatelang jeglicher gesundheitsfördernde Sonnenstrahl. Daß andererseits auch Schattenpartien (Büsche und Bäume) die Tiere im Hochsommer vor der Mittagsglut schützen müssen, ist einzusehen, vor allem bei Bewohnern kühler Gebirgswälder wie Tragopanen oder Glanzfasanen.

Bei der Hühnervogelhaltung kommt es in erster Linie auf einen trockenen Gehegeboden an. Sumpfiges Gelände ist nur dann geeignet, wenn es entsprechend drainiert oder sonstwie trockengelegt werden kann. Näheres dazu im Abschnitt »Volieren«. Zugige Ecken sind ebenfalls zu meiden oder mit einem Windschutz (Rohrmatten, Heckenpflanzungen) zu versehen.

Wenn irgend möglich, sollten die Gehege, oder wenigstens Teile davon, direkt von der Wohnung des Ziergeflügelhalters aus einsehbar sein. Ideal ist es, wenn man vom Küchen- oder Wohnzimmerfenster ständig seine Tiere sehen kann. In dem alten Züchterspruch, daß Beobachten der halbe Zuchterfolg sei, steckt eine Menge Wahrheit. Manche Fasanhenne wäre zu retten gewesen, wenn der Züchter rechtzeitig die Attacken des Hahnes oder der Nebenbuhlerin bemerkt und eingegriffen hatte. Wenn auch beim Bau der Ställe und Volierenanlagen in erster Linie an das Wohl der Tiere gedacht werden muß, so sollte neben der Zweckmäßigkeit auch das äußere Bild der Volieren nicht zu kurz kommen. Die Gehege sollten sich harmonisch in den Garten und die umgebenden Wohnbebauung bzw. Landschaft einfügen und auf keinen Fall als Fremdkörper wirken.

Die gute Gestaltung beginnt mit der Wahl der Baumaterialien und endet bei den Anstrichen und der Bepflanzung. Viele Ziergeflügelliebhaber sind Bastler und Tüftler und bauen ihre Volieren und Schutzhäuser selbst, andere beauftragen die entsprechenden Handwerker.

Beim Stallbau sei noch auf eine dritte Möglichkeit verwiesen: »Fertigbau«. Von Spezialfirmen werden besonders für die Brieftaubenhaltung Fertigställe angeboten, welche mit etwas abgewandelter Innenausstattung durchaus auch für Fasanen und anderes Ziergeflügel geeignet sind. In den Vereinszeitungen der Brieftaubenzüchter finden Sie entsprechende Anzeigen.

Denken Sie bei den Gehege- und Stallbauplanungen aber auch an die notwendigen behördlichen Genehmigungen (siehe Gesetzliche Bestimmungen).

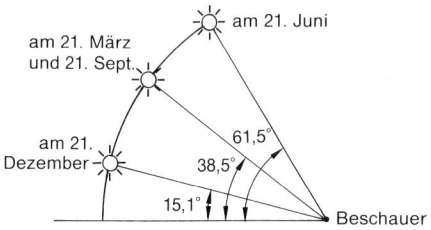

am 21. Juni

am 21. März und 21. Sept.

am 21. Dezember

61,5°

38,5°

15,1°

Beschauer

Sonnenstand (jeweils um 12 Uhr). Die Gehege sollten ausreichend besonnt sein. Wer im Sommer seine Anlage erstellt, muß auch die langen Schatten bedenken, die hohe Gebäude im Winter werfen.

Im Abschnitt »Verschiedene Haltungsformen« haben wir bereits über die »Freilandhaltung« berichtet und dazu nähere Betrachtungen auch in baulicher Hinsicht angestellt. Kommen wir nun zum umfangreichen Thema der Volieren.

Volieren

Fundament und Rahmenkonstruktion

Ebenso wie die bei der Freilandhaltung beschriebenen Einzäunungen sollten auch die Volieren auf festen Fundamenten stehen. Es empfiehlt sich ein Sockel aus Beton oder Mauerwerk, entweder nahezu ebenerdig oder 20–30 cm hoch, mit Verankerungen für die Rahmenkonstruktion. Auch wenn der Maschendraht der Seitenwände ohne Fundamente und Sokkel einfach in entsprechender Tiefe in den Boden eingelassen wird, ergibt dies einen Schutz gegen Eindringlinge und kostet entsprechend weniger, aber dennoch ist diese Lösung nicht zu empfehlen. Im Grasboden ist der Draht ständig feucht und bald verrostet. Ob man die Gerüst-

und Rahmenteile der Volieren aus Rohren oder anderen Metallprofilen oder aus Holz konstruiert, ist oft eine Sache des persönlichen Geschmacks, meist entscheidet hier aber das handwerkliche Talent. Ich persönlich bevorzuge Holz, und meine Volieren sind überwiegend aus Lärchenrundhölzern errichtet. Lärchen gehören unter den Nadelhölzern mit zu den witterungsbeständigsten, sind leicht zu bearbeiten und passen gut in einen ungekünstelten, naturhaften Garten. Beide, Metall oder Holz, müssen gegen Verwitterung einen guten Schutzanstrich aus giftfreien Anstrichmitteln erhalten. Die Stärken bei Metall oder Holz richten sich weitgehend nach den Spannweiten, die zu überbrücken sind. Mit Lärchenrundhölzern, welche einen mittleren Durchmesser von 12 cm haben, lassen sich ohne weiteres 3–4 m überspannen. Bei engmaschiger Drahtüberspannung ist die mögliche Schneelast zu bedenken. Naßschnee und anschließender Neuschnee können zu einer enormen Last anwachsen und den Draht schließlich zerreißen, wenn zwischen den Hauptpfählen nicht zusätzliche Stützen angebracht werden.

Draht-Gitter-Durchlauffalle (Kastenfalle) zum Lebendfang von Ratten, Mardern, Katzen und anderen Feinden unseres Ziergeflügels.

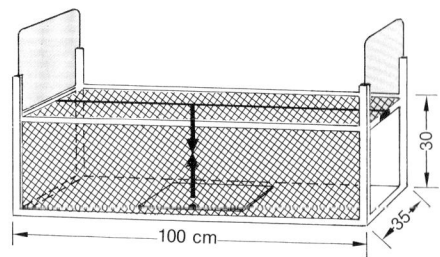

30

35

100 cm

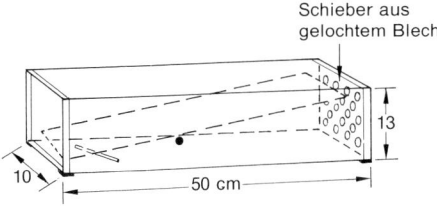

Schieber aus
gelochtem Blech

13

10

50 cm

*Wippfalle zum gefahrlosen Fang von Mäusen
und Mauswieseln auch innerhalb der Volieren.*

Drahtgeflecht und Überspannungen

Bei der Auswahl des Drahtgeflechtes sollten wir nur gute Qualitäten wählen: doppelt feuerverzinkt oder kunststoffum-
mantelt. Bei unserer heutigen Luftver-
schmutzung durch schweflige Säure ist
es gut, wenn auch das verzinkte Drahtgeflecht noch einen Schutzanstrich erhält.
Schwarzer Bitumenlack, gestrichen oder
mit der Rolle aufgetragen, erhöht die Lebensdauer des Drahtes und verbessert außerdem die Durchsicht. Welche Maschenweite wählen wir? Die Entscheidung trifft
oft der Geldbeutel. Bei kleinen Volieren
sollten wir höchstens 16 mm Maschenweite, ob Viereck- oder Sechseckgeflecht,
wählen.
Die Voliere ist dann zwar nicht mäusesicher, aber wir haben die Gewähr, daß neben Ratten und Spatzen nicht auch noch
das gefährliche Mauswiesel eindringen
und im Blutrausch die Küken töten kann.
Jede Vergrößerung der Maschenweite bietet neuen Freßfeinden oder Nahrungskonkurrenten Zugang in die Voliere. Das
äußerste ist sogenannter Hühnerdraht
mit 60 mm Maschenweite, der vielfach
verwendet wird. Er hindert zwar unsere
Tiere am Entfliegen und hält Katzen

zurück, schützt aber nicht vor Ratten,
Spatzen und anderen Eindringlingen. Das
Drahtgeflecht braucht nicht zu ordentlich
gespannt zu sein; sehr straff gespannter
Draht vergrößert die Gefahr, daß er-
schreckte Tiere sich durch Anprallen verletzen. Besonders Jungfasanen, die bis
zum Verkauf oft gemeinschaftlich in großen Jungtiervolieren gehalten werden, er-
schrecken leicht und brechen dann in Panik aus, fliegen gegen die obere Drahtab-
deckung oder an vorstehende Bauteile
und ziehen sich Kopfverletzungen oder
gar Genickbrüche zu. Eine Unterspan-
nung mit Netzen oder eine reine Netzab-
deckung kann Abhilfe schaffen. Neuerdings werden oft ganze Volierenanlagen

*Katzen- und raubwildsichere Einzäunung der
Freianlage.*

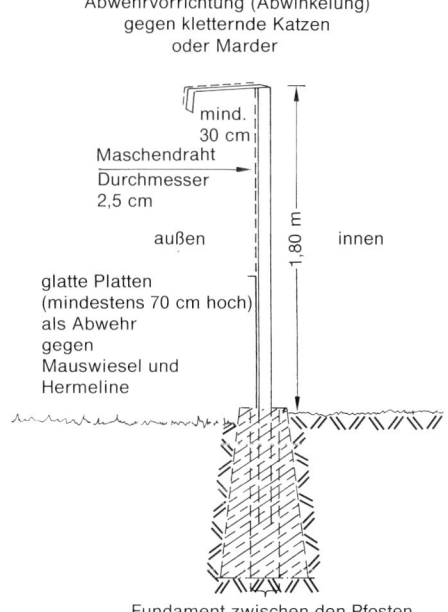

Abwehrvorrichtung (Abwinkelung)
gegen kletternde Katzen
oder Marder

mind.
30 cm

Maschendraht
Durchmesser
2,5 cm

außen   1,80 m   innen

glatte Platten
(mindestens 70 cm hoch)
als Abwehr
gegen
Mauswiesel und
Hermeline

Fundament zwischen den Pfosten
80 cm tief, gegen Ratten

aus Netz errichtet. Der Vorteil ist, daß sich mit dieser leichten und preiswerten Bauweise schnell Teiche für Wassergeflügel oder andere Gehegeteile überspannen lassen, flugfähige Tiere nicht entfliegen und auch der Habicht oder die Krähen als Eierräuber nicht eindringen können. Besser als Nylonnetze haben sich Netze aus UV-stabilisierten Polyethylengarnen bewährt. Meist lichtbeständig oliv eingefärbt, gibt es sie in Maschenweiten von 10 bis 80 mm bei einer Fadenstärke von 0,6 bis 2 mm. Auch hier sollte bei engen Maschenweiten wieder die besondere Gefährdung durch Schneelast bedacht werden. Mir bekannte erfahrene Wassergeflügelliebhaber wählten 60 mm Maschenweite, auch wenn sich damit das Spatzenproblem nicht beheben ließ. Während die Lebensdauer beim verzinktem Maschendraht etwa 20 Jahre beträgt, liegt sie bei den Netzen trotz der UV-Stabilisierung niedriger. Bei einem Bekannten hielten sie 6 Jahre recht gut, um dann bei dem großen Orkan zu zerreißen. Netzbespannungen über größere Freiflächen sollten verstärkend mit kunststoffummantelten Spanndrähten unterzogen werden.

Wie groß soll die Voliere sein?
Grundsätzlich gilt: so groß wie aus Platz- und finanziellen Gründen möglich, eine Voliere kann nie zu groß sein. So ganz befriedigt diese Antwort noch nicht. Auf die Gefahr des Anprallens aufgeschreckter und in Panik geratener Tiere wurde bereits hingewiesen; je länger die Volieren sind, desto größer ist die Gefahr, daß die Tiere sich schwer oder tödlich verletzen. Neben der erwähnten Netzunterspannung und Abpolsterungen kann man diese Gefahr auch dadurch verringern, daß man innerhalb der Großvoliere mit

Netzen Unterteilungen schafft. Zudem ist in sehr großen Volieren auch die Beobachtungsmöglichkeit eingeschränkt, und die Tiere bleiben oft scheuer. Es kann aber auch umgekehrt sein, wie ich es bei Kleinvögeln mehrfach erlebte. In Käfigen oder in kleinen Abteilen scheu umherflatternde Vögel wurden, in große Volieren gesetzt, schnell zutraulicher, ja sogar recht zahm, nachdem dort ihre Fluchtdistanz (durch Besucher) nicht mehr unterschritten wurde. Die Vorteile großer Volieren, beispielsweise Ausweichmöglichkeiten bei Unverträglichkeiten zwischen Arten oder auch Geschlechtspartnern, werden noch durch eine gute deckungsreiche Bepflanzung und Versteckmöglichkeiten erhöht. Besonders bei Fasanen kommt es in größeren Volieren leichter zu erfolgreichen Selbstbruten. Auch die Gefahr der Anreicherung des Bodens mit Krankheitskeimen und Parasiten ist in einer großen Voliere mit intaktem Bodenbewuchs (Grasnarbe) geringer. Wenn diese Vorteile jedoch durch Überbesetzung wieder zunichte gemacht werden, ist nichts gewonnen. Eher empfehlen sich dann mehrere mittelgroße Volieren, in denen der aus Grobkies, Baumrinde, Fichtennadeln oder Buchenlaub bestehenden Bodenbelag bei Bedarf ausgewechselt werden kann, so daß sich die Infektionsgefahr vermindert. Als Mindestgröße für Außenvolieren, die an ein Schutzhaus angeschlossen werden, würde ich folgende Maße nicht unterschreiten: für Wachteln wie die virginische Baumwachtel ca. 1,5 x 3 m, für Goldfasanen 2–3 x 4 m, ab Jagdfasangröße und auch für die meisten Entenarten 3 x 6 m und größer, bei einer Höhe von jeweils 2–2,5 m. Der geringere Platzbedarf bei der Massentierhaltung, wie bei der Hähnchen- und Putenmast oder in Legebatterien, aber auch bei Massenaufzucht von Rebhühnern und Fasanen für Jagdzwecke, kann für uns Ziergeflügelliebhaber nur abschreckend sein.

Schutz vor Regen, Schnee und Kälte

Viele Arten suchen das Schutzhaus meist nur wegen der Futterstelle auf, um anschließend in der Außenvoliere zu übernachten. Sie allabendlich in den Stall zu treiben, ist nur bei extremer Winterwitterung notwendig. Damit sie dennoch vor starken Regen- und Hagelschauer geschützt nächtigen können, sollte anschließend an das Schutzhaus ein Teilstück der Voliere überdacht werden. Entweder als vorgezogenes Dach des Schutzhauses oder eigenständig in etwa 2–3 m Tiefe. Damit das Schutzhaus innen nicht zu dunkel ist, nehmen wir am besten Lichtwellplatten aus Hart-PVC, Drahtglas o. ä. Der notwendige Windschutz entsteht, wenn man die Seitenflächen der Voliere

ebenfalls derart verkleidet. Fasanen baumen an derartigen Stellen auf, um zu nächtigen, die Sitzstangen müssen dort aber so hoch wie möglich angebracht sein. Um zu verhindern, daß sich rivalisierende Fasanenhähne in der Balzzeit stundenlang durch den Draht befehden, sind zwischen den Einzelgehegen Sichtblenden, ca. 60 cm hoch, anzubringen. Bei Enten ist dies meist nicht notwendig. Die Platten, ob aus Kunststoff oder anderen Materialien, sollten glatt anliegend und keineswegs mit einer breiten Latte abgedeckt sein. Sonst springen die Hähne auf diese Kante und die Streitereien gehen unentwegt weiter. Spitzwinkelige Ecken in den Volieren müssen vermieden bzw. abgeschrägt oder abgerundet werden, denn gerade an diesen Stellen brechen sich die Fasanenhähne leicht ihre langen Schwanzfedern ab; dann ist es mit der Schmuckwirkung bis zur nächsten Mauser vorbei. Es wäre schade darum.

Nasse Volierenböden müssen gut dräniert werden.

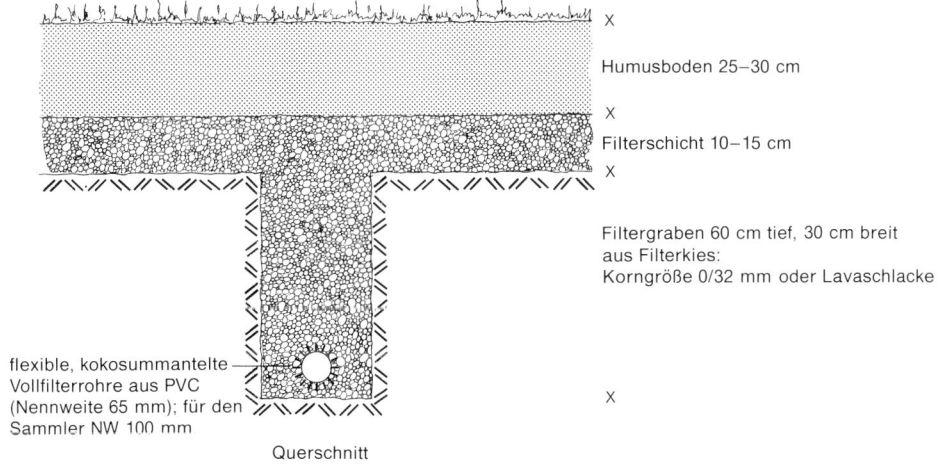

Humusboden 25–30 cm

Filterschicht 10–15 cm

Filtergraben 60 cm tief, 30 cm breit
aus Filterkies:
Korngröße 0/32 mm oder Lavaschlacke

flexible, kokosummantelte Vollfilterrohre aus PVC (Nennweite 65 mm); für den Sammler NW 100 mm

Querschnitt

Der Volierenboden

Da alle unsere Ziergeflügelarten überwiegend Bodenbewohner sind, ist es von großer Wichtigkeit, den Volierenboden genügend trocken und wasserdurchlässig zu haben. Mangelnde Wasserdurchlässigkeit führt in Regenperioden zu Staunässe, und durch das Umherlaufen der Tiere bildet sich Matsch. Ein solcher Boden, noch dazu durch Kot verunreinigt, ist ein Nährboden für Parasiten und andere Krankheitserreger und eine Gefahr für die Gesundheit unserer Tiere. Böden sind um so durchlässiger, je kiesig-sandiger sie sind, man bezeichnet sie als leichte Böden. Ein schwerer Boden hingegen wird um so wasserundurchlässiger, je mehr Ton er enthält. Am extremsten ist dies bei reinen Lehm- und Marschböden, die jedoch durch Einmischen von genügend Kies in mindestens 30 cm ihres oberen Bereiches durchlässiger gemacht werden können. Sonst tauscht man sie besser aus. Allerdings läßt sich nicht der gesamte undurchlässige Unterboden austauschen, so daß bei länger anhaltendem Regen sich das Wasser wieder hochstaut. Es bleibt dann nur die Möglichkeit, das Gelände ganz zu dränieren. Bei abfallendem Gelände könnten wir unterhalb der meist 25-30 cm dicken Humusschicht eine 10-15 cm dicke Schicht aus Filterkies, Korngröße 0/32 mm, oder Lavaschlacke einbringen. Noch besser sind zusätzlich ca. 30 cm breite und 60 cm tiefe Filtergräben im Abstand von 5–8 m (je nach Bodenbeschaffenheit). Während früher am Boden dieser Gräben die Saugerleitungen aus kurzen Tonrohren mühevoll verlegt werden mußten, nehmen wir heutzutage endlose kokosummantelte Vollfilterrohre aus PVC, Nennweite 65 mm. Diese Dränrohre sind flexibel und daher leicht und schnell mit geringem Gefälle zu verlegen. Das mühevollste dabei ist das Ausschachten des Bodens. Mehrere Saugerleitungen können wir mit Anschlußstücken in einen Sammler (NW 100) einleiten. Hoffentlich ist dort ein Vorflutgraben oder die Kanalisation in der Nähe, um das Wasser dann endgültig loszuwerden. Falls natürliches Gefälle fehlt, muß gepumpt werden.

Nachdem das Entwässerungsproblem gelöst ist, kann an den Bewuchs gedacht werden. Da ein englischer Teppichrasen in unserem Gehege verfehlt wäre, wählen wir ein Grasgemisch speziell für Geflügelausläufe. Noch zusätzlich eine Wildkräutermischung einzusäen, vielleicht an bestimmten Stellen, wäre einen Versuch wert, auch wenn das Ergebnis nur selten befriedigt. Damit die Grasnarbe der intensiven Beanspruchung durch unser Geflügel widersteht, ist die Ansaat so früh wie möglich auszubringen. Sie muß bereits einige Male gemäht worden sein und sich bestockt haben, bevor die Tiere eingesetzt werden, besonders dann, wenn scharrende Hühnervögel das Gehege bevölkern sollen. Fehlt uns die Zeit oder die Geduld, die Voliere so lange leerstehen zu lassen, und haben wir die Möglichkeit, Grassoden zu bekommen, können wir die Voliere mit frisch gestochenen Soden auslegen. Das kostet zwar einige Mühe, hat aber dafür den Vorteil der schnelleren Benutzbarkeit. Auch auf die Verwendung von Rollrasen sei verwiesen. Im Landschaftsbau wird dieses Produkt eingesetzt und wie Teppiche im Gelände zur schnellen Begrünung ausgerollt. Das Ganze, ein Rasen in der Voliere, hat aber nur Sinn, wenn das Gehege so groß und der Bestand so klein ist, daß der Grasbewuchs auch über einen längeren Zeitraum erhalten bleibt. Dazu genauere Angaben zu machen, ist schwierig und auch für die einzelnen Arten unterschiedlich. Stark scharrende Tiere wie Jagdfasanen oder verwandte Arten zerstören den Grasbewuchs in kleineren Volieren relativ schnell. Pfaufasane, die Grünpflanzen überhaupt nicht anrühren, richten keinerlei Schaden am Bewuchs an. Die stark grabenden Glanzfasane hingegen vernichten schnell jeglichen Bodenbewuchs, auch in größeren Volieren. Mit ihren starken Grabschnäbeln wühlen sie ständig den Boden um. Ich selber halte seit Jahren ein Zuchtpaar Satyrtragopane in einer 100 qm großen Voliere, die zu 60% mit Gras bewachsen ist. Obwohl die Tiere ständig Gras äsen, hält sich der Grasbewuchs gut und muß im Verlauf des Sommers sogar 3- bis 4mal mit dem Rasenmäher gemäht werden. Vielleicht geht es bei diesen starken Grünzeugfressern auch deshalb recht gut, weil sie nicht scharren und ich zusätzlich meist täglich Grünzeug wie Vogelmiere, Löwenzahn, Brennesseln u. dergl. sowie Beeren nach Jahreszeit und im Winter auch Apfel- und Möhrenstückchen verfüttere. Hinzu kommt die Laubnahrung von den Gehölzen. Bei Entenvögeln ist noch das Problem, daß sie meist in einer mehr oder weniger großen Umgebung des Wasserbeckens den Grasbewuchs durch starkes Verkoten und Zertreten zum Absterben bringen. Wenn also in kleineren Volieren die Grasdecke ständig geschädigt wird und nur noch aus Resten besteht, muß ein anderer Bodenbelag gewählt werden. Neben der bekannten Kiesaufschüttung bietet sich hier, besonders für Hühnervögel, der jetzt für den Garten propagierte Rindenmulch aus Kiefern- oder auch Eichenrinde an. Auch Buchenfallaub oder Fichtennadelspreu sind sehr geeignet. Am besten wird der ganze

Boden mit Betonplatten gepflastert, darauf kommen 10 cm Kiesschüttung und obendrauf das genannte Streumaterial. So hat man auch die Möglichkeit, bei Parasitenbefall den gesamten Bodenbelag sauber zu entfernen und auszuwechseln. Das für diese Zwecke oft empfohlene Umgraben und Kalken des schwarzen Volierenbodens oder das spatentiefe Entfernen der oberen Erdschicht sind doch unbefriedigende Lösungen.

Wenn wir selbst mit diesen Lösungen nicht zurechtkommen und es an genügend großen unbelasteten Auslaufflächen oder an einer großen Biotopvoliere für die Haltung und Aufzucht der Tiere mangelt, bleibt noch der letzte Ausweg:

Die Haltung auf Drahtgitterböden

Gewiß, dies wird manchem widerstreben. Wer aber empfindlichere Tiere hält, z. B. die besonders parasiten- und bakterienanfälligen Rauhfußhühner, aber auch andere Arten, sollte diese Möglichkeit erwägen, und sei es nur für die Jungenaufzucht. Die Tiere müssen ja nicht unbedingt nur auf blankem Draht hocken. Mit Zweigen und Holzstämmen ausgelegt, ist ein Drahtgitterboden für die Tiere angenehmer, und auch der Anblick ist nicht mehr so störend. Wichtig ist nur, daß der gesundheitsschädliche Kot durch die Maschen fällt. Was noch hängenbleibt, trocknet aus und kann abgeklopft oder gelegentlich abgespült werden. Als Drahtgeflecht wird Vierkantgeflecht oder spezielles Kotgrubengitter genommen. Für Küken mit $1,0 \times 1,0$ cm Maschenweite, für kleinere Arten $1,5 \times 1,5$ cm, dann $2,0 \times 2,0$ cm und für die großen Arten $3,0 \times 2,0$ cm. Wegen der nötigen Reinigung sollte der Drahtboden ca. 60 cm über Terrain liegen. Wichtig ist dabei aber, daß

Raubwild keinen Zugang unterhalb des Bodens findet, da Marder, wie dies schon vorgekommen ist, von unten her den Tieren die Zehen verbissen und sie verstümmelt haben. Die Seitenteile sind daher sicher zu verkleiden.

Bepflanzung der Gehege

Auf eine Bepflanzung mit Gehölzen, Großstauden und Gräsern sollten wir nicht verzichten. Häßlich sind nackte, kahle Volieren ohne jeglichen Bewuchs. Bei der enormen Vielfalt der heutzutage von Baumschulen und Gartencentern angebotenen Bäume, Sträucher und Stauden ist es jedoch unmöglich, alle geeigneten Pflanzen aufzuzählen.

Gehölze

Vor allem Hühnervögel sind auf die Blätter der Laubgehölze erpicht, Nadelgehölze und hartlaubige Laubgehölze werden hingegen weitgehend verschmäht.

Immergrüne Gehölze zieren die Voliere auch im Winter, bieten Windschutz und Schatten und den Kleinvögeln der Nebenbesetzung Brutplätze. Bei den Immergrünen finden sich besonders geeignete Arten und Sorten in unterschiedlichen Wuchsformen in den folgenden Gattungen: Rhododendron, Hülse *(Ilex)*, Lebensbaum *(Thuja)*, Mahonien *(Mahonia)*, Buchsbaum *(Buxus)*, Scheinzypresse *(Chamaecyparis)*, Wacholder *(Juniperus)*, Eibe *(Taxus)*. Bei der Eibe bestehen Bedenken wegen der Giftigkeit der Nadeln und Samen. Da ich aber in verschiedenen Fasanenvolieren, so auch im Vogelpark Walsrode, Eiben wachsen sah, führe ich sie dennoch mit auf. Bei den Rhododendren ist zu beachten, daß sie unbedingt einen humusreichen sauren Boden (pH-Wert 4,5 bis 5,5) zum guten Gedeihen benötigen. Tannen und Kiefern, besonders aber Fichten kann man oft billig in passender Voliergröße, vielleicht für die Anfangsbepflanzung, bekommen; in den oben offenen Anlagen können sie sich

Haltung auf Drahtgitterböden (Spitzdachvoliere).

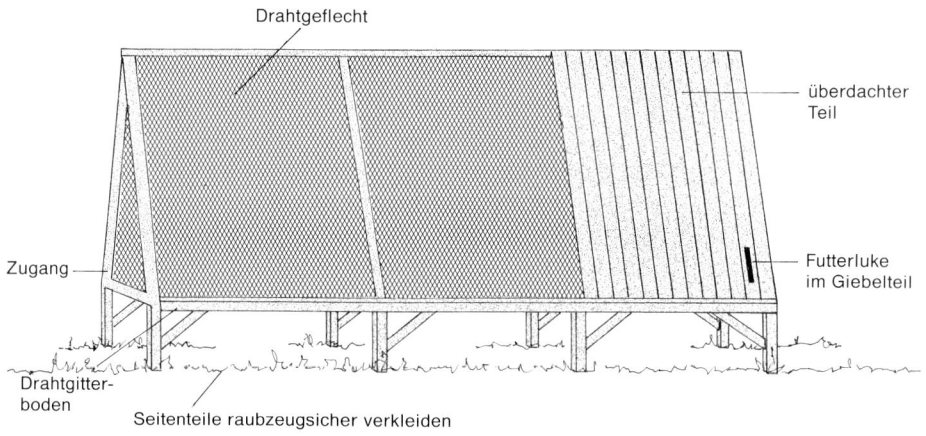

Drahtgeflecht

überdachter Teil

Zugang

Futterluke im Giebelteil

Drahtgitterboden

Seitenteile raubzeugsicher verkleiden

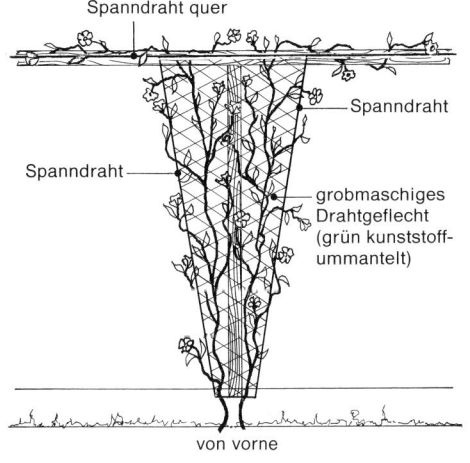

Spanndraht quer

Spanndraht

Spanndraht

grobmaschiges
Drahtgeflecht
(grün kunststoff-
ummantelt)

von vorne

Dachhölzer
mit mindestens 30 cm Überstand

Schnitt

Kletterhilfe für Klimm- und Schlingpflanzen mit Abstand vom Volierendraht (unten ca. 15 cm, oben ca. 30 cm). Der Abstand verhindert ein wildes Durchwachsen des Volierendrahtes.

auswachsen. Man kann sie aber in der Voliere, wenn sie zu hoch oder zu umfangreich geworden sind oder bei Lichtmangel verkahlen, nicht, wie dies bei Lebensbaum, *Taxus* und vielen Laubgehölzen möglich ist, zurechtstutzen, da ihnen die Wiederaustriebskraft fehlt.

Unter den Laubgehölzen sind besonders die wüchsigen, schnittverträglichen Arten geeignet. Man findet sie unter den Heckenpflanzen, für mittelhohe oder hohe Hecken. Wenn sie in einem vorbereiteten Humusboden gut eingewachsen und flott im Wuchs sind, macht es ihnen auch wenig aus, wenn sich die Fasanen einen Teil ihrer Blätter als Zusatznahrung abrupfen. Im Jugendstadium oder wenn der Verbiß zu stark wird, kann allerdings ein Schutz durch eine Maschendrahtummantelung notwendig werden. Geeignet sind u. a.: Feldahorn *(Acer campestre)*, Feuerahorn *(Acer ginnala)*, Rotbuche *(Fagus sylvatica)*, Hainbuche *(Carpinus betulus)*, um nur die wichtigsten zu nennen. Nicht zu vergessen die Prachtspiere *(Spiraea vanhouttei)* mit ihren zahlreichen schneeweißen Blüten zum Sommerbeginn. Wie wir wissen, nehmen alle der genannten Laubgehölze das Schneiden nicht übel.

Pfosten als Stützen für das Volierendach, verkahlende Gehölze oder Schutzhauswände innerhalb der Volieren können wir gut mit den verschiedensten Klettergehölzen beranken lassen. Zu empfehlen sind die Kletterhortensie *(Hydrangea anomala petiolaris)*, von den Waldreben *Clematis tangutica*, die Geißblattarten *(Lonicera)*, der Wilde Wein *(Parthenocissus quinquefolia)* oder für die Stallwand der Selbstklimmer *(Parthenocissus tricuspidata* Veitchii) und der ebenfalls selbstklimmende, dabei immergrüne, schattenverträgliche Efeu *(Hedera helix)*.

Auch stachellose Gartenbrombeeren wären einen Versuch wert. Mit Kletterpflanzen lassen sich die Volieren auch von außen recht gut »einrahmen«. Damit die Pflanzen den Volierendraht nicht wild durchwachsen können − mit der Gefahr, daß der Draht an solchen Stellen lange feucht bleibt und schneller durchrostet−, sollten wir die Pflanzen etwas entfernt vom Maschendraht leiten. Man kann die Dachhölzer ca. 30 cm überstehen lassen, Querdrähte spannen und vor jedem Stützpfosten fächerförmig einige Drähte bis zum Boden ziehen und hat so gute Kletterhilfen für seine Klimmer und Schlinger.

Ein Gehölz muß ich besonders empfehlen, eine kleine Vogelbeere mit schneeweißen Früchten als Verwandter unserer Eberesche aus China: *Sorbus koehneana*. Der bekannte Naturforscher und Fasanenspezialist Koch-Isenburg schilderte in einem Buch begeistert diese Pflanzen und ihre besondere Eignung für Fasanenvolieren. Im Gegensatz zu den roten Früchten der einheimischen Eberesche wurden deren weiße Früchte von den Fasanen nicht oder nur wenig gefressen und blieben als Zierde lange an den Sträuchern haften. Falls sich *S. koehneana* nicht beschaffen läßt, nehmen Sie *Sorbus prattii*, die die gleichen Eigenschaften besitzt und von der vorgenannten Art kaum zu unterscheiden ist.

Eine besondere Empfehlung muß ich auch dem Bambus aussprechen. Bambus ist zwar kein Gehölz, sondern er gehört, obwohl verholzend, zu den Gräsern. Die winterhärtesten Arten sind: *Sinarundinaria murielae* und die ähnliche, nur etwas dunkelstieligere *Sinarundinaria nitida*. Da beide bei guten Böden 3−4 m hoch werden, ist zu überlegen, ob man sie un-

terhalb der Volierendecke stutzt oder einfach durch den Draht wachsen läßt. Ich habe meine Pflanzen teilweise wachsen lassen − schaden kann es nicht. Bambus wächst in einem Jahr zu seiner vollen Höhe auf; das Dickenwachstum ist dann beendet. Im 2. Jahr kommt nur noch die Verzweigung. Kleinere Körbchen, die zwischen den Bambusstengeln angebracht werden, sind gern angenommene Brutgelegenheiten für Häherlinge und andere Timalien-Arten. Meine Sonnenvögel bauten ihre Nester auch frei aufgehängt zwischen den Stengeln und brachten erfolgreich ihren Nachwuchs hoch. Auf eine Gefahr durch Bambus muß ich jedoch noch hinweisen: Es soll vorgekommen sein, daß frisch ausgeflogene, noch unbeholfene Jungtauben ins Bambusgebüsch flogen, von den glatten Stengeln abrutschten und sich festkeilten. Öftere Kontrolle ist deshalb notwendig.

Stauden

Auch die Stauden dürfen nicht vergessen werden, da viele in unseren Volieren Verwendung finden können. Im Gegensatz zu den Gehölzen sterben die meisten Stauden im Winter oberirdisch ab, um im Frühjahr aus ihrem ausdauernden Wurzelstock wieder neu auszusprießen und sich dann im Laufe des Frühjahrs oder Sommers wieder voll zu entwickeln. Neben den Blütenstauden gehören auch die Farne und Gräser zu den Stauden. In Verbindung mit Gehölzen, ein paar dicken Findlingssteinen oder knorrigen Baumstämmen können mit Stauden, besonders mit Gräsern und Farnen, Volieren reizvoll gestaltet werden. Während das bei Pfaufasanen oder Straußwachteln auch gut klappt, machen uns andere Hühnervogelarten manchmal einen Strich durchdie Rechnung, indem sie alles stark verbeißen. Gegebenenfalls sind im Frühjahr die Startbedingungen durch eine schützende Drahtummantelung zu verbessern.

Wer unter Gräsern auswählt, sollte Chinaschilf nicht vergessen; *Miscanthus japonicus (M. floridulus)*, das Riesenchinaschilf wird bis zu 3,50 m hoch, ist robust und standfest. Dem Staudengärtner Pagels aus Leer sind inzwischen ca. 30 Neuzüchtungen von *Miscanthus sinensis* gelungen. Es gibt sie in allen Größen, und sie blühen mit Sicherheit. Besonders in den Wassergeflügelgehegen sollten sie neben Bambus nicht fehlen, zumal sie mit ihrem Schilfcharakter gut zum Gewässer passen. Sie wollen aber nicht naß stehen. Vom Typus gut zum Wasser passend, aber ebenfalls keine Sumpfpflanzen, sind auch Taglilien *(Hemerocallis)*. Beim Spezialanbieter »Friesland Staudengarten« können Sie unter rund 1300 Arten und Sorten für Ihren Garten wählen. Sie sollten jedoch für ihre Volieren robuste, billige Wildformen wie *Hemerocallis citrina, H. fulva, H. thunbergii* oder Sorten mit Wildcharakter aussuchen.

Taglilien sind für Enten und Fasane wohl nicht sehr wohlschmeckend, meine Tragopane lassen sie z. B. vollkommen unbehelligt. Unter Iris wählen Sie *Iris pseudacorus*, die gelbe Schwertlilie unserer Gewässerränder, und die violette *Iris versicolor*. Beide kann man ebenso wie Kalmus an der sumpfigen Wasserzone des Naturteiches pflanzen. Gelegentliche Überschwemmungen schaden ihnen nicht, und die Enten lassen sie in Ruhe, sie wachsen aber auch noch recht gut auf dem Trockenen. Sehr feucht, wenn auch nicht unter Wasser, verträgt es auch Perlfarn *(Onoclea sensibilis)*, der sich dabei üppig ausbreitet. An sehr großen Gewässern, wo ihr ungestümes Wachsen nicht schadet, kann man auch Pestwurz *(Petasites fragans)* wuchern lassen und darunter Brutplätze für die Tiere schaffen. An Großgewässern, und nur hier, ist ein natürlicher Röhrichtgürtel aus Schilf, Rohrkolben und Seggen möglich.

Schutzhäuser

Die dreiseitig dichte und überdachte Schutzecke für voll »winterharte« Arten ist eine Minimallösung. Besser ist das allseits dichte, durch Fenster belichtete Schutzhaus, das den Tieren jederzeit eine trockene, witterungsgeschützte Unterkunft bietet. Egal ob massiv oder in Leichtbauweise errichtet, muß unser Schutzhaus immer ein solides Fundament, am besten aus Beton, erhalten. Entweder sind dies Streifenfundamente unterhalb der Wände bis auf tragfähigen Boden und in frostsicherer Tiefe (ca. 80 cm tief), oder das ganze Häuschen wird auf eine durchgehende Betonplatte (mit Frostschürze) gestellt.

Mit der Betonplatte haben wir zugleich den Unterbau des Fußbodens erstellt. Für das Mauerwerk können Hohlblocksteine verwendet werden, außen regendicht verputzt, innen verputzt oder verfugt und gestrichen. In wind- und schlagregenreichen Gebieten sollte besser das in Nordwestdeutschland übliche doppelschalige Hohlschichtmauerwerk verwendet werden.

Einfacher zu erstellen, auch von Nichthandwerkern, sind Holzkonstruktionen. Wir können einen Rahmen aus Kanthölzern errichten und beidseitig mit Spanplatten vernageln. Zumindest außen sind wasserfeste Platten zu verwenden, oder aber die Platten werden regendicht verkleidet. Immer, und das gilt auch für das Mauerwerk und die Betonplatte, ist gegen die aufsteigende Bodenfeuchtigkeit zu isolieren. Für die Dacheindeckung gibt es verschiedene Möglichkeiten. Bei flachen Dächern können wir auf die Dachbalken Bretter nageln, darauf kommen Dachpappe in guter Qualität (Schweißbahn) oder Dachbahnen aus Kunststoff.

Ab mindestens 7% Gefälle können Eternit-Wellplatten Verwendung finden. Genügend steile Satteldächer lassen sich auch als Ziegeldach ausbilden und passen so oft besser zur umgebenden Wohnbebauung. Um eine gute Auslichtung unseres Schutzraumes zu erzielen, können — besonders bei größeren Stalltiefen — zusätzlich zu den Fenstern in den Wänden noch Dachfenster (Lichtkuppeln usw.) notwendig werden und zusätzlich noch der Entlüftung dienen. Falls sie sich (das gilt für alle Fenster) in den Abteilen befinden, sind sie stets mit Netz- oder Drahtrahmen gegen anprallende Tiere zu sichern. Wenn unsere Schutzhäuser kälteempfindliche tropische Arten beherbergen sollen und daher beheizt werden müssen, sind verstärkte Wärmedämmaßnahmen (wie beim Wohnungsbau) notwendig. Wenn im Winter auf den wärmegedämmten Boden eine gute Strohschütte kommt, ist den bodenbewohnenden Arten gedient, und es kann nichts passieren, wenn aufbaumende Arten dann nachts die Sitzstange nicht erreichen. Zusätzlichen Wärmegewinn an frostigen, aber sonnigen Wintertagen bringt die Sonneneinstrahlung durch ein Fenster an der Südseite. Die Heizung, ob als Anschluß von der Zentralheizung des Wohnhauses oder separat, sollte immer thermostatisch geregelt sein. Wenn Abteile nur eben

frostfrei sein müssen, genügen oft Heizlüfter (wie fürs Badezimmer) oder Infrarotstrahler. Neben den hierfür notwendigen Elektroanschlüssen (Steckdosen, Lampen) wäre auch gleich eine Wasserleitung und möglichst auch eine Entwässerungsleitung wünschenswert. Ventilatoranlagen, wie sie in stark besetzten Hühnerställen nötig sind, benötigen wir bei unserem Ziergeflügel selten. Bei nur schwach besetzten Schutzhäusern genügt meist die Be- und Entlüftung durch die Eingangsluken. Die Luken werden wir unten und, zusätzlich für die Kleinvögel der Nebenbesetzung, auch im oberen Drittel anbringen. Um schädlichen Durchzug zu vermeiden, sind Durchschlupföffnungen immer nur an der gleichen Seite des Schutzraumes, am besten an der Südseite, anzubringen. Die Abteilgröße innerhalb des Schutzhauses richtet sich wiederum nach den Bedürfnissen der Arten. Ob tropische Fasane im Winter monatelang die Innenabteile nicht verlassen können, oder ob Enten der nördlichen Region den Stall nur zum Fressen aufsuchen, ist ein gewaltiger

S. 35 ▷

oben: Amherstfasane, Hahn und Henne
links unten: Sömmeringfasan, Hahn
rechts unten: Wallichfasan

S. 36 ▷▷

links oben: Blauer Ohrfasan
rechts oben: Elliotfasan, Hahn
unten: Königsfasan, Hahn und Henne

Unterschied. 1,5 m × 2,0 m halte ich für eine Mindestgröße; zu große Innenabteile gibt es wohl nicht. Um bei einer Reihenanlage nicht 7 Innenabteile passieren zu müssen, um ins 8. Abteil zu kommen, was äußerst lästig ist und außerdem die Tiere sehr stört, ist ein durchgehender Bedienungsgang, von dem aus alle Abteile einzeln erreichbar sind, sehr zu empfehlen. Bei Platzmangel genügt eine Breite von 80 cm; ein breiterer Gang ist natürlich angenehmer. Je größer die Zuchtanlage wird und je mehr Tiere man hält, desto wichtiger werden auch weitere Abteile oder Räume, z. B. Aufzuchträume, Krankenabteile, Eingewöhnungsabteile und evtl. eine Futterküche. Krankenabteile sind möglichst getrennt von der sonstigen Anlage anzuordnen und müssen leicht zu reinigen und zu desinfizieren sein. Sie können auch als Quarantäneabteile verwendet werden.

Führen Volierentüren, wie bei Reihenvolieren die erste Tür, direkt ins Freie, kann es einzelnen Tieren durchaus gelingen, ins Freie zu entkommen. Dagegen hilft nur eine vorgebaute Schleuse.

Überwinterungsställe

Wassergeflügel wird oft auf Teichanlagen oder in Gemeinschafts- oder Einzelgehegen ohne Schutzhäuser gehalten. Es sind dies die Arten aus den gemäßigten Klimazonen Europas, Asiens und Amerikas, die auch in freier Natur, ob im Sommer oder Winter, ihre Zeit draußen an oder auf Gewässern verbringen. Nur bei hohen Schneelagen und wenn die Gewässer vereisen, wird in südlichere Überwinterungsgebiete ausgewichen. Auch der Wassergeflügelhalter muß auf solche Situationen

vorbereitet sein. Ein Freund erlebte, daß im strengen Winter sein relativ großes Gewässer zufror. Gleich in der ersten Nacht holte sich der Fuchs die auf dem Eis jetzt vollkommen hilflosen Enten, und zwar alle, ohne Ausnahme.

Im Überwinterungsstall, der ausreichend groß für die Enten- oder Gänseschar sein muß, darf eines nicht fehlen, eine Badegelegenheit. Wenn Enten wochen- oder gar monatelang ohne Badegelegenheit gehalten werden, kommt es zu Gefiederschäden, ähnlich wie dies bei der wasserlosen Aufzucht der Fall ist. Wegen der großen Menge des anfallenden Kotes müssen sowohl das Becken wie auch der gesamte Stallboden leicht zu reinigen sein. Am besten, es ist alles sauber verfliest. Wegen der Rutschfestigkeit sind für den Stallboden Noppenfliesen angebracht. Für die Ruheplätze der Tiere sind Holzpritschen oder eine dicke Strohschütte zweckmäßig und haben sich bewährt.

Teiche

Für Wasserziergeflügel ist unbedingt eine Wasserstelle, ein künstliches Becken oder ein Naturteich notwendig. Das gilt für Enten und Schwäne, und mit ein paar Ausnahmen auch für Gänse. Während die Wassertiefe für Tauchenten wie Tafel- oder Reiherenten und anderes Wassergeflügel 70–100 cm betragen sollte, sind für Schwimmenten 40–60 cm ausreichend. Ist auf unserem Grundstück ein Naturteich vorhanden, ist es verlockend, diesen mit buntem Wasserziergeflügel zu besetzen. Die Idee ist zwar gut, aber nur zu verwirklichen, wenn der Teich ausreichend groß ist. Ebenso kommt es auf genügende Wassertiefe und sparsame Besetzung an.

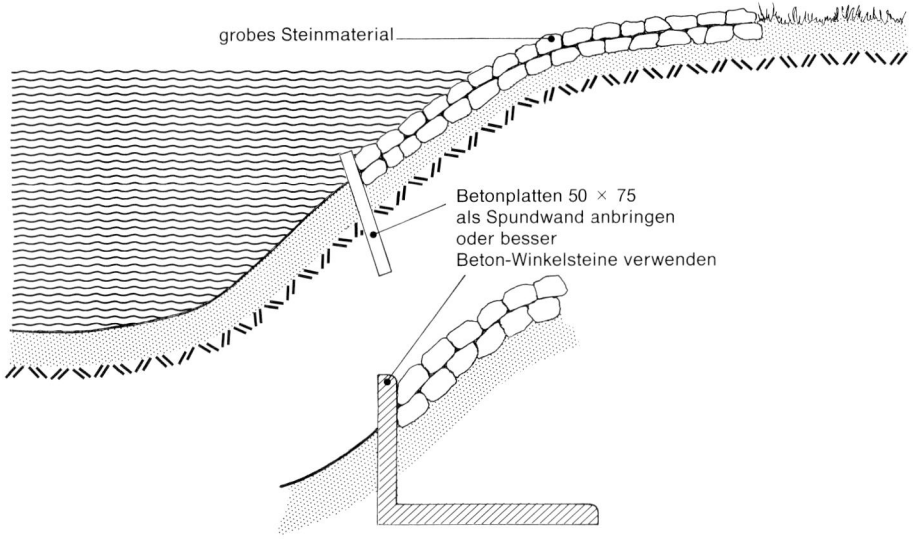

grobes Steinmaterial

Betonplatten 50 × 75
als Spundwand anbringen
oder besser
Beton-Winkelsteine verwenden

Böschungssicherung einfacherer Art.

Bei den großen Kotmengen, die vom Wassergeflügel ständig ins Wasser gelangen, entsteht sehr schnell eine Überdüngung, d. h. Eutrophierung. Die Selbstreinigungskraft des Wassers durch Mikroorganismen reicht dann nicht mehr aus, den biologischen Gleichgewichtszustand aufrechtzuerhalten. Das Wasser stinkt und ist sozusagen tot. So können sich bei dem entstandenen Sauerstoffmangel auch die Botulismuserreger stark vermehren und unseren Enten den Tod bringen. Zwar läßt sich die Sauerstoffzufuhr durch einen Wasserfall oder einen Springbrunnen erhöhen, aber ein Übermaß an Entenkot wird trotzdem nicht verkraftet.

Welche Mindestgröße ist für einen Ziergeflügelteich erforderlich?

Einen Seerosenteich von 5 m Durchmesser und 80 cm Tiefe würde ich noch nicht mit einem Entenpärchen besetzen. Erst ab 7–8 m Durchmesser kann ein Teich ein Paar der kleinen Rotschulterenten aufnehmen. Ist der Teich aber entsprechend größer oder haben wir Platz und einen genügend hohen Grundwasserstand, um einen Teich ausbaggern zu lassen, ist der Besatz mit einer kleinen Schar Enten durchaus möglich. Wenn der Teich einen Bach als Zu- und Ablauf besitzt und damit ständig Wasser ausgetauscht wird, ist es schon wesentlich besser möglich, Wassergeflügel zu halten. Damit — und auch wenn wir durch Ausbaggern des Teiches das Grundwasser freilegen — müssen wir die Bestimmungen des Wasserhaushaltsgesetzes beachten und rechtzeitig die zuständige Wasserbehörde aufsuchen. Bei einem Naturteich sind die oft nicht unerheblichen Wasserstandsschwankungen einzukalkulieren. So kann in Trockenperioden der Wasserspiegel rapide absinken. Aus Gräben oder Bächen oder mit Grundwasserpumpen könnten wir Wasser zupumpen. Mittels Schwimmerventil läßt sich dabei automatisch eine Höhenregulierung des Wasserstands erreichen. Bei Lehmboden und damit wenig durchlässigen Teichböden und Teichwandungen ist dies auch möglich. Liegt der Teich jedoch in einer sehr durchlässigen Sandschicht und ist der Grundwasserstand niedrig, wird das ständige Nachfüllen zu hohe Kosten verursachen.

Absicherung der Uferzonen

Jeder etwas größere Teich sollte auch eine oder mehrere Inseln bekommen; die Tiere sind dort gegenüber Störungen sicherer. Dort angebrachte Nistgelegenheiten werden gern angenommen. Die Ufer der Inseln, natürlich auch alle anderen Uferzonen, müssen gut gesichert werden. Meist sind es die Tiere selbst, welche die Böschungen unterhöhlen und die Ufer abtragen. Mit ihrem Seihschnäbeln sieben sie den Boden des Ufers durch. Freßbares wird entnommen, und der Sand rutscht auf den Teichboden hinab. Bei wenigen Tieren fällt dies kaum ins Gewicht, aber

eine größere Schar Entenvögel richtet bereits einigen Schaden an. Die Ufersicherung ist jedoch mit Flechtmaterial leicht möglich. Rundhölzer, die entlang des Ufers in den Teichboden gerammt werden, hinterfüllt man mit Faschinen. Faschinen nennt der Wasserbauer fest zusammengeschnürte Reisigbündel aus Ästen und Zweigen. Laubhölzer, z.B. Weichhölzer wie Erle, Weide oder Birke halten, wenn sie ständig unter Wasser sind, besonders lange der Verwitterung stand. Vor Einbau der Faschinen sollte das Ufer zuvor mit Filtervlies gegen ein Ausspülen des Feinsandes geschützt werden. Statt der vorgefertigten Faschinen können wir auch das Zweigmaterial in Form eines Flechtzaunes zwischen den Rundhölzern einflechten. Flechtzäune aus Bongossi-Holz sollte man nicht mehr verwenden. Als Tropenholz bedeutet ihre Verwendung ein Stück weiterer Zerstörung des Regenwaldes. Als Teichrand- und Uferbefestigung eignet sich in erster Linie Steinmaterial. Als Grundmaterial dient recht grobes Gestein; je nach Gegend und Beschaffenheit kann dies Feld- oder Bruchstein sein. Der Ansatz am Teichboden muß ein besonders gutes Widerlager bekommen, damit

Schwimmteich für Wasserziergeflügel (Querschnitt).

Randzone und oberer Bereich mit Platten und Steinmaterial schützen

Da der Ablauf häufig verstopft, kann der Teich auch mit einer Abwassertauchpumpe entleert werden.

Teichfolie in Füllsandbettung verlegen

er nicht abrutscht. Die Hohlräume zwischen den dicken Brocken werden mit kleinerem Gestein ausgefüllt. Es sollte jedoch nicht zu klein, das heißt unter ca. 1,5 cm sein, sonst wird es von den Enten »weggeschnattert«. Zweckmäßig ist auch eine Vermörtelung der Hohlräume und Fugen der gesamten Böschung mit Beton. Auch oberhalb der Böschungskrone in ca. 1–2 m Breite zu pflastern und zu vermörteln empfiehlt sich, da die Enten sich gerade in diesem Randbereich viel aufhalten; ohne Pflasterung sind diese ständig verkoteten Flächen schwer zu reinigen. Seit einiger Zeit bietet auch die Betonteile-Industrie Formsteine (Beton-Grasplatten) zur Böschungssicherung an. Diese Platten stellen ein Raster von kleinen Betonflächen und dazwischenliegenden Hohlkammern dar, welche mit Humuserde verfüllt und mit Gras angesät werden können.

Der Unterwasserbereich wird mit grobem Splitt verfüllt. Bei Neigungen bis zu 45° lassen sich die Platten ohne weiteres verlegen, bei steileren Böschungen müßte man etwa jede 5. Plattenreihe mit Rundeisen verankern. Wichtig ist eine gute Befestigung der unteren Plattenreihe durch Eisenpflöcke oder Spundwände am Hangfuß.

Auch Pflanzen tragen mit zur Ufersicherung bei, z. B. ein dichter Bestand der gelben Schwertlilie *(Iris pseudocorus)*. Im übrigen wurde im Abschnitt »Volieren« auch die Uferbepflanzung der Entengehege angesprochen.

Bei allen Steilufern, gleich welcher Ausführung, müssen immer genügend Ausstiegshilfen angebracht oder eingebaut werden, beispielsweise flachauslaufende Zonen oder sonstige flachgeneigte Treppen mit griffiger Oberfläche.

Der Teichboden wird abgedichtet

Wenn der natürliche Teich auf dem eigenen Grundstück fehlt oder wegen ungünstiger Grundwasserverhältnisse ein Ausbaggern ohne anschließende Abdichtung zwecklos ist, muß der Teich künstlich abgedichtet werden. Das früher öfter empfohlene Abdichten mit Ton oder auch Teerpappe ist überholt und besser durch die heutigen recht guten Teichfolien zu ersetzen. Da die Folien durch die Reinigungsarbeiten fortwährend beansprucht werden, ist es wichtiger, von Anfang an feste Qualitäten zu nehmen, entsprechend eine weiche PVC-Folie nach DIN 16938, UV-stabilisiert in Olivgrün oder anthrazitfarben. In einer Stärke von 1 mm (besser 1,5–2 mm) sind diese Folien verrottungs- und wurzelfest und dehnungsfähig auch bei Vereisung. Die Folienplanen werden nach vorgegebenen Maßen angefertigt.

Die Folie des oberen Teichrandes muß unbedingt mit Beton- oder Steinplatten o. ä. zum Schutz gegen Beschädigungen abgedeckt werden. Wichtig ist auch, daß der Untergrund vor dem Einbau der Folie gründlich von scharfkantigen und spitzen Gegenständen befreit wird. Am besten deckt man außerdem noch das vorhandene Erdreich mit mindestens 5 cm Füllsand oder einer Vliesschicht ab. Dennoch bleibt bei den Folienteichen immer das Risiko, sie beim Reinigen oder sonstwie zu durchstoßen und leck werden zu lassen. Dauerhafter, aber wesentlich teurer in der Herstellung sind betonierte oder gemauerte Teiche. Guter Beton hat zwar eine hohe Druckfestigkeit, dagegen ist er wenig zugfest. Würden wir ihn nicht entsprechend armieren, würde uns der Teich bei jedem Setzen des Bodens, oder falls er unterfriert, unweigerlich reißen.

Wir bauen deshalb eine Zerrbewehrung aus einer Baustahlgewebematte Q131 ein, die im oberen Drittel verlegt wird. Falsch wäre es, die Bewehrung in der Mitte des Betons zu verlegen, denn hier in der neutralen Zone, der »Nullzone«, ist sie wirkungslos. Achten Sie auf eine ausreichende Überdeckung des Betons (ca. 3–4 cm), sonst besteht die Gefahr, daß der Stahl rostet und der Beton abplatzt. Wenn Sie sich einen Fertigbeton kommen lassen, genügt die Festigkeitsklasse B15. Bei Selbstmischung ist ein guter Betonkies in den Korngrößen 0–32 erforderlich, das Mischungsverhältnis Zement/Kies ist 1:5. Beim Einbau kommt es auf ein gutes Stampfen des nicht zu nassen Betons an. Einen nachträglichen Estrich sollte man möglichst nicht aufbringen. Besser ist es, den Beton in einem Zug einzubauen, dabei von oben mit Zement einzupudern und gut zu glätten. Bei Sonne wird der Beton mit nassen Säcken o.ä. gegen zu frühes Austrocknen einige Tage geschützt.

Wir können den Teich als entsprechende Mulde ausformen und auf gut gestampften Untergrund betonieren oder eine waagerechte Sohlplatte aus Beton herstellen und darauf die Wandungen einschalen und betonieren oder auch mauern. Keinesfalls dürfen die Wände aber genau senkrecht gesetzt werden! Falls bei strengem Dauerfrost das Becken durchgehend vereist, würde das Eis sonst das Becken auseinandersprengen. Sind die Wände dagegen schräg nach außen geneigt und auch möglichst glatt gehalten, kann das Eis nach oben schieben und der Druck wird entlastet.

Entwässerung

Wenn die Teiche am Beckenboden entwässert werden sollen, ist daran zu denken, daß vor dem Betonieren die Entwässerungsleitung (heute meist aus PVC) verlegt sein muß. Die Ablaßventile (Stopfventile) müssen wegen der Verstopfungsgefahr durch Federn, Laub u.a. so groß wie möglich sein. Wir können Ablaufvorrichtungen auch in die vorher beschriebenen PVC-Teiche einbauen. Wenn Sie das Regenwasser der Dächer in Ihre Teiche leiten, vor allem aber bei sehr starkem Regen, kann eine Überlaufleitung zweckmäßig sein.

Hier nun zum Problem der Wasserversorgung und auch der Entsorgung. Einen kleinen Teich für ein oder zwei Paar Enten kann man zwar noch aus der Hauswasserleitung speisen, bei größeren Anlagen und starker Besetzung wird das allerdings sehr teuer, zumal das Wasser schnell verschmutzt und oft gewechselt werden muß. Wenn die Grundwasserverhältnisse und Wasserqualitäten günstig sind, sollte man sich einen Rohrbrunnen zulegen. Fachleute spülen die Ansaugfilterrohre schnell ein und montieren dann die Förderpumpe rasch. Oft bringt das Ableiten verschmutzten Wassers Probleme mit sich. Die ungeklärte Verrieselung in einem Rieselschacht geht mit Sicherheit nur kurzfristig. Es ist erstaunlich, wie schnell Entenkot alle Hohlräume und Poren verstopft! Sind Wassergräben in der Nähe, könnten wir das Wasser dorthin ableiten. Paßt das Gefälle zum Ablauf im Beckenboden, ist es gut, paßt es nicht, ist dies auch nicht tragisch. Es gibt heute leistungsstarke und nicht übermäßig teure Tauchpumpen (Kellerentwässerungspumpen), mit denen wir schnell und unabhängig vom Gefälle das Wasser abpumpen können. Haben wir dann noch einen Hochdruckreiniger (er läßt sich auch noch später anschaffen), können an-

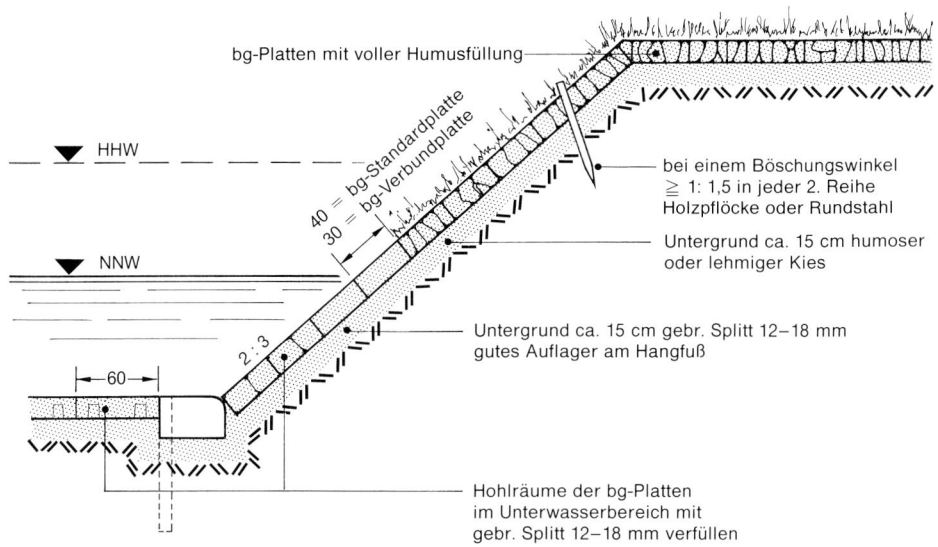

bg-Platten mit voller Humusfüllung

HHW

NNW

40 = bg-Standardplatte
30 = bg-Verbundplatte

2 : 3

60

bei einem Böschungswinkel
≧ 1: 1,5 in jeder 2. Reihe
Holzpflöcke oder Rundstahl

Untergrund ca. 15 cm humoser
oder lehmiger Kies

Untergrund ca. 15 cm gebr. Splitt 12–18 mm
gutes Auflager am Hangfuß

Hohlräume der bg-Platten
im Unterwasserbereich mit
gebr. Splitt 12–18 mm verfüllen

bg-Platten für Böschungssicherung, eine zwar teurere, aber auch dauerhafte Böschungsbefestigung.

schließend bei nur wenig Wasserverbrauch Beckenboden und Beckenrand gesäubert werden. Hier noch gleich ein Hinweis: Bei einem hohen Verschmutzungsgrad durch allzu viele Tiere könnte uns die Wasserbehörde Schwierigkeiten wegen der Einleitung machen und gegebenenfalls fordern, eine Kläranlage vorzuschalten.

Einfüllen des Mutterbodens und Pflege des Rasens bei bg(Beton-Gras)-Platten
Der zuvor zerkleinerte und gelockerte Humus wird in die Erdkammern bis etwa 2–3 cm unter Betonoberkante der Höcker eingekehrt. Danach ist die dem jeweiligen Standort entsprechende Rasenmischung anzusäen. Es muß bei der Auswahl der Rasenmischung darauf geachtet werden, daß trockenresistente, ausläufertreibende und kurzwachsende Grasarten als Hauptkomponenten in der Mischung enthalten sind.

Nach dem Einbringen des Grassamens wird abschließend nochmals feiner Humus über den eingesäten Plattenbelag auf-gestreut.

Die Pflege einer bereits begrünten bg-Plattenfläche entspricht der eines normalen Rasens.

Beschaffen und Eingewöhnen der Tiere

▽

Die erste Zeit in der neuen Voliere

Wenn alle Voraussetzungen für die Haltung und Unterbringung der Tiere erfüllt sind, können endlich auch die Tiere angeschafft werden. Im Herbst, nach Beendigung der Zuchtsaison, werden in den Geflügel- und Vogelliebhaberzeitschriften Nachzuchttiere von Wassergeflügel wie auch von Hühnervögeln angeboten.

Per Post als Schnellpaket, sowie auch als Expreßgut mit der Bahn, kommen die bestellten Tiere meist schnell und sicher beim Käufer an. Dennoch empfiehlt es sich, wenn irgend möglich, die Tiere selbst abzuholen, auch wenn man vielleicht 200 oder mehr Kilometer zu fahren hat. Viele gute Anregungen für die eigene Tierhaltung sind dabei zu gewinnen und andauernde Kontakte zu Züchtern entstanden. Auch die Enttäuschung, daß man keine einwandfreien Tiere erhalten hat, kann man sich als Selbstabholer weitgehend ersparen. Sind die erworbenen Tiere bei uns eingetroffen, wäre es leichtsinnig, sie einfach in die Voliere flattern lassen. Fasanen, Wachteln, aber auch flugfähige Enten stürmen gleich los, gegen die Wände, die Volierendecke oder noch schlimmer gegen unverblendete Glasscheiben und verletzten sich dabei. Am besten ist es daher, sie in ein kleineres, netzbespanntes Eingewöhnungsabteil ausfliegen zu lassen und erst, wenn sie ruhig geworden sind, langsam in die große Voliere. Andernfalls öffnen wir die Tür des Versandkastens, entfernen uns vorsichtig, damit die Neuankömmlinge freiwillig den Transportbehälter verlassen. Wasser und Futter sollte man gut sichtbar an mehreren Stellen des Geheges verteilen, später wird die Futterstelle in Innenabteil von selbst gefunden.

Bei den kleinen Mitbewohnern, die wir als Nebenbesetzung beigesellen, müssen wir noch sorgsamer vorgehen. Zuvor erkundigen wir uns, was der Vorbesitzer gefüttert hat und nehmen Futterumstellungen erst nach und nach vor. Außerdem müssen für Kleinvögel zusätzliche, den Fasanen nicht zugängliche Futterstellen (eventuell Hängeampeln) angelegt werden. Tiere, die nach einem längeren Transport kurz vor oder während der Dunkelheit angekommen sind, müssen noch bei Licht gefüttert werden. Am besten läßt man zumindest in der ersten Nacht noch ein schwaches Licht (Panikbeleuchtung) brennen.

Manchmal sind die Neulinge von Anfang an recht zutraulich und verhalten sich gleich wie zu Hause, in anderen Fällen, wie ich es bei Straußwachteln, Wongatauben und auch bei scheueren Enten erlebte, verkriechen sie sich sofort ins Gebüsch, um dort regungslos Stunden oder manchmal einen halben Tag zu verharren. Man sollte sie dort in Ruhe lassen und nicht versuchen, sie wieder hervorzuscheuchen. Grund zur Besorgnis besteht deshalb nicht. Nach einer gewissen Zeit kommen sie wieder hervor. Und wenn ihnen ihre neue Umgebung vertraut ist und sie mit einigen Mehlwürmern als Leckerbissen verwöhnt worden sind, können es später recht zahme Pfleglinge werden.

Gefahren beim Transport

Auf einige größere Gefahren soll hier noch besonders hingewiesen werden. Beim Abholen von der Bahn oder direkt vom Züchter werden die Tiere meist im Pkw transportiert. Ist dabei während der Fahrt warmes sonniges Sommerwetter oder heizt sich der Wagen während einer Pause auf dem schattenlosen Parkplatz stark auf, können die Tiere in ihrem Versandbehälter durch Hitzestau und Sauerstoffmangel schnell zu Tode kommen. Deshalb ist für ausreichend luftige Versandbehälter zu sorgen und der Wagen während der Pausen in den Schatten zu fahren, wobei man die Seitenfenster etwas runterkurbelt. Übrigens ist es im Kofferraum kühler als im Wageninnern, das sich durch die Sonneneinstrahlung durch die Glasfenster sehr viel stärker aufheizt. Eine andere Gefahr entsteht schon beim ersten Anfassen der Tiere, beim Einfangen für den Transport oder beim Herausnehmen aus der Versandkiste. Hühnervögel, mehr noch als Enten, werden oft sehr erregt, und versuchen zappelnd und flügelschlagend zu entfliehen. Preßt man sie sich dann an den Körper, rucken sie mit voller Kraft, wobei es durch Herzkammerrisse zur inneren Verblutung und damit zum Tod kommen kann. Solche Todesfälle sollen nach Angaben von Tierärzten gar nicht so selten sein. Um den Vogel richtig zu halten, hält man ihn, mit einer Hand beide Beine direkt unterm Bauch umfassend, sicher und fest. Fängt er an zu flattern, hält man ihn so weit von sich entfernt, daß weder der Vogel, noch man selbst zu Schaden kommt.

Quarantäne

Die Gefahr, daß mit Neuerwerbungen ansteckende Krankheiten eingeschleppt werden, darf nicht übersehen werden. Oft sind die Neulinge zwar äußerlich gesund, die Brust ist muskulös, sie sind vollfleischig und nicht spitzbrüstig abgemagert, die Afterumgebung ist nicht verschmutzt, die Nasenlöcher sind sauber und nicht mit Sekret verklebt, aber dennoch erkranken sie bald nach ihrer Ankunft. Sie sind durch die Belastungen des Transports und der Umgewöhnung gestreßt und empfindlich geworden.

Mit Recht wird deshalb, besonders für Tiere, deren Herkunft uns nicht näher bekannt ist, eine Quarantänezeit von mindestens 2 Wochen empfohlen, teilweise sogar bis zu 6 Wochen. Ein Quarantäneabteil müßte eigentlich überall vorhanden sein, zumal es ja, entsprechend hergerichtet, im Bedarfsfall auch als Krankenabteil dienen kann. Wer noch mehr tun will, sollte außerdem während der Quarantänezeit Kotproben seiner Neulinge an ein Veterinäruntersuchungsamt einsenden und parasitologisch, evtl. auch bakteriologisch untersuchen lassen.

Ein Wort zum Natur- und Artenschutz

Da weltweit immer mehr Tier- und Pflanzenarten vom Aussterben bedroht sind, hat man im Rahmen der Artenschutzgesetze eine Anzahl von Rechtsvorschriften erlassen, die auch der Ziergeflügelhalter bei einer Anzahl von Arten beachten muß. Für diejenigen, die europäische Hühner- und Entenvögel halten, sind das zur Zeit vor allem die Bundeswildschutzverordnung (BWildSchV) vom 25.10.1985 und die aufgrund des Bundesnaturschutzgesetzes erlassene Bundesartenschutzverordnung (BArtSchV) in ihrer Neufassung vom 18.9.1989. Nach der Bundeswildschutzverordnung dürfen die meisten von ihr betroffenen heimischen, d.h. europäischen Wildenten- und Hühnervogelarten vom Grundsatz her nicht mehr gezüchtet und nur noch gehalten werden, wenn sie vor dem 25.10.85 erworben wurden. Ausgenommen vom Verbot sind Rebhuhn, Fasan und Stockente, soweit sie in der Gefangenschaft gezüchtet und nicht herrenlos geworden sind, wie es im Amtsdeutsch heißt.

Glücklicherweise läßt das Verbot aber Ausnahmen zu, wenn ein vernünftiger Grund für eine Nutzung von Tieren in geringen Mengen gegeben ist. Verweisen Sie deshalb bei behördlichen Schwierigkeiten wegen der Haltung und Zucht auf §2, Absatz 5 der BWildSchV, der eine Genehmigung ermöglicht.

Nun zur Bundesartenschutzverordnung. Danach sind **alle** europäischen Vogelarten besonders geschützt, soweit sie nicht bereits dem Jagdrecht, also der vorher beschriebenen Bundeswildschutzverordnung unterliegen. Zusätzliche Vorschriften gelten außerdem für eine Anzahl (auch außereuropäische) Arten durch die EWG-Verordnung Nr. 3626/82. Bei diesen Arten, soweit sie unser Ziergeflügel betreffen, ist eine Ein- oder Ausfuhr nur mit einer zusätzlichen Genehmigung nach §21b des BNatSchG zulässig. Die Bundesartenschutzverordnung läßt das Halten und die Zucht von besonders geschützten Tieren zu (§10 u. §11). Das Vermarkten, also Kauf und Verkauf von Tieren dieser Arten sind in der Regel verboten (§12), das Verschenken jedoch nicht. Vom Vermarktungsverbot sind jedoch ausgenommen zur Zeit z.B.: Nilgans, Laysanente, Schneegans, Hawaiigans, Edward-Fasan, Swinhoe-Fasan, Elliot-Fasan, Hume-Fasan, Mikado-Fasan. Weitere Ausnahmen vom Verbot kann die zuständige Behörde auf Antrag zulassen.

Ein weiteres für uns wichtiges Schutzabkommen ist das Washingtoner Artenschutzübereinkommen (WA). Dieses internationale Abkommen, dem die Bundesrepublik Deutschland 1975 beigetreten ist, will zum Schutz besonders gefährdeter Tier- und Pflanzenarten deren Handel regeln, und bei den von der Ausrottung bedrohten Arten (Anhang I) nur in Ausnahmefällen zulassen. Die Anwendung des Übereinkommens wird bei uns durch die bereits genannte EWG-Verordnung geregelt. Das für den Erwerb der nach Anhang I oder Anhang II des WA geschützten Arten so wichtige Dokument ist die »CITES-Bescheinigung«. CITES ist die Abkürzung für »Convention on International Trade in Endangered Species of Wild Fauna and Flora.« Auf deutsch: »Übereinkommen über den internationalen Handel mit gefährdeten Arten freilebender Tiere und Pflanzen.« Diese Bescheinigung, aber nur das blaue Original und keine Durchschrift oder Kopie, ist die Garantie für die Legalität ihrer Tiere, sei es die legale Einfuhr, Zucht oder Altbesitz. Verbindliche Angaben, welche Fasanen- oder Entenarten in Anhang I oder II der WA-Liste aufgenommen sind, lassen sich immer nur nach dem aktuellen Stand machen. Falls Arten bislang in Anhang II waren, weil sie noch nicht direkt von der Ausrottung bedroht waren, können bei zunehmender Gefährdung auch sie nach I eingestuft werden. Umgekehrt wird eine Art bei Verringerung der Bedrohung nach Anhang II zurückgestuft und unterliegt damit weniger strengen Regelungen beim Handel. Fragen Sie deshalb im Bedarfsfall bei Ihrer Naturschutzbehörde nach und lassen sich die neueste WA-Liste vorlegen, die derzeit alle 2 Jahre neu herausgegeben wird.

Wenn Sie Hühnervögel aus dem Ausland einführen, müssen Sie auch die Tierseuchenbestimmungen beachten. Fragen Sie deshalb vorsorglich beim zuständigen Veterinäramt nach, ob gegebenenfalls für Tiere, die Sie einführen wollen, Impfvorschriften gelten und ob eine Quarantäne gefordert wird.

Gesundheitliche Vorsorge

In den verschiedenen Abschnitten, u. a. bei der Kükenaufzucht, der Fütterung und bei Krankheiten, werden Fragen der Hygiene, also der Verhütung von Krankheiten angesprochen, die hier ergänzt werden sollen.

Je mehr Tiere wir auf engem Raum zusammenhalten, desto mehr kann es zu Anreicherungen mit Krankheitserregern und zum Ausbruch von Krankheiten oder gar Seuchen kommen. Gut ist nur, daß das körpereigene Abwehrsystem der Tiere normalerweise damit fertig wird. Wenn der Befallsdruck aber zu groß wird und außerdem noch eine Streßsituation unter den Tieren herrscht, bricht dieses Abwehrsystem zusammen. Erhöhtem Befallsdruck müssen wir daher mit zusätzli-cher Hygiene entgegenwirken. Die meisten Krankheitserreger werden durch mit Kot verschmutztes Futter oder Wasser, aber auch durch staubige Atemluft oder über Zwischenwirte (Würmer, Schnecken) aufgenommen.

An den Futterstellen und Tränken kommt es deshalb auf besondere Sauberkeit an. Zunächst muß verhindert werden, daß unsere Tiere oder Mäuse und freifliegende Vögel die Futter- und Trinkwassergefäße in der Voliere verunreinigen. Eine regelmäßige Reinigung mit heißem Wasser, unter Zusatz von Soda oder eines anderen guten Haushaltsreinigungsmittels, ist zwingend. Dies gilt nicht nur für die Futter- und Trinkbehälter, sondern auch für deren Umgebung, denn oft wird von den Tieren Futter aus den Behältern geschleudert und anschließend vom Boden aufgenommen. Anders als bei Seuchen sind Desinfektionsmittel dabei nicht ständig notwendig. Da man inzwischen erkannt hat, daß Desinfektionsmittel gar nicht so unschädlich sind — man denke nur an das gefährliche Formaldehyd — sollte man sie nicht zu leichtfertig einsetzen. Das heißt jedoch nicht, daß bei der jährlichen Generalreinigung des Stalles mit anschließender Kalkung der Innenwände ein Chloraminzusatz nicht erlaubt wäre.

Sehr wichtig ist es, den Boden der Voliere reinzuhalten. Die Stalleinstreu aus Strohhäcksel, Sand, Fichtennadelspreu o. ä. muß immer trocken sein und rechtzeitig ausgewechselt werden (s. auch S. 37). An besonders kotverschmutzten Stellen (Ruheplätze, Teichränder) ist der Erdboden oder der entsprechende Bodenbelag öfters abzuschaben und auszuwechseln. Nicht brennbare Teile, so auch die Erde nach Abtragen der Kotschicht, kann man mit einem Propangasbrenner abflammen. Bei gewisserhafter Ausführung ist dies ungefährlich. Wichtig ist auch die Sauberhaltung des Schwimmbeckenwassers beim Wassergeflügel. Leider koten unsere Enten sehr viel im Wasser, so daß wir schon deshalb öfter zum Wasserwechsel gezwungen sind. Nach dem Ablassen des Altwassers können wir bei der Reinigung des Beckenbodens und der -wandungen vorteilhaft einen Hochdruckreiniger verwenden. Mit wenig Wasserverbrauch lassen sich so Veralgungen und sonstige Verschmutzungen leichter entfernen.

Auch wenn wir unseren Enten getrennt vom Schwimmbecken Tränkgefäße aufstellen, werden sie dennoch auch vom Badewasser trinken. Trotzdem ist es gut, besondere Wassergefäße nahe der Futterplätze aufzustellen. Da Enten jeden Bissen vor dem Verschlucken erst eintauchen wollen, halten wir mit solchen Eintauchgefäßen viele Futterreste und damit Schmutz vom Teich fern. Dazu gehören auch die besonderen Wasserschalen oder -becken, in die wir den kleinen Entenküken ihr Schwimmfutter streuen. Derlei Gefäße sind täglich und besonders gründlich zu reinigen. Bei größeren Naturteichen (kleine sollte man gelegentlich auspumpen und entschlammen) sind Reinigungsmaßnahmen kaum möglich. Größere Teiche, besonders wenn sie noch einen intakten Röhrichtgürtel besitzen, haben jedoch ihre Selbstreinigungskraft. Wenn sie nicht übersetzt werden, besteht keine größere Gefährdung.

Zu den hygienischen Maßnahmen, die dem Wohlbefinden und der Gesundheit unserer Tiere dienen, zählt auch das Staubbad. Unsere Hühnervögel baden im Gegensatz zu vielen anderen Vogelarten nicht im Wasser, sondern baden (hudern) statt dessen im feinen, trockenen Sand oder Staub. Durch das Einarbeiten des Sandes in das Gefieder mit anschließendem Ausschütteln wird eine Reinigung des Federkleides und die Befreiung von Ektoparasiten erreicht. Schon wenige Tage alte Küken nehmen behaglich ihr Staubbad. Entsprechend große flache Behälter mit »Bade«-Material sollten deshalb an regengeschützter Stelle immer bereitstehen. Es eignen sich dazu ein Sand-Asche-Gemisch, Torfmull, feiner Sand (Füllsand), Lavamehl u. a.

Einzel- oder Gemeinschaftshaltung

Soll man die Ziergeflügelarten einzeln halten oder mit anderen Arten vergesellschaften und soll man eine Nebenbesetzung z. B. mit Kleinvögeln vornehmen? Man würde es sich zu leicht machen, diese Frage einfach mit Ja oder Nein zu beantworten. Die Verlockung ist groß, seine mit viel Mühe und Kosten erstellten Volieren mit einer bunten Schar Vögel zu besetzen. Für eine erfolgreiche Zucht ist die Haltung nur einer Art pro Gehegeabteil, entweder als Paar bei monogam lebenden Tieren oder als Zuchtgruppe bei polygam, also in Mehrehe lebenden Tieren, jedoch am sichersten. Dies gilt besonders für Fasanen und andere Hühnervögel, während Wassergeflügel oft in mehreren Arten in Gemeinschaftsgehegen mit einer Teichanlage problemlos gehalten wird. Wenn das Gehege genügend groß ist und zahlreiche Verstecke und Schlupfwinkel aufweist und bei entsprechender Auswahl friedliche Arten enthält, können durchaus gute Zuchterfolge, besonders mit Entenarten, erzielt werden. Wer nicht züchten und sich nur an einer bunten Vogelschar erfreuen will, kommt mit weniger Platz aus und kann mehr Arten in Gemeinschaft halten. Aber es gilt hier zu bedenken, daß ein Sammelsurium von Vögeln in einem überfüllten Raum schnell andere Probleme bringt. Einmal ist die notwendige Mindesthygiene nicht gewährleistet und zum anderen kommen die Tiere nicht zur Ruhe und sind einem Dauerstreß ausgesetzt. Dies besonders, wenn streitsüchtige Exemplare den anderen Tieren zu schaffen machen. Bei manchen Züchtern erlebt man, daß verschiedene Fasanenarten scheinbar problemlos zusammen gehalten werden, und möchte das auch in der eigenen Zuchtanlage praktizieren. Dabei wird aber oft nicht bedacht, daß in der Zuchtzeit ganz andere Spielregeln gelten. Der triebige Fasanhahn ist in der Balz nicht wiederzuerkennen, und viele Rivalenkämpfe würden mit Totschlag enden, wenn wir dies nicht verhindern würden.

Auch Wachteln und Erdtauben sollten wir nicht in der Fasanenvoliere halten, das geht selten gut. Außer der Verträglichkeit sind noch andere Probleme zu bedenken, so kommt es bei den Enten in der Gemeinschaftshaltung immer wieder zu Bastardierungen zwischen nahe verwandten Arten. Je näher die Arten verwandt sind, oder wenn es sich gar um Unterarten handelt, desto größer ist die Gefahr eines Seitensprunges. Daher sollte man keine Stockente mit der Laysanente, keine Pfeifente mit der Chile-Pfeifente, keine Zwergsäger mit Kappensägern usw. zusammen halten. Einige Kleinvögel in der Fasanen- oder auch Entenvoliere dagegen stören selten.

Bei der Nebenbesetzung in bepflanzten Volieren gilt noch zu bedenken, daß viele Vogelarten, z.B. Großsittiche und viele Finkenvögel (das gilt auch für Kanarienvögel), den Bewuchs enorm schädigen können, da sie die Pflanzen benagen und Knospen fressen. Vor allem auch die Hühnervögel machen sich über die Pflanzen, besonders im unteren Bereich, her, jedoch sind die Auswirkungen um so geringer, je mehr üppig wachsende oder schlecht schmeckende Pflanzen die Voliere enthält; ein Holunderbusch wird kaum Schäden aufweisen.

Prachtfinken, meist die robusten Zebrafinken, werden vielfach in Fasanenvolieren gehalten. Falls sie, wie dies beim Goldfasan der Fall ist, nicht beachtet werden, steht dem auch nichts entgegen. Wenn sie jedoch von den größeren Ziergeflügelarten, z.B. den Silberfasanen, als Zufutter betrachtet und verspeist werden, scheidet eine Gemeinschaftshaltung aus.

Als Idealvogel zur Nebenbesetzung, sowohl bei Fasanen als auch bei Enten, betrachte ich den Sonnenvogel aus der Familie der Timalien, auch als Chinesische Nachtigall bekannt. Sonnenvögel sind leicht zu halten. Neben ihren hübschen Farben und ihrem ansprechenden Gesang wirken sie durch behende Bewegungen und ein anmutiges Wesen. Auch viele Weichfresser aus der Drossel- und Starenfamilie eignen sich zur Nebenbesetzung. Dabei kommt es immer auf ihre Herkunft an, das heißt, ob sie auch die erforderliche Winterhärte besitzen. Experimente in dieser Hinsicht mit Vögeln aus subtropischen oder gar tropischen Gebieten sind unvertretbar.

Sehr gut geeignet zur Nebenbesetzung halte ich auch die verschiedenen Häherlinge, die wie die Sonnenvögel zu den Timalien gehören. Sie fesseln durch ihr Benehmen, die flinken Bewegungen und eleganten Formen und sind zumeist apart gezeichnet und gemustert. Eine Warnung: Die größeren Arten unter ihnen, wie z.B. Weißhauben-, Brustband- und Weißkehlhäherling, die im Freileben die Nester kleiner Singvogelarten plündern, könnten auf den Geschmack kommen und sich auch an den Eiern der Fasanen vergreifen. Bei den kleineren Arten wie Augenbrauen-, Rotkehl-, Gelbkehl- oder Rotschwanzhäherling ist das kaum zu befürchten. Bei einer Nebenbesetzung mit Tauben sind neben den größeren Arten unserer einheimischen Wildtauben, wie Ringel- oder Hohltauben, besonders die Große Bronzeflügel-, Guinea- und die Australische Schopftaube zu empfehlen, alles winterharte, robuste Arten. Die letzteren beiden gelten untereinander und mit anderen Taubenarten allerdings als streitsüchtig.

Futter und Fütterungsmethoden

▽

Ernährung des Ziergeflügels

Als Liebhaber oder Halter von Ziergeflügel kennen wir die Probleme der Nutzgeflügelhalter, durch eine entsprechende Fütterung hohe Leistungen, seien es viele Eier oder eine schnelle rentable Mast zu erzielen, natürlich nicht. Dennoch dürfen auch wir den Wert einer guten Ernährung mit einwandfreiem Futter nicht unterschätzen. Eine Ernährung mit verdorbenem Futter oder eine Mangelernährung, wenn wichtige Substanzen im Futter, wie z.B. lebenswichtige Vitamine oder Spurenelemente, fehlen, kann zu schweren Gesundheitsschäden führen.

Auch ein Zuviel an kalorienreicher Nahrung, dazu noch Bewegungsmangel, führt zur Verfettung und schadet der Gesundheit. Ungenügende Befruchtung und mangelhafter Schlupf der Küken, auch Wachstumsstörungen, können ihre Ursachen in der Fütterung haben. Welche Voraussetzungen gelten für ein gutes Futter?

Das Futter darf nicht verdorben, z.B. verschimmelt, angefault oder stark vermilbt sein. Körner- oder Preßfutter verdirbt, wenn es feucht gelagert wird, schnell und am schnellsten bei feuchter Wärme. Das Futter ist daher immer trocken, luftig und möglichst kühl aufzubewahren. Schon beim Einkauf sollten wir das Futter eingehend betrachten und nicht einwandfreie Ware unbedingt zurückgeben. Neben der optischen Betrachtung ist die Nase gut geeignet, verdorbenes Futter zu erkennen. Ein muffiger Geruch kann auf eine Ver-

milbung hinweisen, aber auch angesäuertes Futter läßt sich geruchlich leicht feststellen. Grünzeug muß stets möglichst frisch verfüttert werden. Beim Selbstsammeln von Grünzeug ist immer darauf zu achten, daß an seinem Standort nicht mit Pestiziden gespritzt wurde. Wegen der Belastung mit Blei oder anderen Abgasrückständen sollte man auch kein Grünzeug an einer vielbefahrenen Straße pflücken, und ebenfalls nicht dort, wo Geflügelhalter mit Hühnermist düngten (Infektionsgefahr!). Auch auf Giftpflanzen ist zu achten. Wieweit Pflanzen, die für den Menschen oder Säugetiere giftig sind, auch unserem Ziergeflügel schaden, ist kaum bekannt oder erforscht. Normalerweise werden giftige oder ungenießbare Pflanzen gar nicht erst aufgenommen. Tiere, die Grünzeug lange Zeit entbehren mußten oder nicht mehr über die natürlichen Instinkte verfügen, sind einer Vergiftung eher ausgesetzt. Bei Gänsen wird z.B. von Vergiftungen durch den Bleichen Schotendotter *(Erysimum crepidifolium)* berichtet. Die Pflanze erhielt deshalb im Volksmund auch den Namen »Gänsesterbe«. Auch eine Anzahl Gehölze oder Teile davon gelten als giftig. So sind bei Kindern mehrfach schwere Vergiftungen durch die Früchte des Goldregens *(Laburnum)* vorgekommen. Obwohl auch die Rinde der Pflanze giftig sein soll, wird sie von Hasen und Kaninchen in strengen Wintern doch stark verbissen. Auch Efeu gilt als giftig. Meine Satyrtragopane jedoch fraßen in ihrer über 100 qm großen, gut bewachsenen Voliere leidenschaftlich gern die Efeublätter und haben den Bestand schnell ausgerottet. Dennoch sollte man im Zweifelsfall lieber vorsichtig sein und auf die Fütterung unsicherer Pflanzenarten verzichten.

Die Zusammensetzung des Futters muß sich nach den Bedürfnissen der jeweiligen Art richten. Allen gemeinsam ist, daß der Grundbedarf neben Kohlenhydraten (Stärke, Zucker) zur Deckung des Energiebedarfs aus hochwertigem Rohprotein (Eiweiß) bestehen muß, besteht doch ein großer Teil des Vogelkörpers aus Eiweißstoffen. Neben diesen Nährstoffen haben als Zusatzstoffe Mineralstoffe wie die Mengenelemente Calcium, Phosphor, Magnesium usw. und Spurenelemente wie Mangan (ihr Fehlen bewirkt bei Küken die Mangan-Mangelkrankheit Perosis), Eisen, Jod und andere ihre wichtige Bedeutung. Nicht weniger wichtig sind Vitamine und essentielle Aminosäuren (Vorstufe der Proteine). Gutes frisches Trinkwasser nicht zu vergessen.

Wegen der unterschiedlichen Bedürfnisse läßt sich kein Einheitsfutter passend für alle Arten zusammenstellen. Wohl können Arten mit einer nur geringen Spezialisierung des Verdauungstraktes ein Basisfutter erhalten. Dies gilt für Arten, die sich in der Natur von einer sehr gemischten Kost aus den verschiedensten Pflanzenteilen (Schößlinge, Sämereien, Beeren) sowie tierischer Nahrung (Insekten, Würmer, Spinnen und dergleichen) ernähren. Sie werden oft Allesfresser genannt, doch besser bezeichnen wir sie als Gemischtköstler. Ihre Fütterung ist relativ unkompliziert: ein gutes Mischfutter aus Getreide und tierischen Eiweißprodukten, dazu Grünfuttergaben. Zu diesen Arten mit relativ einfachen Futteransprüchen

können wir die Wildhuhnarten wie auch Kragenfasane, Jagdfasane, Königsfasane, Pfauen u.a. zählen. Andere Arten hingegen haben teilweise höhere oder ganz andere Futteransprüche. Schon anatomisch ist dies meist leicht erkennbar. So haben zum Beispiel Auerhühner um ein Mehrfaches längere Blinddärme als Haushühner (180 cm wurden bei einem Auerhahn schon gemessen!), eine Anpassung an die rohfaserreiche und nährstoffarme Winternahrung. Oder ein ganz extremer Nahrungsspezialist: das Beifußhuhn *(Centrocercus urophasianus)* aus den Beifußsteppen des amerikanischen Westens. Eine Art, die sich, ein Gegensatz zum Auerhuhn, fast nur noch von der nährstoffreichen, weichen Beifußpflanze *(Artemisia tridentata)* ernährt und deshalb auch nicht mehr einen Muskelmagen besitzt.

Von den in unserem Buch beschriebenen Arten sind es besonders Tragopane und Pfaufasane, die bei der Fütterung andere Ansprüche stellen und mit unserem Körnerfuttergemisch nicht auskommen. Tragopane als starke Grünzeugfresser (Pflanzentriebe, Beeren, Obst) und im Gegensatz dazu Pfaufasane, aber auch Straußwachteln, welche in unseren Volieren Pflanzentriebe kaum abfressen, dagegen viel tierisches Futter benötigen. Wenn wir ihnen ihre natürliche Nahrung aus Insekten, Spinnen, Würmern nicht bieten können, müssen wir ihren Bedarf an tierischem Eiweiß ersatzweise duch ein gutes Eifutter, Quark oder Mehlwürmer dekken. Bei den Entenvögeln müssen vor allem die Meeresenten anders als die Gründelenten gefüttert werden.

Zu bedenken sind auch die unterschiedlichen Ernährungsansprüche während der Jahreszeiten und in den verschiedenen Lebensphasen. Das hängt mit dem Energiebedarf zusammen. So wird bei kaltem, eisigem Winterwetter viel Energie für die Aufrechterhaltung der Körperwärme (Thermoregulation) benötigt. Energiereiche Futtermittel wie Mais oder Hanf können jetzt recht nützlich sein, während sie im warmen Sommer die Verfettung unserer Tiere begünstigen würden und dann gar nicht oder nur sparsam gegeben werden dürfen. Ebenfalls ist der Energiebedarf der Tiere höher zu Zeiten, in denen besondere Körperleistungen erbracht werden müssen. Das ist während der Wachstums-, der Mauserzeit und während der Eibildung.

Daß die Tiere dies teilweise selbst regulieren, bemerken wir an mehr oder weniger aufgenommener Futtermenge. Andererseits müssen wir die Futterzusammensetzung entsprechend anpassen (zum Beispiel den Mais als Winterfutter).

Sehr wichtig ist auch, die Eiweißversorgung der Tiere zu allen Zeiten zu gewährleisten, zumal einige Eiweißbausteine (Aminosäuren) vom Vogelorganismus weder gespeichert noch synthetisiert werden können. Darum muß in der Nahrung ständig genügend Eiweiß enthalten sein. Vor allem das tierische Eiweiß durch seinen hohen Gehalt an lebenswichtigen Aminosäuren ist sehr wichtig für unsere Tiere. Auch an Eiweiß besteht ein erhöhter Bedarf während der Eibildung und Mauserzeit, und ganz besonders bei den heranwachsenden Jungtieren. Ein Umstand, den die Futtermittelindustrie bei der Zusammensetzung ihrer Fertigfutterprodukte bereits bedacht hat. Bei selbstgemischtem Aufzuchtfutter müssen wir die Versorgung durch unser altbewährtes Eiweißfutter wie Eidotter und Quark sicherstellen.

Bestandteile des Futters

Wer seinen Tieren nicht nur Fertigfutter verabreicht, sollte sich über die Hauptbestandteile des Futters informieren. Den höchsten Anteil an der Zusammensetzung unseres Ziergeflügelfutters hat das Getreide. Getreide besteht zum größten Teil aus Kohlenhydraten (60–70%), die Anteile an Rohprotein betragen 10–15% und die an Rohfett 2–7%. Davon dienen die leicht verdaulichen Kohlenhydrate dem Tierorganismus zur Deckung des Energiebedarfs. Rohprotein (Protein = Eiweiß) benötigt der Vogelorganismus ständig in guter Qualität. Eine ausschließliche Getreidefütterung kann diese Forderung jedoch nicht voll erfüllen. Besonders während des Wachstums und der Mauser sowie in der Zuchtphase während der Eibildung und der Jugenaufzucht ist ein Zufüttern von tierischen Eiweißträgern wie

S. 53 ▷
Jagdfasane (Edelfasane), Hahn und Henne

S. 54 ▷▷
oben: Grauer Pfaufasan, Hahn
links unten: Rotes Kammhuhn (Bankivahuhn), Henne mit Küken
rechts unten: Rotes Kammhuhn (Bankivahuhn), Hahn

Fischmehl, Fleischmehl, Magermilchpulver usw. notwendig.

Bei der Kükenfütterung dürfen Quark und hartgekochte Eier, besonders deren Dotter, als wertvolle, allbekannte Eiweißträger nicht fehlen. Hochwertiges Pflanzeneiweiß liefern Sojaprodukte. Näheres über Eiweiß findet sich auch in dem Abschnitt über Aminosäuren, den Vorstufen der Proteine (Seite 57).

Der Fettanteil ist in den einzelnen Getreidearten unterschiedlich hoch. Fette sind große Energielieferanten, ein Übermaß in der Fütterung führt leicht zur Verfettung mit negativen Folgen für die Gesundheit der Tiere. Wenngleich auch Kohlenhydrate im Energiestoffwechsel Fette ersetzen können, so darf Fett doch nicht in der Nahrung fehlen, da es zum einen lebenswichtige essentielle Fettsäuren enthält und zum anderen als Träger der fettlöslichen Vitamine A, D, E und K dient.

Getreide

Hier die hauptsächlichen Getreidearten mit ihren für die Fütterung wichtigen Eigenschaften:

Weizen ist die eiweißreichste Getreideart und hat einen hohen Gehalt an Vitamin B und E und an Karotin. Bei den meisten Ziergeflügelarten ist Weizen ein beliebtes Futter. Bedeutungsvoll ist es auch als Futter während der Mauserzeit.

Hafer hat mit fast 10% einen hohen Rohfaseranteil, enthält also viele Ballaststoffe. Entspelzt verringert sich sein Rohfaseranteil auf ca. 2%; Hafer ist dann sehr gut verdaulich. Sein reiches Vorkommen an wertvollen Inhaltsstoffen, z. B. an den wichtigen Aminosäuren Lysin und Cystin, macht Hafer zu einem wertvollen Zucht- und Aufzuchtfutter. Entspelzt wird er auch von den Hühnervögeln und Tauben

besser aufgenommen, obwohl sie sonst seine spitzen Körner nicht so recht mögen. Ein altbekanntes gutes Kükenfutter sind auch Haferflocken.

Gerste. Die harten, spitzen Gerstenkörner sind beim Ziergeflügel wenig beliebt. In geschroteter Form ist es dem Mischfutter beigegeben. Gerste hat seine Bedeutung als Mastfutter und als Ruhezeitfutter der Tauben. Für unser Ziergeflügel können wir auf Gerste verzichten.

Roggen. Auch er ist beim Geflügel wenig beliebt. Als Brotabfall, der jedoch nicht verschimmelt sein darf, können wir Roggen, am besten eingeweicht, an unsere Tiere verfüttern.

Mais ist zwar sehr gut verdaulich, sein Eiweißgehalt ist mit ca. 9% jedoch recht niedrig und minderwertig. Eine einseitige Maisfütterung kann zu Entwicklungsstörungen und Vitamin-A-Mangel führen. Wegen seiner hohen Energiekonzentration besteht zudem die Gefahr einer Verfettung der Tiere, besonders im Sommer. Im Winter, wenn angesichts der langen, oft eiskalten Nächte tagsüber nur wenig Zeit zur Futteraufnahme besteht, hat die Maisfütterung durchaus ihre Berechtigung. Den kleineren Geflügelarten muß der Mais in jedem Fall gebrochen gereicht werden.

Hirse. In ihren verschiedenen Arten, wie sie vom Wellensittichfutter wohlbekannt sind, wird sie auch vom Ziergeflügel gerne gefressen. Hirse hat einen hohen Proteingehalt. Als geschälte Hirse ist sie zwar nicht billig, wird aber gern an Küken kleiner Zierenten verfüttert.

Spurenelemente und andere Futterzusätze

Neben Kohlenhydraten, Proteinen und Fetten, die mengenmäßig den größten Bestandteil des Futters, insbesondere des Getreides ausmachen, sind auch jene Futterbestandteile wichtig, welche nur in geringen Mengen oder nur in Spuren benötigt werden. Zu diesen Spurenelementen zählen u. a. auch die Vitamine. Ein Fehlen dieser Stoffe kann fatale Folgen für die Gesundheit der Tiere haben. Da eine reine Getreidefütterung, ergänzt durch tierisches Eiweiß, auf Dauer eine ausreichende Versorgung mit diesen Stoffen nicht gewährleistet, sind zusätzlich noch andere Futterarten, u. a. Grünfutter und Futterzusätze (z. B. Mineralstoffmischungen), erforderlich. Darüber in den nachfolgenden Abschnitten.

Vitamine. Das von der Futtermittelindustrie hergestellte Fertigfutter enthält zwar bereits die nötigen Vitamine, Mineralstoffe, Spurenelemente und Aminosäuren. Es gilt dabei aber zu bedenken, daß einige Vitamine im Futter nur begrenzt haltbar sind. Besonders bei Einwirkung von Licht und Sauerstoff zerfallen sie und verlieren ihre Wirkung. Man beachte deshalb die angegebene Mindesthaltbarkeitsdauer auf den Anhängern der Futtersäcke. Vitamine sind zwar nur in Minimalmengen als »Zündstoffe« (Biokatalysatoren) erforderlich, ihr Mangel bewirkt jedoch Störungen im Stoffwechsel der Tiere, und es kommt zu Ausfallerscheinungen und Vitalitätsverlust. Wenn wir unseren Tieren neben einwandfreiem Fertigfutter laufend frisches Grünfutter, gekeimtes Getreide (Weizen, Hafer usw.) anbieten und sie außerdem in der Freivoliere jederzeit Sonnenbäder nehmen können (Vitamin-D-Synthese), ist normalerweise die Vitaminversorgung gesichert. Notwendig werden kann eine zusätzliche Vitaminversorgung bei besonderen »Streß«-Situationen wie extremer Witterung, Umge-

wöhnung, Parasitenbefall oder medikamentöser Behandlung. Ab wann zusätzliche Vitamingaben notwendig sind oder ob das selbstgemischte Futter ausreichend Vitamine enthält, ist kaum exakt zu beantworten. Vitamine, am besten ein Multivitaminpräparat für Wirtschaftsgeflügel, sollten stets nur nach Angaben der Herstellerfirma gereicht werden. Grobe Überdosierungen, besonders der fettlöslichen Vitamine A und D, können allerdings schaden.

Mineralstoffe als anorganische Substanzen besitzen ihre wichtige Rolle beim Aufbau des Skelettes, aber auch bei verschiedenen Stoffwechsel- und Verdauungsvorgängen. Ein vermehrter Bedarf besteht während des Wachstums, der Gefiedermauser und beim Legen (Eischalenbildung). Bei den als Futterkalk bekannten Mineralien Calcium (Ca) und Phosphor (P) ist wichtig, daß sie im richtigen Mengenverhältnis gegeben werden. Da der Stoffwechsel des Phosphors im engen Zusammenhang mit dem Calciumstoffwechsel steht, kann der Vogelorganismus nur bei der richtigen Relation diese beiden Elemente optimal verwerten. Als ideales Verhältnis von Ca zu P gilt 2:1, welches sich (besonders bei Viellegern) während der Legeperiode auch auf 6:1 verändern kann.

Auch die Mineralien Natrium, Kalium, Magnesium und Schwefel haben eine wichtige Bedeutung im Stoffwechselgeschehen der Tiere. Während dem Fertigfutter der Futtermittelindustrie die entsprechenden Mineralien beigemischt sind, müssen wir unseren eigenen Futtermischungen ein Mineralgemisch beigeben oder — noch besser — den Tieren selbst anbieten. Dies können entweder eine käufliche Futterkalkmischung sein oder auch die altbewährten zerkleinerten Eischalen (die Eischalen wegen einer Infektionsgefahr aber nur von hartgekochten Eiern!). Gut geeignet ist auch Muschelkalk (zerkleinerte Muschelschalen). **Spurenelemente.** Während wir die bisher beschriebenen Mineralien als Mengenelemente bezeichnen können, gibt es solche, die nur in Kleinstmengen, in Spuren, benötigt werden.

- Mangan (Mn). Manganmangel wird neben einer Verminderung der Eischalenqualität auch die Mitursache der Perosis (Schwellung des Sprunggelenkes und Auswärtsdrehen des Fußes) zugeschrieben.
- Eisen (Fe) ist wichtig für die Bildung des roten Blutfarbstoffes (Hämoglobin), ein Mangel schwächt auch die Widerstandskraft gegen Krankheiten.
- Zink (Zn). Ein Mangel an Zink im Nahrungsangebot ist zwar äußerst selten, würde aber schwerwiegende körperliche Schäden verursachen.
- Jod (J). Bei Jodunterversorgung kam es bei Wellensittichen zur Schilddrüsenvergrößerung (Kropf). Beim Ziergeflügel sind mir derartige Fälle allerdings nicht bekannt.
- Kupfer (Cu). Ebenso wie Eisen ist Kupfer für die Blutbildung notwendig. Ein Mangel verursacht Schäden im Zentralnervensystem, Wachstumsminderung u. a.
- Kobalt (Co) gilt als Bestandteil des Vitamins B_{12}. Die genannten Spurenelemente sind in jeder guten Mineralstoffmischung in entsprechender Dosierung vorhanden.

Bei weiteren Mineralien wie Selen, Brom, Chrom, Molybdän und Vanadium sind Mangelsituationen nicht zu befürchten.

Grit ist eine Bezeichnung für die Magensteinchen, die den körnerfressenden Vögeln als »Zahnersatz« zur Zerkleinerung rohfaserreicher Nahrung im Muskelmagen dienen. Im Futtermittelhandel werden Gritgemische aus Silikaten, Quarziten und Kalziten angeboten. Silikat- und Quarzitkiesel werden, nachdem sie sich durch die Magentätigkeit abgeschliffen haben, ausgeschieden und durch ständige Neuaufnahme ergänzt. Kalzite werden von der Magensäure gelöst und zur Kalkversorgung bei der Bildung der Eischalen und des Knochengerüstes benötigt. Gut geeignet sind auch Quarzkiessande aus den Kiesgruben des Baugewerbes. Korngrößen von 2–5 mm decken den Bedarf sowohl der Alt- wie der Jungtiere. Für Küken können wir leicht das feinere Material aussieben. Im übrigen wählen unsere Tiere bereits instinktiv die richtige Korngröße.

Ziergeflügel mit fester Nahrung kann ohne die Möglichkeit, Magensteinchen aufzunehmen, an schweren Verdauungsstörungen erkranken. Es kommt dann zur »Magenverfilzung«, die auch als Kiesmangelkrankheit bezeichnet wird und bei der Verdauung und Nahrungsaufnahme zum Stillstand kommen können.

Noch ein Hinweis: Es muß bedacht werden, daß bei der heutigen Alleinfütterung mit Pellets diese bereits ausreichend mit Futterkalk versehen sind. Eine Zufütterung mit kalkhaltigem Grit, also Grit, der Kalzit oder auch Muschelschalenbruch enthält, ist dann unnötig, möglicherweise sogar schädlich.

Aminosäuren. Der Körper eines Vogels besteht zu ungefähr $\frac{1}{5}$ aus Eiweißstoffen. Deren Vorstufen, die Eiweißbausteine, sind die Aminosäuren. Von den rund 20 verschiedenen Aminosäuren kann der

Vogelorganismus ungefähr die Hälfte durch biochemische Umbildungsprozesse selbst aufbauen. Die anderen 10 Aminosäuren, die man als unentbehrliche oder essentielle Aminosäuren bezeichnet, müssen dagegen über die Ernährung dem Körper zugeführt werden. Nun muß man als Ziergeflügelhalter wissen, daß es nicht genügt, bei der Zusammenstellung einer Futtermischung den Eiweißgehalt nur nach Prozenten zu ermitteln, denn Eiweiß ist längst nicht immer gleich Eiweiß. So reicht die Qualität der Eiweißversorgung aus reiner Körnernahrung nicht aus, unser Geflügel ausreichend mit den essentiellen Aminosäuren zu versorgen, es mangelt dabei z. B. an Lysin, Arginin, Methionin, Threonin. Mag derlei Körnerfutter eben noch als Erhaltungsfutter ausreichen, bei der Zucht zeigen sich die Folgen durch herabgesetzte Widerstandskraft, schlechte Befruchtung und lebensschwache Küken. Man kann zwar einen gewissen Ausgleich schaffen, wenn man zur lysinarmen Getreidenahrung Leguminosen (Erbsen, Lupinen) mit einem günstigen Lysingehalt füttert und dessen niedrigen Methioningehalt wiederum mit Getreide ausgleicht. Einen hohen Gehalt an essentiellen Aminosäuren mit einer hohen biologischen Wertigkeit hat hingegen das tierische Eiweiß. Hier zeigt sich wieder, wie gefährlich und schädlich eine einseitige Fütterung sein kann und wie ein vielfältiges Futterangebot, welches genügend tierisches Eiweiß enthält, Mängel ausgleicht. Die Futtermittelindustrie hat ihre Futterprodukte bereits mit den notwendigen Aminosäuren, gegebenenfalls als Zusätze, versehen, so daß ein Mangel durch Fertigfutter nicht zu befürchten ist. Auch enthalten gute Mineralfuttergemische außer den Mineralien die erforderlichen Vitamine, Spurenelemente und auch Aminosäuren. Die Wirtschaftsgenossenschaft deutscher Tierärzte in Hannover hat speziell für die Gefiederten das Medikament Korvimin ZVT entwickelt. Es enthält u. a. die 12 wichtigsten Aminosäuren und ist besonders bei Streßzuständen und Mangelerkrankungen sehr nützlich. Jeder Tierarzt kann es beschaffen.

Grünfutter, Keimfutter, Obst

Auf den Wert des Grünfutters zur Vitaminversorgung und aus diätetischen Gründen wurde schon mehrfach hingewiesen. Auch bei Verwendung von Fertigfutterprodukten sollte Grünfutter immer zusätzlich gefüttert werden. Wer einen eigenen Hausgarten besitzt, kann seinen Tieren meist ganzjährig einwandfreies frisches Grünzeug anbieten. Die Auswahl an Grünfutterpflanzen ist recht groß, alle sogenannten »Unkräuter«, wenn sie nicht gerade als giftig bekannt sind, können gefüttert werden. Geeignet sind u. a. Löwenzahn, Vogelmiere, Schafgarbe, Luzerne, Weißklee oder Brennessel. Bei der Brennessel nehmen wir nicht die kleine Einjährige, sondern die Jungtriebe der Großen Mehrjährigen Brennessel. Tragopane schlingen ganze Blätter davon hinunter, für die meisten Arten müssen wir sie jedoch zerkleinern. Mit dem Mixer sehr fein gehackt, sind sie auch für die Kükenaufzucht gut geeignet. An Gemüse aus dem Hausgarten bieten sich an: alle Salatsorten, ferner Mangold, Kresse, Schnittlauch. Im Winter, wenn anderes Frischgemüse fehlt, kann man auch die Sorten Rosenkohl, Grünkohl und Markstammkohl, dazu Wurzelgemüse wie Möhren, Zuckerrüben, Runkelrüben geben. Während einige Fasanarten aufgespießte Rüben oder Äpfel auspicken (aushöhlen), nehmen andere, zumeist auch Enten, diese nur an, wenn sie in kleine Würfel geschnitten sind. Man muß dies alles ausprobieren und dabei auch eine Gewöhnungsphase berücksichtigen. Im Winter, bei starkem Frost, darf man Grünfutter entweder nur in der frostfreien Mittagszeit oder im Stall geben. Große Mengen gefrorenes und auch sehr nasses Grünfutter könnten sonst zu Verdauungsstörungen führen. Lange Grashalme sollten auf ca. 1,5 cm Länge zurückgeschnitten werden, wenn man sie als Grünfutter verwenden will, andernfalls kann es zu Verstopfungen in der Speiseröhre kommen. Wenn wir auch das übrige Grünfutter zerschnitten reichen, eventuell vermischt im Weichfutter, sollten wir es abwechselnd auch zur Bewegungstherapie gebündelt und aufgehängt anbieten, und ebenso den Enten Wasserlinsen zum Abfischen von der Wasseroberfläche.

Besonders zum Zuchtbeginn im Frühjahr sollten wir auch Keimfutter, wie gekeimten Weizen, Hafer und Sonnenblumenkerne geben. Keimfutter wird als günstig für eine gute Befruchtung angesehen. Wenn die Keime durchgebrochen sind, wie dies bei Weizen und Sonnenblumen schon nach 2 Tagen im Feuchten bei Zimmertemperatur der Fall ist, wird es verfüttert. Auf Fäulnis und Schimmel achten! Nicht zu vergessen als Futter ist Obst. Bei den meisten Hühnervogelarten sind außer Äpfeln Beeren aller Art sehr beliebt: Feuerdornbeeren, Johannisbeeren und noch lieber Holunderbeeren. Meine Tragopane sind direkt gierig auf Erd- und Himbeeren, die sie als Leckerbissen bekommen. Bei der Haltung von Fasanen- oder Entenvögeln mit einem sehr guten Grasauslauf können die Grünfuttergaben entsprechend reduziert werden.

Trinkwasser

Die ständige Versorgung unserer Tiere mit frischem, sauberem Wasser ist besonders wichtig. Bei der Liebhaberhaltung werden wir im Normalfall das Trinkwasser für unsere Tiere der Wasserleitung entnehmen.

Gefährlich ist es, wenn durch unsaubere Tränken, durch stehendes Wasser in den Näpfen, die vielleicht noch mit Futterresten oder Kot verschmutzt sind, sich Infektionsherde bilden. Allerdings ist es auch sinnlos und gefährlich, dagegen ständig Desinfektionsmittel einzusetzen. Hier hilft nur penible Sauberkeit und die regelmäßige Erneuerung des Wassers. Dies gilt besonders bei Enten, die beim Fressen ständig das Futter im Schnabel im Wasser einweichen.

Für Tränken gibt es verschiedene Systeme. Für einzelne Tiere genügt eine mehr oder weniger große Tränkeschale oder eine Stülptränke, die schattig und vor Verschmutzung geschützt aufgestellt wird. Wie auch beim Futter erfolgt die Aufstellung zweckmäßigerweise auf einem Gitterrost. So kann Spritzwasser versickern, ohne daß in der Umgebung der Tränke eine Sumpflandschaft entsteht.

Rinnentränken mit einer automatischen Wasserversorgung, die mittels eines Schwimmerventiles geregelt wird, oder auch Nippeltränken, mit denen eine größere Anzahl Tiere versorgt werden kann, sind unkompliziert. Allzu sorglos darf man sich aber nicht auf die Technik verlassen und auf alle Fälle die Tränken laufend überwachen.

Im Winter können Tränken hin und wieder einfrieren. Daher werden auch elektrisch beheizbare Tränkeschalen angeboten. Sie entheben uns der Aufgabe, bei Minusgraden mehrmals täglich das Trinkwasser für die Tiere auszuwechseln, vor allem dann, wenn kein Schnee den Durst stillen kann.

Während es kein Problem ist, die Hühnervögel mit sauberem Wasser zu versorgen, da sie, anstatt im Wasser zu baden, Sandbäder nehmen, bereitet uns das Wassergeflügel damit einige Schwierigkeiten. Unseren Wunsch, sie sollten zum Trinken ständig das saubere Wasser aus den Tränken nehmen und das nicht ganz so saubere Teichwasser zum Schwimmen und Baden benutzen, akzeptieren sie nicht. Schon deshalb wird man empfindliche Hühnervögel und das weniger empfindliche Wassergeflügel nicht gemeinsam im selben Gehege halten.

Fütterungsmethoden

Bei Wirtschaftsgeflügel hat sich in den letzten Jahrzehnten in großem Umfang die Verwendung von industriell hergestelltem Mischfutter durchgesetzt. Der Vorteil ist, daß die tägliche Fütterung mit diesen Fertigprodukten relativ wenig Zeit und Arbeitsaufwand erfordert, und die Zusammensetzung der nach den neuesten wissenschaftlichen Erkenntnissen hergestellten Futtermischungen nach DLG-Standard garantiert ist. So wird der Mindestgehalt an wertbestimmenden Inhaltsstoffen festgelegt und überwacht. Die Mindestgehalte an Rohprotein, Energie, Aminosäuren und Mineralien sowie die Vitaminierung sind festgesetzt und auf den Anhängern der Futtersäcke angegeben. Auch der Ziergeflügelzüchter kann diese Fertigfutter, es gibt sie als Mehl oder auch in gepreßter Form (Pellets), unbedenklich verfüttern.

Fertigfutter

Für Fasanen läßt sich das Fertigfutter für Puten verwenden, da Truthühner und Fasanen einen ähnlichen Nährstoffbedarf haben. In der winterlichen Ruhezeit ist auch das etwas eiweißärmere Hühneralleinfutter gut geeignet. Man kann Fertigfutter, und speziell Ergänzungsfutter, auch als Basisfutter geben und zusätzlich anderes Futter verwenden.

Ebenso wie die Hühnervögel kann man auch die meisten Entenvögel mit Fertigfutter versorgen, wobei Gänsen, die unbedingt eine Weide benötigen, um Gras zu äsen, Fertigfutter nur als Zusatzfutter gegeben werden sollte. Für die Gründelenten hingegen ist Fertigfutter als Alleinfutter geeignet, entweder ein Alleinfutter für Enten, wie es der Handel anbietet, oder aber mit einem Alleinfutter für Hühner oder Ferkel.

Will man z.B. für die Aufzucht der Enten Putenaufzuchtfutter verwenden, vielleicht weil man gleichzeitig Hühnervögel aufzieht, ist Vorsicht geboten. Im Prinzip ist zwar das Putenfutter auch für Enten geeignet, die Putenaufzuchtfuttersorten enthalten jedoch ein vorbeugendes Medikament gegen die gefürchtete Kokzidioseerkrankung der Küken, ein Kokzidiostatikum. Einige dieser Puten-Kokzidiostatika waren aber für Entenvögel nicht geeignet und führten bei den Küken zu Erkrankungen und Todesfällen. Neuerdings ist manchmal auf den Anhangzetteln der Futtersäcke vermerkt, daß das Futter für die Entenaufzucht nicht geeignet ist. Auch wenn kein entsprechender Vermerk zu finden ist, sollten Sie sich trotzdem sicherheitshalber erkundigen und vergewissern, daß das enthaltene Kokzidiostatikum, aber auch andere medikamentöse Zusätze für Entenküken unschädlich sind.

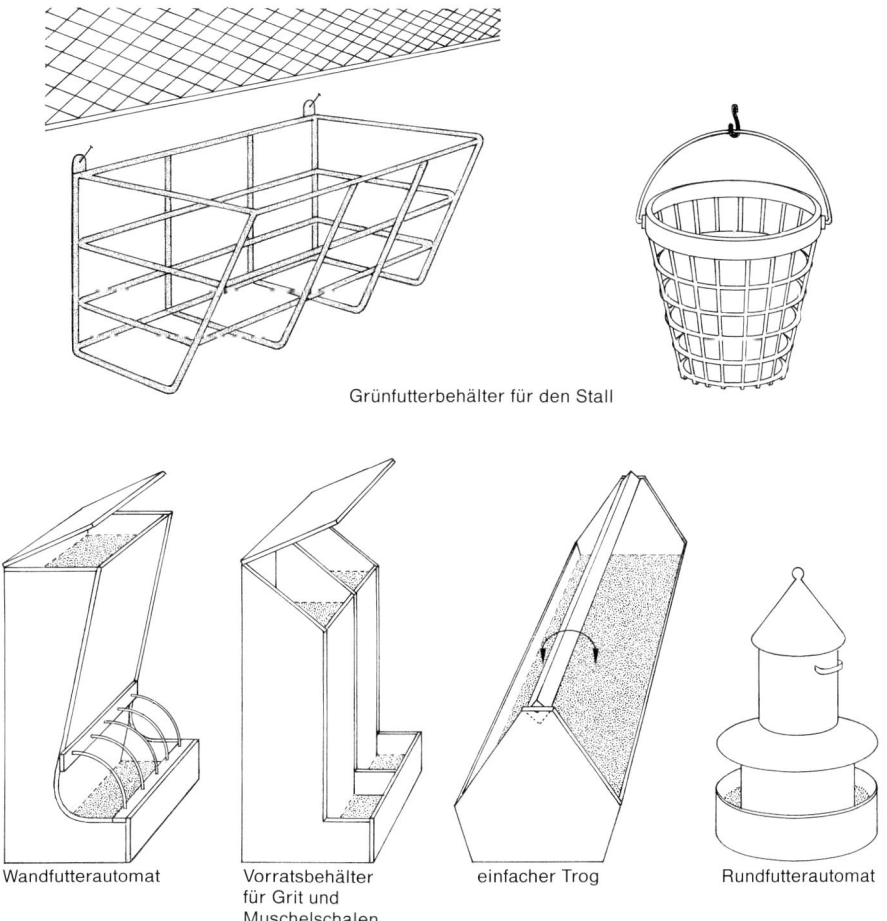

Grünfutterbehälter für den Stall

Wandfutterautomat   Vorratsbehälter   einfacher Trog   Rundfutterautomat
                     für Grit und
                     Muschelschalen

Verschiedene Futterbehälter.

Haushalts- und Gartenabfälle

Wer nur wenige Tiere hält, vielleicht einen Stamm Silberfasane oder ein Paar Stockenten, und dabei ständig viele Haushalts- und Gartenabfälle zur Verfügung hat, kann durchaus auch eine umgekehrte Fütterungsmethode wählen. So können trockene, aber nicht verschimmelte Brotreste, verschiedene Küchenabfälle, gekochte Kartoffeln, Gemüseabfälle und sonstige einwandfreie Überschüsse der eigenen Nahrung verfüttert werden. Für den Fall, daß zeitweise nicht ganz so viel anfällt, sollte aber ständig Körnermisch futter vorrätig sein. Da es bei dieser Fütterung sicherlich mit der Eiweißversorgung hapern wird, bietet sich das »Eiweißreiche Ergänzungsfutter für Legehennen« mit seinen 27% Rohprotein als Zugabe an. Wer gar nichts von industriell hergestelltem Futter wissen will — schließlich haben ja vor uns Generationen von Ziergeflügelzüchtern auch ohne Alleinkorn mehr oder weniger erfolgreich Fasanen, Pfauen und Zierenten gehalten und gezüchtet—, muß das nötige Eiweiß anderweitig bieten. Neben Sojamehl, welches ein hochwertiges Eiweiß enthält, ist auch Weizen mit 12,3% Rohprotein ein guter Eiweißträger. Biologisch am hochwertigsten ist aber das tierische Eiweiß, da es alle für den Vogel wichtigen essentiellen Aminosäuren besitzt. Bei der althergebrachten Fütterung mit Getreide oder Backabfällen usw. sollte deshalb auf eine Zufütterung mit wertvollen tierischen Eiweißträgern wie Quark, Eiern oder Fischmehl nicht verzichtet werden. Das gilt besonders für die Aufzucht der Küken. Und vor allem darf bei keiner Fütterungsmethode das tägliche Grünfutter fehlen, es ist unentbehrlich. Wir geben es entweder in Raufen oder kleingehackt zur Kükenaufzucht, z.B. kleingehackte Brennesseln.

Futterbehälter und Futterautomaten

Dabei ist auch nicht unwichtig, wie und worin es verabreicht wird. Die Futterbehälter, ob runde Schalen oder lange Tröge, müssen gut zu reinigen sein. Geeignet sind die verzinkten Futterbehälter, wie sie der Handel anbietet, oder glasierte Tonschalen, emaillierte Behälter usw. Futterautomaten, bei denen ständig Futter nachrutscht, sind zwar verlockend, und bei Abwesenheit am Wochenende sicherlich nützlich, für den Dauergebrauch aber bedenklich. Vor allem Alleinfutter, ob Mehl oder Pellets, kann in den Automaten schnell verderben. Mehrere warme Tage mit hoher Luftfeuchtigkeit lassen das Futter muffig werden und verschimmeln.

Weichfutter aus eingeweichten Brotresten, gekochten Kartoffeln, Grünzeug u.a. angemengt, sollte feuchtkrümelig, aber nicht breiig oder suppig sein, es kann sonst leicht säuern; Reste sind daher zeitig zu entfernen. Auch das Körnerfutter soll möglichst nicht als Standfutter unbegrenzt zur Verfügung stehen, damit die Tiere nicht zu fett werden.

Ein ständiges Futterangebot vergrößert auch die Probleme mit den lästigen Nahrungskonkurrenten, besonders mit den Mäusen, da kein Ziergeflügelgehege mäusesicher ist. Bei grobmaschiger Netz- oder Drahtbespannung der Volieren ist auch an die Spatzen zu denken. Es ist günstig, die Futtergefäße auf einen Gitterrahmen über einen Hohlraum zu stellen, herausgeschleudertes Futter kann dann nicht in den Dreck fallen. Für die Kleinvögel der Nebenbesetzung bringt man, für das Ziergeflügel unzugänglich, Futterstellen auf hohen Wandbrettern, in Futterhäuschen, Hängeampeln o.a. an.

Je kleiner und unbewachsener das Gehege ist, desto mehr sind wir auf die Fütterung aus dem Napf angewiesen. Dennoch sollten wir regelmäßig wenigstens einen Teil der Nahrung naturnah verabreichen, z.B. den Gänsen ihre Weide bieten, wo sie ständig das Gras kurzrasig äsen (rupfen), und die Enten lassen wir Wasserlinsen (Entenflott) im Wasserbecken abfischen. Den Fasanen und Wachteln werden Grünzeugbündel zum Abrupfen aufgehängt, oder wir stechen ihnen Grassoden aus. Im Winter gibt man einige Handvoll Körner in eine Laubschütte oder in die Stalleinstreu, das schafft Bewegung und mindert die Langeweile im Gehege.

Dieses dient nicht nur dem Wohlbefinden, sondern sicherlich indirekt auch der Gesundheit unserer Tiere.

Futterschemen

Da viele der hier beschriebenen Ziergeflügelarten gleiche oder sehr ähnliche Ernährungsansprüche haben, lassen sich schematische Futterempfehlungen in fünf Gruppen zusammenfassen, wobei auf Besonderheiten in den Artenbeschreibungen hingewiesen wird.

Dem unterschiedlichen Bedarf an Eiweiß (Protein) während der Aufzucht tragen die als Basis empfohlenen Alleinfutter bereits Rechnung. Der anfänglich hohe Eiweißbedarf der Kleinküken verringert sich meist nach ca. 4 Wochen. Ebenso ist bei den Alttieren während der winterlichen Ruhezeit der Eiweißbedarf geringer, erhöht sich aber in der Zuchtzeit und während der Mauser.

Eine Futterumstellung sollte nicht abrupt geschehen, sondern in kleineren Schritten, indem man über eine gewisse Zeitspanne (1–2 Wochen) zunehmend immer mehr von der empfohlenen neuen Mischung gibt. Falls anstelle der aufgeführten Fertigfuttermittel Küchen- und Gartenabfälle, gekochte und gestampfte Kartoffeln, Möhren, Brotreste usw. verfüttert werden, mangelt es oft an tierischem Eiweiß. In diesem Fall kann man durch ein eiweißreiches Ergänzungsfutter für Legehennen das Futter entsprechend aufwerten.

Schema A		Hühnervögel als Gemischtköstler (Wildhühner, Kragenfasanen, Silberfasanen, Rebhühner, Pfauen u.a.)
Küken	1. Woche	Putenstarter (Alleinfutter für Truthuhnküken mit 22% Rohproteingehalt, in Mehlform oder kleinkörnigen Pellets), dazu hartgekochtes und feingehacktes Eigelb. Ferner Grünfutter wie Löwenzahn, Brennessel, Schnittlauch, Schafgarbe usw. (feingehackt).
	2.–4. Woche	Wie oben, jedoch kann die Zugabe von Ei allmählich ganz entfallen. Grünfutter wie zuvor, es kann allmählich gröber gehackt werden.
	5.–8. Woche	Kükenstarter (Alleinfutter für Hühnerküken, mit 17% Protein), dazu: Zugabe von geringen Mengen kleinkörniger Sämereien, wie z.B. Wellensittich- und Waldvogelfutter. Grünfutter aller Art (s. Abschnitt »Grünfutter, Keimfutter, Obst«).

Schema A (Fortsetzung)

	Ab 9. Woche bis ca. 20 Wochen, dann Übergang zu Alttierfütterung	Junghennenpellets (Alleinfutter für Junghennen mit 15% Protein) dazu: Körnergemisch (Weizen, Gerste, Hafer, Hirse), pro Tier bis 10 g täglich, Grünfutter wie zuvor.
Alttiere	in der Zuchtzeit (ab 4 Wochen vor Legebeginn) und während der Mauser	Legehennenpellets (Ergänzungsfutter für Legehennen mit 18% Protein), Körnergemisch und Grünfutter wie zuvor.
Ruhefutter	ca. von Oktober bis März	Legehennenpellets (Alleinfutter für Legehennen mit 15% Protein), Grünfutter wie zuvor. Im Winter bei Grünzeugmangel vermehrt Obst- und Mohrrübenstückchen usw. Körnergemisch wie zuvor (bis höchstens 30 g (ca. 1 Hand voll) pro Tag und Tier.) Bei kalter Winterwitterung kann ca. $\frac{1}{4}$ der Körnermischung aus Mais (gebrochen) bestehen. Während Mais dann als Wärmeerzeuger gute Dienste tut, sollte in der übrigen Zeit wegen der Verfettungsgefahr weitgehend auf die Maisfütterung verzichtet werden.
Allgemein	(gilt auch für die übrigen Gruppen)	Vorsicht: gehacktes Grünzeug und besonders Ei kann schnell verderben, deshalb Reste nach jeder Mahlzeit entfernen. Die Fertigfuttermittel kann man ständig zur freien Aufnahme bereitstellen. Körnerfutter gibt man dosiert, am besten gegen Abend (innerhalb einer Stunde muß alles gefressen sein). Hafer, der ernährungsphysiologisch sehr wertvoll ist, wird wegen seiner Spelzen nicht immer gern gefressen; man kann dann entschälten Hafer geben.

Schema B	Hühnervögel, die einen hohen Grünpflanzenanteil in der Nahrung benötigen. Von den hier beschriebenen Arten sind dies Tragopane und Glanzfasanen, die mehr als die Arten des Schemas A an Grünnahrung benötigen.
Futterempfehlungen	Es können die gleichen Fertigfutter wie bei Schema A gegeben werden. Das gilt für die Kükenaufzucht ebenso wie für die Alttierfütterung. Reduziert werden sollte aber die Körnerfütterung um ca. ⅓. Wichtig ist die ständige Fütterung von Grünfutter; soviel wie möglich (s. auch bei »Grünfutter, Keimfutter, Obst« und bei Satyr-Tragopanen). Im Winter ist Luzerne-Grünmehl ein brauchbares Ersatzfutter.
Schema C	Hühnervögel mit überwiegend tierischer Ernährung (z. B. Argusfasanen und die hier beschriebenen Pfaufasanen und Straußwachteln).
Futterempfehlungen	Wenig Körnerfutter, dafür eine an tierischem Eiweiß reiche Kost. Geeignet ist Putenstarter zur freien Aufnahme. Ich selber habe jahrelang Straußwachteln gehalten sowie erfolgreich gezüchtet und dabei immer ein selbstgefertigtes Eifutter gegeben: 1 hartgekochtes Ei, 4 Eßlöffel Haferflocken, 1 Eßl. Weizenkleie, ⅓ Eßl. Magerquark, ½ Eßl. Möhren (im Mixer zerkleinert), 1 Teelöffel Bienenhonig, dazu 2 Messerspitzen Korvimin (ein Vitamin-Mineralsalzgemisch mit Spurenelementen und Aminosäuren). Als Lebendfutter Mehlwürmer und Heimchen. Ständig wurde auch Hirsegemisch für Prachtfinken gefressen. Grünzeug wird normalerweise nicht gefressen (höchstens wenn es fein gehackt ist); dafür sollte zerkleinertes Obst und Beerenobst, z. B. Holunderbeeren, gegeben werden.

Schema D		Entenvögel als unspezialisierte Gemischt-köstler (Schwimm-/Gründelenten, Tauchen-ten, Glanzenten).
Entenküken	1. Woche	Entenküken-Alleinfutter in Mehlform mit 16% Proteingehalt, vermischt mit hartge-kochtem und feingehacktem Eigelb. Grünfut-ter wie in Schema A und besonders Wasser-linsen (*Lemna* sp.), bekannt als Entenflott.
	2.–3. Woche	wie zuvor, jedoch kann Eigelb nach einer Woche Reduzierung entfallen.
	4. Woche	Entenküken-Alleinkorn wie zuvor unter Zu-gabe von kleinkörnigen Sämereien wie Sil-berhirse oder Wellensittichfutter, Grünfutter.
	5.–6. Woche	allmählicher Übergang zum Erwachsenen-Futter.
aus-gewachsene Enten	in der Zucht (ab 4 Wochen vor Legebeginn und während der Mauser)	Alleinfutter für Zuchtenten mit 15% Protein und Grünzeug/Grünweide/Weizen oder 80% Saugferkelfutter z. B. Deuko OV mit 17-18%, Rohprotein und Grünzeug/Grünweide + 20% Weizen.
Ruhefutter		Alleinfutter für Jungenten mit 12% Protein oder ½ Anteil Saugferkelfutter + ½ Anteil Körner, davon die Hälfte Weizen und Mais (gebrochen); der Mais ist besonders bei Frosttagen wichtig als Wärmeerzeuger.

Schema E	Meeresenten/Säger
	Das Futter der Meeresenten und Säger muß zu einem Großteil aus Fisch und Garnelen bestehen. Bei der Aufzucht dienen Mehlwürmer als Anfangsfutter.
Schema F	Entenvögel mit überwiegend vegetarischer Ernährung (die meisten Gänse).
	Für Gänse ist unbedingt eine Grünweide als gesunde Nahrungsgrundlage notwendig, denn neben einigen Kräutern bilden überwiegend Süßgräser die Hauptnahrung.
Küken/Heranwachsende	Wie bei den Entenküken: Entenküken-Alleinfutter, Körnerzugabe. Auf Eizufütterung wird verzichtet. Statt dessen stets Grünfutter und Weidemöglichkeit.
Alttiere	Ständig eine gute Weidemöglichkeit; Flächengröße nach Bodenqualität (als Anhaltspunkt: Wirtschaftsgeflügelzüchter rechnen für Hausgänse mit 100–200 qm Weidefläche pro Gans). Zufütterung: abends eine Weizenmahlzeit (Menge nach Ergiebigkeit der Weide). Bei Grasmangel z.B. bei sommerlicher Dürre und im Winter kann auch eine Zufütterung mit Kaninchenfutter-Pellets erfolgen.

Die wichtigsten Vitamine

Vitamin	Mangelschäden	wichtige Vorkommen in natürlicher Nahrung
A	Knochenwachstumsstörungen, Augenschäden, Schäden an Epithelien der verschiedenen Organe	Viel enthalten in Leber, Lebertran und Eidotter. In frischen Pflanzenteilen und Früchten als Provitamine (Karotinoide) enthalten, besonders reich in Möhren, Rote Beete, Tomaten
D besonders D_3	Störungen des Calcium-Phosphor-Haushaltes. Folgen: Rachitis, Osteomalazie, weichschalige Eier, Legenot, Lähmesyndrom	Eidotter, Hefe, Öl, Lebertran. Durch Sonnenbestrahlung aus Provitaminen im Tierkörper in D_3 umgewandelt
E	Fruchtbarkeitsstörungen, Störungen des zentralen Nervensystems, Störung des Gesamtstoffwechsels	Grüne (chlorophyllhaltige) Pflanzenteile, Getreidekeime, ölhaltige Sämereien: Sonnenblumenkerne, Leinsamen.
K	Mangelhafte Blutgerinnung (Blutungen im Körpergewebe)	Alle grünen Pflanzenteile (Grünfutter)
B-Komplex besonders B_1, B_2, B_6, B_{12}	Schlechte Schlupfergebnisse, mangelhaftes Wachstum, Gefiederschäden. Störungen im zentralen Nervensystem (Krämpfe)	Getreidekeime, Grünfutter, Hefe, Milchprodukte
C	Da Vitamin C normalerweise in ausreichender Menge vom Vogelorganismus selbst gebildet wird, sind Mangelschäden nicht zu befürchten.	Zitrusfrüchte, Obst, Grünfutter

Krankheiten

▽

Vorbeugen

Ernährungsbedingte Mangelkrankheiten können zu schlechten Schlupfergebnissen, Entwicklungsstörungen, Rachitis u.a. führen; Bewegungsmangel und Überfütterung zum Fettlebersyndrom beispielsweise. Eine vollkommen natürliche Haltung und Fütterung sind bei Gehegehaltung zwar nicht möglich, jedoch sollten wir immer danach trachten, unsere Tiere so naturnah wie möglich zu halten und zu versorgen. Es wird einleuchten, daß mangelernährte, schlecht gehaltene und gestreßte Tiere anfälliger gegenüber Infektionskrankheiten sind. Krankheit ist ja weniger eine Sache der Ansteckung als das Zusammenwirken mehrerer krankheitsfördernder Faktoren. Es ist wichtig, durch optimale Haltung und Fütterung das körpereigene Immunsystem zu stärken. Daneben sind normale hygienische Maßnahmen wie Sauberkeit notwendig. Feuchtes, verkotetes Milieu, besonders an Tränken und Futterstellen ist, hauptsächlich in der warmen Jahreszeit, ein Nährboden für Bakterien und Parasiten. Und verunreinigtes Futter führt zu einem immensen Befallsdruck mit Krankheitserregern, dem letztlich die Abwehrkraft des Körpers unterliegen kann. Saubere Futter- und Trinkgefäße auf Gitterrosten mindern die Infektionsgefahr. Trotz bester Pflege und Hygiene bleibt es aber nicht aus, daß wir nicht doch gelegentlich mit Krankheiten unserer Tiere konfrontiert werden. Durchblättert man ein Buch über Tierkrankheiten, wird man feststellen, daß es eine Vielzahl von Geflügelkrankheiten gibt, die auch unser Ziergeflügel befallen können. Es sollen hier aber nur die häufigeren oder besonders wichtigen behandelt werden. Darüber hinaus wird auf die reichhaltige Spezialliteratur verwiesen, die es über Vogelkrankheiten und für die Wirtschaftsgeflügelzucht gibt. Man sollte sich auch rechtzeitig nach einem erfahrenen Tierarzt mit Kenntnissen über Geflügelkrankheiten umsehen. Da die wichtigsten Medikamente meist rezeptpflichtig sind, benötigen wir auch für das Verschreiben dieser Mittel den Tierarzt. Oft bemerkt man am Wochenende oder an den Feiertagen, daß eines von unseren Tieren mit stark gesträubtem Gefieder apathisch in der Stallecke sitzt und offenbar krank ist. Gerade dann ist der Tierarzt jedoch nicht zu erreichen. Für eine notwendige sofortige Behandlung sollte man in solchen Fällen bereits ein Mittel zur Hand zu haben, ein Breitband-Antibiotikum wie Terramycin Hen oder Multicylin W, beide mit einer guten Breitenwirkung gegen verschiedene bakterielle Erreger. Dazu kommt das Tier ins Krankenabteil, wo ein Infrarotstrahler als Wärmequelle das Tier wieder auf die Beine bringen kann. Der Tierarzt wird uns diese oder ähnliche Mittel seiner Wahl (Wundermittel gibt es nicht!) sicher für Notfälle vorsorglich zur Verfügung stellen. Sind die Medikamente nach Ablauf der Wirkungsfrist überaltet, tun wir sie besser weg und besorgen uns für solche Notfälle einen neuen vollwirksamen Ersatz. Allerdings sollte man solche Mittel nicht gleich bei jeder Unpäßlichkeit der Tiere einsetzen! Meist nutzt es auch nur wenig, wenn wir mit mehreren Tagen Verspätung eine Therapie beginnen. Bei einer frühzeitigen Behandlung wären dagegen viele Tiere zu retten gewesen.

Wichtig beim Einsatz von Antibiotika ist, daß die Mittel in der angegebenen Menge und über den vorgeschriebenen Zeitraum (5 Tage) gegeben werden. Unterdosierung und zu kurzer Einsatz sind oft die Ursache ungenügender Wirkung. Aber auch grobe Überdosierung muß selbstverständlich vermieden werden.

Viruskrankheiten

Das Tückische an Viruskrankheiten ist, daß es kein Medikament gibt, das den Erreger im Körper abtöten kann. Wenn dennoch eine Behandlung mit Medikamenten erfolgt, geht es dabei um die Bekämpfung bakterieller Sekundärinfektionen. Mit einer solchen Behandlung werden die oft zusätzlich den Vogelorganismus belastenden Bakterieninfektionen bekämpft, das körpereigene Abwehrsystem des Vogels entlastet und damit die Chance vergrößert, daß das Tier die Virusinfektion überwindet.

Viele Viruskrankheiten treten seuchenhaft auf, wie z. B. die Newcastle-Krankheit der Hühnervögel oder die Virushepatitis der Entenvögel. Glücklicherweise sind gegen viele, so auch gegen die beiden genannten, bereits Impfstoffe entwickelt worden. Bei erhöhtem Infektionsrisiko, z. B. wenn die Tiere auf Ausstellungen gebracht werden oder wenn aus der Umgebung bereits Seuchen gemeldet werden,

sollte man daher seine Tiere impfen lassen. Durch die Impfung mit Lebendimpfstoff (abgeschwächte, inaktivierte Erreger) oder Totimpfstoff bildet das körpereigene Abwehrsystem Antikörper, die den Tieren über einen gewissen Zeitraum Schutz verleihen.

Virus-Hepatitis (Infektiöse Leberentzündung) ist eine Viruserkrankung, die den Wassergeflügelzüchtern schwer zu schaffen macht. Vor allem unter den Entenküken verursacht sie große Verluste. Zwei bis drei Wochen alte Küken werden plötzlich matt, zeigen eine Beinschwäche und Gleichgewichtsstörungen, rudern mit den Beinen und sterben innerhalb 3—4 Tagen. Ältere Tiere, meist schon ab 6 Wochen, sind dagegen bereits resistent. Haben wir die Virus-Hepatitis einmal eingeschleppt, ist eine Behandlung bereits erkrankter Küken ohne Erfolg. Gegen die Viren, die mit infiziertem Futter, Kot, aber auch mit der Atemluft aufgenommen werden, kann

S. 71 ▷
Blauer Pfau, Hahn

S. 72 ▷▷
oben: weißer Pfau, Hahn
links unten: Rebhuhn, Hahn
rechts unten: Steinhuhn

nur eine vorbeugende Impfung Schutz bieten. Geimpft werden die Elterntiere bis spätestens 2 Wochen vor der Entnahme der Bruteier. Die Tiere sind dann 9 Monate immun gegenüber dem Virus, da sich die Immunität des Muttertieres von den Eiern auf die Küken überträgt.

Erfolgversprechend ist auch eine Impfung der Küken am 1. Lebenstag. Eine weitere infektiöse Hepatitis beim Wassergeflügel, die Parvovirushepatitis des Gössels, befällt hauptsächlich Gänseküken. Anscheinend ist sie seltener verbreitet, wenn auch nicht viel weniger gefährlich.

Das gleiche gilt auch für die infektiöse Myocarditis des Gössels, auch Gänsepest oder im Volksmund »Wetschieten« genannt. An ihr erkranken Gänseküken bis zum Alter von 3 Wochen, dann aber meist tödlich.

Bakterielle Krankheiten

Bakterien finden sich überall, im Boden, im Wasser oder in der Luft. Zum Glück sind die meisten recht harmlos, einige sogar ausgesprochen nützlich.

Leider gibt es aber unter ihnen eine Anzahl Bakterien, die die Urheber gefährlicher Infektionskrankheiten sind, die seit der Entdeckung und Weiterentwicklung der Antibiotika jedoch viel von ihrem Schrecken verloren haben.

Salmonellose. Eine häufige bakterielle Erkrankung, welche sowohl Wasserziergeflügel als auch Hühnervögel befällt und auch auf den Menschen übertragen werden kann, ist die Salmonellose (auch als Paratyphus bekannt).

Das Krankheitsbild ist nicht sehr charakteristisch. Das Umhersitzen der Tiere mit gesträubtem Gefieder und halbgeschlos-

senen Augen sowie wäßriger Kot können auch auf andere Krankheiten hindeuten. Ein genaues Ergebnis erbringen nur eine Kotuntersuchung oder eine anatomische Untersuchung eingegangener Tiere; jedes Veterinäruntersuchungsamt ist dazu in der Lage. Während Alttiere meist nicht oder nur dann erkranken, wenn ihre Abwehrkraft geschwächt ist oder der Befallsdruck zu groß wird, kommt es bei der Kükenaufzucht oft zu verlustreichen Erkrankungen, so bei den Küken der Hühnervögel durch die Gallinarum-Salmonellose. Da die erkrankten Küken neben schweren Allgemeinstörungen einen Durchfall mit kalkweißem Kot haben, wird die Krankheit auch Weiße Kükenruhr genannt. Aber auch die Entenaufzucht kann durch Salmonellose bedroht sein, auch sie befällt überwiegend die Küken. Bei den Enten wie auch bei den Hühnervögeln ist sie deshalb so tückisch, da Alttiere, die einmal erkrankt waren, lebenslang Bakterienausscheider sein können und selbst zwar nicht mehr akut erkranken, aber Bruteier und Küken infizieren. Die Übertragung der Krankheit erfolgt auch durch Mäuse und Ratten, besonders wenn sie mit ihrem Kot und Urin das Futter verseuchen.

Die Heilung salmonellosekranker Tiere ist durch eine gewissenhafte Behandlung mit Antibiotika erfolgversprechend.

Botulismus. Besonders in trockenen Spätsommermonaten wird immer wieder vom Massensterben von Enten und Wasservögeln berichtet. Ursache ist die Vermehrung des Bakteriums *Clostridium botulinum*, das im sauerstoffarmen, warmen Wasser, im Faulschlamm und in Tierkadavern der Uferregionen von abwasserbelasteten Teichen und Binnenseen günstige Lebensbedingungen findet. Nicht das

Bakterium an sich, sondern das von ihm ausgeschiedene hochwirksame organische Nervengift führt zum Tod der Wasservögel. Für den Ziergeflügelliebhaber besteht keine Gefahr, etwa durch Anfassen erkrankter oder verstorbener Tiere an Botulismus zu erkranken. Beim Auftreten der Botulismusvergiftungen bei Enten kommt es zu Nervenlähmungen, die um so schwerer sind, je mehr Gift aufgenommen wird. Bei schweren Vergiftungen kann der Tod schon nach wenigen Stunden auftreten, andernfalls nach 3 Tagen. Wenn Enten mit langgestreckten Hälsen und gelähmten Gliedmaßen am Beckenrand liegen, die Augen halbgeschlossen haben und Schlingbeschwerden zeigen, sind das die Symptome von Botulismus. Nur wenn die Tiere sehr wenig Gift aufgenommen haben, können sie wieder gesunden. Mit Abführmitteln (15 g Rhizinusöl je ausgewachsene Ente oder 100 g Glaubersalz je kg Futter) sollte man versuchen, die Giftwirkung zu mindern. Durch die Schlingbeschwerden können die Tiere kein Futter mehr aufnehmen, so daß man ihnen mittels eines weichen Schlauches Nahrungsbrei einflößt, damit sie nicht entkräften. Da die Botulismuserkrankung von anaeroben Bakterien ausgelöst wird, also von Bakterien, die ihre Massenvermehrung nur im sauerstoffarmen Milieu haben, wird deutlich, wie wichtig das Angebot frischen, sauerstoffreichen Wassers zur Vorbeugung ist. Während man die Pflegearbeiten bei kleineren Becken durch öfteren Wasserwechsel und Reinigung leicht durchführen kann und den Botulismuserregern die Lebensgrundlage entzieht, wird dies viel schwieriger bei Naturteichanlagen. Hier kann man mit Springbrunnen oder Lüfteranlagen Sauerstoff zuführen und den Schlamm, und besonders Tierkadaver, entfernen. Dabei rächt sich erneut eine Überbesetzung des Teiches, die jede Selbstreinigung des Gewässers zunichte macht.

Parasitäre Erkrankungen

Von den parasitären Erkrankungen, die unseren Ziergeflügelarten zu schaffen machen, sind besonders einige Wurmerkrankungen von Bedeutung und bekannt. Weniger bekannt ist, daß auch die Einzeller (Protozoen) parasitäre Erkrankungen, wie die Histomonadose (Schwarzkopfkrankheit) und die Kokzidiose auslösen können.

Zu diesen Endoparasiten kommen die Ektoparasiten, wie Milben, Läuse und Federlinge, die außen am Körper der Tiere schmarotzen. Im Freileben der Tiere besitzen die meisten Parasiten keine große Bedeutung, zumindest werden sie ihren Wirten selten den Tod bringen, wie das bei den in »Gefangenschaft« unter unnatürlichen Bedingungen lebenden Artgenossen durchaus der Fall sein kann.

Kokzidiose. Die Erreger, Sporentierchen aus verschiedenen Gattungen, kommen bei vielen Vogelarten vor, bei Finkenvögeln ebenso wie bei Hühnervögeln und beim Wassergeflügel. Sie sind wirtsspezifisch, das heißt, der Erreger der gefährlichen Kokzidiose bei Hühnervogelküken, der »Roten Kükenruhr« *(Eimera tenella)*, befällt kein Wassergeflügel. Gänse wiederum werden u. a. von *Eimera anseris* befallen. Wenn gesunde, ungeschwächte Tiere, besonders mit der täglichen Nahrung nur wenige Kokzidiozyten aufnehmen, kommt es nicht zur Erkrankung, und es bildet sich eine gewisse Widerstandskraft heraus.

Wenn die Tiere, besonders die Küken, jedoch fortdauernd massiv infiziert werden, kommt es zur Erkrankung mit schweren Zerstörungen der Darmschleimhaut und tödlichen Darmkatarrhen. Wenn wir wissen, daß die mit dem Kot ausgeschiedenen Kokzidioseereger (die Oozyten) 1½ bis 2 Tage Aufenthalt im feuchten Milieu benötigen, um wieder ansteckungsfähig zu sein, zeigt sich, wie wichtig es ist, die Küken vom feuchten, kotverdrecktem Erdboden fernzuhalten und sie möglichst in sonnigen, trockenen Gehegen aufzuziehen. Auch tägliches Entfernen des Kotes ist notwendig, damit der Vermehrungs-Kreislauf unterbrochen wird.

Bei einer Erkrankung werden vom Tierarzt Sulfonamid-Präparate verabreicht. Wegen des dabei stark gestörten Vitaminhaushaltes sind anschließend an die Behandlung mindestens eine Woche lang die Vitamine A, D_3, K und E zu geben. Während der Behandlungsdauer dürfen jedoch keine B-Vitamine verabreicht werden, das würde die Wirkung der Sulfonamide mindern.

Die Fertigfuttermittel für die Kükenaufzucht von Wirtschaftsgeflügel (Hühner, Puten) enthalten heutzutage als Zusatzstoffe Kokzidiostatika, so daß bei Verfütterung an unsere Hühnervögel die Kokzidiose ihre Gefährlichkeit eingebüßt hat und Todesfälle nur noch selten sind. Auf die mögliche Unverträglichkeit von Kokzidiostatika im Putenaufzuchtsfutter für unsere Wassergeflügelküken wurde bereits an anderer Stelle hingewiesen; es sei jedoch wegen der Gefährdung nochmals erwähnt.

Histomonadose (syn. **Typhlohepatitis)** (Schwarzkopfkrankheit, engl. Blackhead) ist eine gefährliche, ansteckende Leber- und Blinddarmentzündung, die beson-

ders Jungputen und Fasanen befällt. Als Symptome gelten Mattigkeit, gesträubtes Gefieder mit herabhängenden Flügeln und, bedingt durch die Leberschädigung, oft ein schwefelgelber Durchfall. Die blauschwarze Verfärbung der Kopfanhänge bei erkrankten älteren Puten gab der Krankheit den Namen.

Der Erreger *Histomonas meleagridis* kann mit infiziertem Futter oder Wasser übertragen werden. Die Hauptübertragung geschieht dabei über Heterakiden, das sind im Blinddarm der Hühnervögel schmarotzende Würmer, mit deren Eiern die Erreger besonders über den Blinddarmkot verbreitet werden. Neben Hygienemaßnahmen ist deshalb auch eine Wurmbekämpfung sehr wichtig, und zur Vorbeugung gehört ein Amöbostatikum ins Aufzuchtsfutter. Wichtig zur Vorbeugung ist auch eine gesunde Haltung in sauberen, trockenen Gehegen (notfalls auf Gitterböden), mit vitaminreicher Fütterung.

Eine Therapie erfolgt mit Imidazolpräparaten, z. B. mit Enheptin: 5 g auf 10 l Wasser, eine Woche lang.

Wurmerkrankungen. Eine ganze Reihe von Würmern kann das Ziergeflügel befallen und dabei mehr oder minder schädigen. Einige benötigen für ihren Entwicklungszyklus ein oder zwei Zwischenwirte, so daß bei Tieren in normalen Volieren keine Gefahr einer Infektion besteht, wohl aber bei freilaufenden Tieren. Eileitertrematoden zum Beispiel, die die »Libellenkrankheit« auslösen, benötigen einen zweifachen Wirtswechsel, zuerst über Sumpf- und Wasserschnecken und danach über Libellenlarven, wobei sich libellenfressende Enten auf feuchten Wiesen anstecken können.

Bei den Nematoden, den Faden- oder Rundwürmern haben einige Haarwurmarten (Capillaria) Regenwürmer als Zwischenwirte und werden damit unseren Hühnervögeln gefährlich. Andere, wie Spulwürmer *(Ascaris)* und der gefährliche Luftröhrenwurm *(Syngamus trachea)*, werden zwar ebenso vom Regenwurm übertragen (deshalb wird vor der Verfütterung von Regenwürmern gewarnt!), aber hier ist der Regenwurm kein für die Entwicklung notwendiger Zwischenwirt. In diesem Fall gilt der Regenwurm als Stapelwirt (Anhäufung mit den Eiern der parasitären Würmer), ist deshalb aber nicht weniger gefährlich.

Luftröhrenwurmbefall (Rotwurmseuche). Mehr noch als die Spul- und Haarwürmer wird der Luftröhrenwurm *Syngamus trachea* hauptsächlich unseren Hühnervögeln gefährlich. Wegen seiner roten Färbung wird er Rotwurm genannt, ist aber außerdem auch als Gabelwurm bekannt. Gabelwurm deshalb, weil das bis 6 mm lange Männchen des Wurmes zeitlebens an der Geschlechtsöffnung des bis 20 mm langen Weibchens haftet und der Eindruck eines zweiköpfigen gegabelten Wesens entsteht. Als blutsaugender Schmarotzer setzt er sich in der Luftröhrenschleimhaut der Wirtstiere fest. Bei hochgradigem Befall führt dies neben Atemnot zum Erstickungstod. Infektionsmöglichkeiten gibt es viele, z.B. über den Kot von Wildvögeln (Stare sind oft verseucht) oder über infizierte Futtertiere wie Regenwürmer, Schnecken usw. Wenn unsere Fasanen hüsteln, niesen, japsen, röcheln oder durch Kopfschleudern versuchen, Schleim auszuwerfen, besteht der dringende Verdacht auf Befall mit Luftröhrenwürmern. Bei einem Diagnosenachweis von Wurmeiern im Kot oder Rachenschleim ist eine Behandlung mit Cambendazol, 60 mg je kg Körperge-

wicht, oder mit einem anderen wirksamen Anthelminthikum erfolgversprechend.

Magenwurmbefall. Während der Luftröhrenwurm zwar auch Enten befallen kann, trifft man ihn doch überwiegend bei Hühnervögeln an. Der Entenmagenwurm *Echinuria uncinata* hingegen ist »nur« eine Gefahr für Entenküken. Erwachsene Enten oder Gänse können zwar ebenfalls den Wurm beherbergen und Eier ausscheiden, erkranken werden sie aber nicht. Wurminfizierte Entenküken, meist im Alter von drei bis acht Wochen, können jedoch am Entenmagenwurm erkranken und innerhalb mehrerer Tage an Schwäche und Entkräftung eingehen. Die Wurmlarven parasitieren in der Drüsenschleimhaut des Magens. Typische Anzeichen sind häufiges Kopfschütteln und Würgebewegungen. Eine Behandlung mit Levamisol ist erfolgversprechend.

Da die Larven des Magenwurmes überwiegend durch Wasserflöhe übertragen werden, ist bei einer Aufzucht in wasserflohfreien Becken eine Infektion ausgeschlossen.

Ein ähnlicher Magenwurm und Parasit im Drüsen- und Muskelmagen von Gänsen und Enten ist *Amidostomum anseris.* Die Behandlung ist dieselbe.

Ektoparasiten

Das außen am Körper unserer Tiere parasitierende Ungeziefer, die Ektoparasiten, ist zwar meist nicht lebensbedrohend, kann aber in Massen durchaus lästig und quälend sein und muß bekämpft werden.

Federlinge (Mallophagen) gelten als wirtsspezifisch. Wenn also die Kanarienvögel der Nebenbesetzung stark befallen sind, was sich durch Juckreiz anzeigen kann, und behandelt werden müssen, trifft dies nicht für die Fasanen zu, es sei denn sie haben ihre eigenen Parasiten. Federlinge ernähren sich von den Hautschuppen und Hornteilen der Federn. Sie leben in kleiner Anzahl beim gesunden Vogel in Gleichgewicht mit ihm und nur bei Tieren, deren Schnabel verletzt ist und die krankheitsgeschwächt sind, kann eine Massenvermehrung erfolgen, so daß wir mit Kontaktinsektiziden eingreifen müssen. Staubbadenden Tiere kann dieses Mittel (evtl. ein Pyrethrumderivat) ins Staubbad gegeben werden. Ähnliches gilt auch bei Flohbefall.

Rote Vogelmilben. Die Rote Vogelmilbe *(Dermanyssus gallinae)*, die tagsüber in Ritzen und Höhlungen verborgen ist, befällt nachts blutsaugend unsere Tiere. In sommerlicher Wärme oder in geheizten Räumen geht die Vermehrung rasend schnell, so daß es zu einem Massenbefall kommen kann, von dem die Tiere stark geschädigt werden können. Besonders Glucken können während der Brutzeit geradezu ausgesogen werden und an Blutarmut zugrunde gehen. Mit der Lupe kann man die Schädlinge, vollgesogen und rot vom Blut der Tiere, in ihren Verstecken entdecken. Ein gründliches Aussprühen, auch aller Ecken und Winkel im Stall, mit einem guten Kontaktinsektizid ist dann notwendig.

Kalkbeinmilbe. Die Kalkbeinmilbe *(Cnemidocoptes mutans)* ist zwar nicht lebensbedrohend, verursacht den Tieren aber Qualen und muß unbedingt bekämpft werden.

Die 0,25–0,5 mm großen Milben schmarotzen in der Haut an den Beinen unserer Hühnervögel. Die weißlichen Ablagerungen können im fortgeschrittenen Stadium

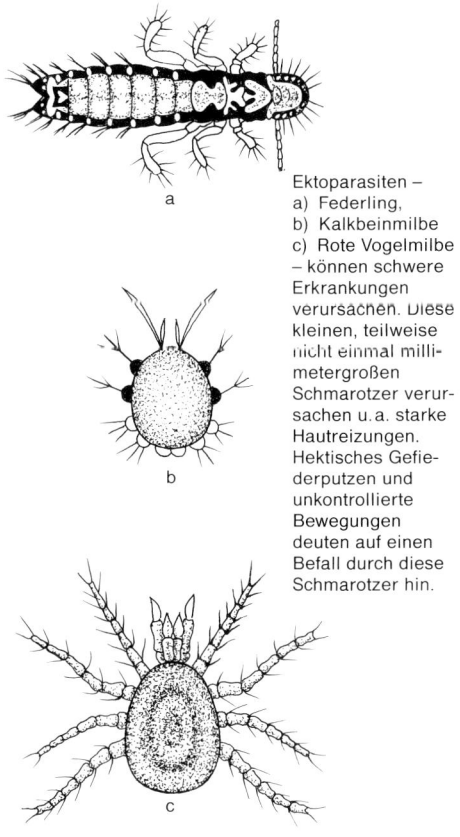

Ektoparasiten –
a) Federling,
b) Kalkbeinmilbe
c) Rote Vogelmilbe
– können schwere Erkrankungen verursachen. Diese kleinen, teilweise nicht einmal millimetergroßen Schmarotzer verursachen u. a. starke Hautreizungen. Hektisches Gefiederputzen und unkontrollierte Bewegungen deuten auf einen Befall durch diese Schmarotzer hin.

Rote Vogelmilben und Federlinge sind neben Kalkbeinmilben die häufigsten Ektoparasiten unseres Ziergeflügels und müssen unbedingt bekämpft werden.

wie borkige Wucherungen aus Kalk aussehen. Unter dem Mikroskop sind die Milben leicht zu erkennen.

Mit Glyzerin oder Schmierseife lassen sich die Borken auflösen. Die Milben werden anschließend mit Odylen (1:1 mit Wasser verdünnt) oder mit Aluganspray behandelt und abgetötet. Die Behandlung sollte nach 14 Tagen wiederholt werden.

Mykosen (Pilzliche Erkrankungen). Ebenso wie bei den Bakterien gibt es unter den Pilzen eine Reihe recht nützlicher, von denen jedoch einzelne durch die Aufnahme ihrer toxischen Stoffwechselprodukte, z.B. Aflatoxine, gefährliche Erkrankungen verursachen. Anfällig sind meist Neuankömmlinge mit geschwächter Widerstandskraft, besonders wenn sie aus einer keimarmen Gegend wie aus dem Hochgebirge oder aus hochnordischen Ländern stammen.

Aspergillose (Schimmelpilzerkrankungen). Aspergillose ist wohl diejenige Mykose, welche dem Ziergeflügelliebhaber am meisten zu schaffen macht. Die Züchter der Eiderente beispielsweise wissen ein Lied davon zu singen. Als Meeresente wird sie in der Natur kaum mit Pilzkeimen konfrontiert, und darum sind auch ihre Küken sehr anfällig. Schon durch pilzverseuchte Bruteier oder Brutschränke kann es zu Infektionen kommen. Die Schimmelpilze befallen die Atmungsorgane, blockieren die Luftzufuhr, so daß es zu Atemnot und Ersticken kommt.

Eine Therapie ist schwierig und langwierig und kommt meist zu spät. Wirksame Gegenmittel (Antimykotikum) müssen über einen langen Zeitraum gegeben werden, zusätzlich unterstützt durch Gaben von Vitamin A und eiweißreichem Futter.

Wichtig sind nach wie vor die vorbeugenden Maßnahmen wie einwandfreies Futter, das frei von Schimmel ist, Sauberkeit der Ställe und Futtergefäße und insbesondere eine saubere, trockene Einstreu. Stickige, feuchtwarme Luft in den Ställen ergibt den geeigneten Nährboden für Schimmelpilze, aber auch für andere Krankheitserreger.

Mangel- und Stoffwechsel-krankheiten

Beim Stichwort Mangelkrankheiten, besonders wenn man über Vitamin-Mangelkrankheiten redet, denken wohl die meisten an die Beriberi-Krankheit, die durch Fehlen von Vitamin B$_1$ bedingte schwere Avitaminose. Heutzutage sind Vitaminmängel in dieser krassen Form wohl nicht mehr denkbar, und mit einer vielseitigen und möglichst natürlichen Ernährung, die Grünzeuggaben und Gekeimtes einschließt, dürfte auch bei unseren Tieren der normale Vitaminbedarf gedeckt sein. Jedoch gibt es Situationen, z.B. nach Krankheiten, in der Mauser oder während der Aufzucht, in denen zusätzliche Vitamin- und auch Mineralstoffgaben notwendig sein können. Wir wissen aber auch, daß Vitaminüberdosierung besonders bei den fettlöslichen Vitaminen A und D keineswegs harmlos ist und zu Schäden führen kann.

Rachitis und Osteomalazie. Ziergeflügelliebhaber der älteren Generation können sich noch daran erinnern, wie sie als Kind, meist widerwillig, ihren Lebertran schlucken mußten. Er diente in den sonnenarmen Wintermonaten zur Verhütung von Rachitis, die auch Englische Krankheit genannt wurde. Die Stoffwechselkrankheit Rachitis ist eine Verkalkungsstörung im Skelett beim heranwachsenden Menschen und bei Tieren. Die Folgen sind mehr oder minder starke Verbiegungen der dann kalkarmen, weichen Knochen. Die Tiere werden O- oder X-beinig und hocken im extremen Fall zuletzt nur noch auf den Gelenken. Die Ursachen können sein: eine Störung des Calcium-Phosphor-Haushaltes — deren Verhältnis im Futter sollte 2:1 betragen — oder es besteht Kalkmangel. Vielfach ist aber die Ursache ein Mangel an Vitamin D, das zur Aufnahme der Mineralstoffe aus dem Darm notwendig ist. Eine wichtige Rolle spielt dabei auch das Sonnenlicht, das erforderlich ist, damit im Tierkörper aus Provitaminen das Vitamin D erzeugt wird. Dabei zeigt sich erneut der Wert einer gesunden Aufzucht in sonnigen Gehegen und frischer Luft, und dazu einer entsprechenden Fütterung.

Bei der Osteomalazie kommt es bei Alttieren zu einer Entmineralisierung der Knochen und damit zur Knochenweiche. Am häufigsten geschieht dies bei legenden Weibchen, die mit einem großen Gelege auch einen erhöhten Kalkbedarf haben. Ist dann nicht genügend Kalk im Futter, werden die Kalkvorräte aus den Knochen mobilisiert.

Wenn die Tiere an Rachitis oder Osteomalazie erkrankt sind, ist eine Therapie mit guter Calcium/Phosphorversorgung, Vitamin D$_3$ und UV-Bestrahlung zwar möglich, weich gewordene Knochen werden wieder fest, leider jedoch nie mehr gerade. Wissen muß man auch, daß überhöhte Vitamin D-Gaben zu krankhaften Gewebsverkalkungen führen können.

Legenot, die Schwierigkeit, das fertig ausgebildete Ei abzulegen, kann verschiedene Gründe haben, z.B. hormonelle Störungen, Schwächung der Tiere durch Streß oder plötzliche Witterungsumschläge. Oft sind es weichschalige Eier, welche von der Peristaltik der Eileitermuskeln wegen ihrer gummiartigen Konsistenz nicht gefaßt und weiterbefördert werden können. Weichschaligkeit als Folge ungenügender Kalkeinlagerung in der Schale kann ihre Ursache wiederum in Fütterungsmängeln haben, so u.a. an Mangel von Mineralstoff (Kalk) und von

Vitamin D oder an Verfettung. Wenn die Weibchen am Legetermin mehrfach das Nest verlassen, unruhig und schwanzwippend versuchen, etwas auszupressen, deuten die Symptome auf Legenot hin. Schaffen sie es dann nicht, das Ei loszuwerden, sitzen sie bald aufgeplustert mit hängenden Flügeln am Boden, vielfach mit aufgerichtetem Körper in Pinguinstellung. Jetzt ist Gefahr im Verzuge: es kann — besonders ist das bei kleineren Vögeln der Fall — zum Tod des Tieres führen. Vielfach läßt sich das oft im kloakennahen Teil des Eileiters festsitzende Ei deutlich ertasten. Zuerst sollten wir das Tier recht warm setzen. Gut ist auch die Einwirkung von Wasserdampf und die Einführung von etwas Öl in den Eileiter. Vielleicht gelingt es der Henne oder der Ente dann doch noch, ihr Ei abzulegen. Bei entsprechendem Geschick und in Übereinstimmung mit den Wehen des Tieres läßt sich oft das ertastete Ei herausmassieren, anderfalls bleibt ein Gang zum Tierarzt nicht erspart.

Den nahenden Legetermin erkennt man bei den Entenvögeln schon Tage vorher an ihrem ausgeprägten »Legebauch«. Bei den Hühnervögeln läßt ein gewölbter Unterrücken das Gelege im Inneren wahrnehmen.

Verhaltensstörungen

Keine Krankheiten im eigentlichen Sinne, aber dennoch ernst zu nehmen sind Verhaltensstörungen wie Federrupfen, Kannibalismus und Eierfressen.

Federpicken und Kannibalismus. Bei den Entenvögeln weniger, öfter aber bei Fasanen und anderen Hühnervögeln kommt es während der Aufzucht zum Federpikken. Oft fangen schon die Küken spielerisch damit an. Durch den Nachahmungstrieb werden es immer mehr und bald rupft sich die ganze Schar. Da die Federn gefressen werden, ist auch der Ausdruck Federfressen durchaus bezeichnend. Wenn es beim Federpicken oder auch -fressen bleibt — die Federn können ja später wieder neu nachwachsen — hat man noch Glück gehabt. Oft geht das Ganze nämlich in Kannibalismus über. Es beginnt mit den nackten federfreien Stellen an Hals, Rücken, Schwanz und Kloakenbereich, bis zuletzt die Gedärme aus dem After gezogen werden.

Über die Ursachen ist schon viel gerätselt worden. Man schloß auf irgendwelche fehlenden Stoffe im Futter, vermutete zu hohe Temperatur, zu trockene Luft, Juckreiz durch Endoparasiten und Mangel an tierischem Eiweiß usw. Vielleicht sind auch mehrere Faktoren die Ursache. Viel wahrscheinlicher, und dies ist heute auch mehrheitlich die Meinung der Fachleute, lösen überwiegend psychische Ursachen wie Langeweile oder Streß das Federpicken aus.

Wenn ein Gelege von der Mutter oder der Hühnerglucke erbrütet und geführt wird, in einem geräumigen, gut bepflanzten Gehege aufwächst, wird man dem Federpicken kaum begegnen. Die Küken und Heranwachsenden werden Gras und Kräuter rupfen, nach Insekten jagen und nicht daran denken, sich gegenseitig zu verstümmeln. Vielfach wird aber eine größere Anzahl von Tieren unnatürlich auf beengtem Raum, auf Drahtböden oder nackten Böden aufgezogen, da braucht es nicht zu wundern, wenn das Problem Federpicken immer häufiger auftritt.

Nur mit Notlösungen läßt sich das Federpicken eindämmen oder beheben. Möglichkeiten sind das Abdunkeln der Ställe zu einem Dämmerlicht oder Rotlichtbestrahlung. Eine weitere Möglichkeit besteht darin, den Schnabel zu kürzen; man kürzt die Hornteile des Oberschnabels mit einer Nagelschere oder einer Hundekrallenschere. Ein Abbrennen mit einem Elektro-Thermokauter ist bedenklich, es könnten dabei belebte, mit Nerven und Blutgefäßen versorgte Teile des Schnabels zerstört werden. Es gibt auch Nasen-Oberschnabelringe, das sind offene Ringe, deren Enden in die Nasenlöcher gesteckt das völlige Schließen des Schnabels und damit das Rupfen verhindern. Neuerdings gibt es auch Brillen, mit denen die Tiere nicht besser, sondern weniger gut sehen sollen. Sie dienen damit als Sichtblende; die Erfolge sollen gut sein. Auch mit einer Beschäftigungstherapie mit Stroh oder Styroporplatten kann vorbeugend versucht werden, die Tiere von ihrer üblen Tätigkeit abzulenken. Vielfach empfohlene Mittel zum Einsprühen und -pinseln sind wenig erfolgversprechend.

Eierfressen

Oft sind weichschalige Eier (Fließeier) oder sonstwie zu Bruch gegangene Eier ein erster Anstoß des Eierfressens. Vor allen die Vielleger Fasanen und Wachteln legen ihre Eier meist nicht ordnungsgemäß ins Nest, sondern irgendwo ungeschützt auf dem Stall- oder Gehegeboden. Die Eier werden hin- und hergerollt und beschädigt. Sind die Tiere erst einmal auf den Geschmack der Eier gekommen, ist ihnen diese Untugend schwerlich wieder abzugewöhnen.

Ist der Hahn der Übeltäter, oder eine bestimmte Henne der Zuchtgruppe, kann man sie während des Legens aussperren und die Eier für die Kunstbrut retten. Sind schon mehrere Tiere auf den Geschmack der Eier gekommen, wird es schwieriger, und manches Ei ist dann nicht mehr zu retten.

Vorbeugend sollte man durch gute Haltung und Fütterung (Futterkalk zur freien Aufnahme, Vitamin D$_3$) versuchen, die Stabilität der Eischalen zu verbessern. Außerdem bietet man genügend geschützte, gepolsterte Nistkästen. Auch künstliche Nesteier, evtl. selbstgefertigte Gipseier, kann man in die Nester legen.

Veterinäruntersuchungen

Um erkrankte Tiere erfolgreich behandeln zu können, ist eine genaue Diagnose der Krankheitsursache sehr wichtig. Nun ist es nicht immer leicht, an den äußerlichen Merkmalen eine Krankheit mit Sicherheit zu bestimmen, zumal sich viele Krankheiten im Erscheinungsbild sehr ähneln. Dann können nur Laboruntersuchungen weiterhelfen. So werden Kotproben von lebenden Tieren mikroskopisch auf Endoparasiten wie Wurmbefall und Kokzidien tierärztlich untersucht. Kotuntersuchungen auf Bakterien sind bereits eine Angelegenheit für Bakteriologen in Speziallabors, dasselbe gilt für Blutuntersuchungen. In schwierigen Fällen der Diagnose sollten auch verendete Tiere zur Sektion gegeben werden. Ihr Tierarzt oder Sie selbst sollten die frisch verendeten Tiere oder frische Kotproben unverzüglich dem zuständigen Veterinäruntersuchungsamt überbringen oder zusenden (Schnellpaket, Eilzustellung). Die Anschrift sollte schon vorsorglich von der Veterinärbehörde (Amtstierarzt) erfragt werden und für Notfälle bereitliegen. Die Kotproben müssen frei von Verunreinigungen und in Glas-, Plastik- oder Metallbehältern angeliefert werden. Verendete

Tiere müssen gut in Papier eingewickelt und in offene Plastiktüten gesteckt in stoßfesten Paketen (Versandkartons der Bundespost usw.) versandt werden. Die Hohlräume im Paket füllt man mit Papierknäueln, Holzwolle, Styroporflocken o.ä. aus. Besonders in der heißen Jahreszeit kann die Verwesung an den inneren Organen eine Untersuchung erschweren oder unmöglich machen. Ein gutes Durchkühlen vor dem Absenden (Kühlschrank) und der Versand möglichst über Nacht sind daher vorteilhaft. Ein beigefügtes Begleitschreiben mit einem möglichst ausführlichen Vorbericht erleichtert die Arbeit im Untersuchungsamt und trägt zur sicheren Diagnose bei. Folgende Angaben sind erwünscht:

● Krankheitsanzeichen des toten Tieres
● Krankheitsanzeichen weiterer Tiere im Bestand
● Angaben über Haltung und Fütterung, vorgenommene Behandlungen (Medikamente usw.)
● Zwecks Rückfragen Angabe Ihrer Telefonnummer

Anzeigepflichtige Seuchen und meldepflichtige Tierkrankheiten

Gegen Seucheneinschleppung sowie zur Bekämpfung und Tilgung entstandener Seuchenherde sind nach dem Tierseuchengesetz (Tier SG) verschiedene Vorschriften erlassen worden. Dabei wird unterschieden zwischen anzeigepflichtigen Seuchen und meldepflichtigen Tierkrankheiten.

Anzeigepflichtige Seuchen

Bei den anzeigepflichtigen Seuchen ist der Besitzer der Tiere oder sein Stellvertreter zur Anzeige verpflichtet. Anzeigepflichtig ist bereits der Seuchenverdacht. Der Amtstierarzt oder die zuständige Behörde (meist das Veterinäramt bei der Kreisverwaltung oder der kreisfreien Stadt) ist unverzüglich (auch am Wochenende) zu benachrichtigen.

Nachfolgend die in Frage kommenden Krankheiten:

Geflügelcholera (Pasteurellose). Von dieser bakteriellen Erkrankung können Gänse und Enten ebenso wie Hühnervögel befallen werden. Bei einer Inkubationsdauer von nur 1—2 Tagen verläuft die Krankheit sehr schnell und meist tödlich. Durchfälle und plötzliche Todesfälle sind kennzeichnend.

Bei Hühnern verfärben sich Kamm und Kehllappen blaurot. Ansteckungsgefahr besteht durch Zukauf, Ausstellungen, infiziertes Futter. Eine Schutzimpfung ist möglich.

Newcastle-Krankheit (NK). Als atypische oder asiatische Geflügelpest bekannte hochansteckende Viruserkrankung. Atemnot, schnarrende Atemgeräusche, bei Hühnern blauverfärbte Kämme, eventuell Lähmungen sind sichtbare Anzeichen beim langsamen Verlauf der Krankheit. Beim akuten Verlauf können die Tiere plötzlich, ohne sichtbare Krankheitserscheinungen eingehen. Die Krankheit befällt hauptsächlich Hühnervögel,

also auch Fasanen. Wassergeflügel wird nur sehr selten befallen.

Während eine wirksame Therapie nicht möglich ist, kann nach vorhergegangenen serologischen Tests eine Schutzimpfung erfolgen.

Geflügelpest (KP). Die Klassische Geflügelpest, auch Europäische oder Lombardische Hühnerpest genannt, ist der Newcastle-Krankheit im Erscheinungsbild ähnlich, der Virus ist aber ein anderer. Da sie seit mindestens 40 Jahren nicht mehr vorkam, ist sie derzeit ohne Bedeutung.

Meldepflichtige Tierkrankheiten. Bei den meldepflichtigen Tierkrankheiten sind nicht die Tierhalter, sondern nur Tierärzte sowie die Leiter staatlicher oder sonstiger öffentlicher oder privater Untersuchungsstellen zur Meldung verpflichtet. Es genügt daher eine kurze Auflistung der entsprechenden Krankheiten:

- Vogelpocken (Geflügelpocken)
- Gumbore-Krankheit (Infektiöse Bursitis)
- Infektiöse Laryngotracheitis
- Mareksche Geflügellähmung (akute Form)
- Ornithose (außer Psittakose)
- Tuberkulose des Geflügels
- Listeriose

Zucht

▽

Auch als Ziergeflügelzüchter sollte man gezielt züchten und nicht nur »Vermehrung« betreiben. Die Zuchtauslese, eine Selbstverständlichkeit bei jeder Zucht von Rassetieren, seien es Hühner, Tauben, Kaninchen oder Hunde, muß auch für die Zucht unserer Ziergeflügelrassen, aber auch für die Wildarten gelten. Der Unterschied ist nur: Während man in der Rassezucht versucht, Tiere nach der Idealbeschreibung eines künstlich aufgestellten Standards zu erzüchten, gilt es, die Wildarten so zu erhalten, wie die Natur sie geschaffen hat. Aber auch dafür ist eine Zuchtauslese notwendig.

Wildarten

Gerade in der heutigen Zeit, in der immer mehr Tier- und Pflanzenarten vom Aussterben bedroht sind, sollten wir unsere Hauptaufgabe als Züchter darin sehen, die Arten in ihrer Ursprünglichkeit zu erhalten. Zum einen besteht damit die Möglichkeit, gefährdete Arten gegebenenfalls in der freien Natur wieder anzusiedeln, wie dies aus Zuchtbeständen teilweise schon erfolgt ist. Zum anderen ist eine Art, die in der Obhut des Menschen überlebte, immer noch besser als eine, von der nur noch einige Bälge existieren, weil der Mensch versäumt hat, diese Art zu züchten.

Da unseren Wildgeflügelarten in unserer Obhut der Selektionsprozeß, ein harter Ausleseprozeß im Laufe ihrer Entwicklungsgeschichte, fehlt, muß der Züchter die Auslesefunktion übernehmen. Da ist zum einen das sichtbare Erscheinungsbild (Körperbau, Gefiederstruktur und -farbe) zu beachten. Und neben den Züchtern stellt sich auch den Preisrichtern auf den Ziergeflügelschauen die verantwortungsvolle Aufgabe, durch Auslese den Wildtyp zu erhalten, indem alle Tiere mit Domestikations- und Degenerationserscheinungen von der Weiterzucht ausgeschlossen werden.

Hier noch gleich ein Hinweis auf eine Entwicklung in der Zucht, die öfter zu beobachten ist: das Abweichen von der natürlichen Größe. Sicher sollten alle schwächlich-kleinen, meist krankheitsanfälligen Tiere aus dem Zuchtbestand ausgeschlossen werden, falsch ist es aber auch, ins andere Extrem zu verfallen und übergroße Tiere zu bevorzugen, in der Meinung, damit einen besonders kräftigen, gesunden Bestand heranzuzüchten. Die natürliche Größe ist immer das Optimale für jede Art und bedarf keiner Veränderung, es sei denn, wir züchten Nutztiere, z.B. Masttiere für die Fleischgewinnung.

Wo die Größenzucht hinführt, zeigen uns die Negativbeispiele aus der Rassetaubenzucht: Strasser und Luchstauben, um nur zwei zu nennen. Früher zwar kräftige, aber voll flugfähige, fleißig feldernde, vitale Taubenrassen sind durch das Zuchtziel nach immer mehr Größe, Kürze und Schwere zu plumpen, schlechtfliegenden Tieren geworden, die eigentlich nur noch in der Voliere gehalten werden können.

So sollten wir in der Ziergeflügelhaltung nicht die gleichen Fehler machen; Riesenjagdfasane, die schon angeboten werden, brauchen wir nicht.

Nun ist es zwar für den Züchter relativ einfach, äußerliche Abweichungen vom Wildtyp zu erkennen. Änderungen der Gefiederfarben erkennt bereits der Laie, wenn er die Wildart kennt, figürliche Veränderungen dagegen erfordern ein geschulteres Auge.

Ebenso wichtig sind aber das Erkennen und Auslesen von nicht sichtbaren »inneren« Veränderungen wie erbliche Organschäden, Anfälligkeit für bestimmte Krankheiten, Verhaltensveränderungen usw. Auch darauf sollte der Züchter achten, wenn er nicht nur Vermehrer sein will.

Lobenswerterweise gibt es auch bei den Ziergeflügelliebhabern Vereinigungen, die sich den Zielen der Erhaltung und dem Schutz bedrohter Arten widmen, besonders die international tätige Weltvereinigung der Fasanenfreunde, WPA (Näheres darüber im Abschnitt: Vereine).

Zuchtrassen

Im jahrmillionenlangen Evolutionsprozeß paßten sich die Arten, ob Pflanzen oder Tiere, immer wieder den sich ändernden Umweltbedingungen an. Die hierzu notwendigen Veränderungen des Erscheinungsbildes schaffte die Natur durch spontane, sprunghafte Erbgutänderungen, die Mutationen. Mutationen zum Vorteil der Arten setzten sich durch, die anderen verschwanden wieder. Auch bei unseren Gehegevögeln traten Mutationen von Zeit zu Zeit auf, die sich die Züchter zunutze machten und sie gezielt

weiterzüchteten. Obgleich unser allererstes Ziel die Zucht reiner Wildformen sein muß, ist wenig dagegen zu sagen, wenn besonders schöne Mutationen weitergezüchtet und in planmäßiger Auslese Zuchtrassen geschaffen werden. Wichtig ist nur, daß dies zweigleisig geschieht: zum einen die Zucht der reinen, unveränderten Wildart, zum anderen die der Zuchtrassen. Auch muß nicht jede Veränderung weitergezüchtet werden, weniger schöne Mutationen sollte man getrost als Fehlfarben oder Fehlformen bezeichnen und von der Zucht ausschließen. Mutationen gibt es sowohl bei den Hühnervögeln (weiße Pfauen, weiße Jagdfasane, gelbe Goldfasane) als auch beim Wasserziergeflügel (weiße Mandarin-, Silber-Bahamaenten usw.).

Mischlinge

Die Zucht von Mischlingen, auch Bastarde genannt, also die Kreuzung zwischen zwei verschiedenen Arten (auch Unterarten sollten nur rein gezüchtet werden), hat ihre Berechtigung nur noch für wissenschaftliche Zwecke. Mit Absicht wird kaum noch ein Züchter Mischlinge züchten, meist geschieht dies nur ungewollt, durch die Gemeinschaftshaltung verschiedener Arten. Die Gefahr ist um so größer, je näher die Arten verwandt sind, aber auch zwischen nicht so nahe verwandten Arten kommt es beim Fehlen eines gleichartigen Partners zur Bastardierung mit fremden Arten. Ist der Partner aus einer anderen Unterfamilie wie z.B. bei der Kreuzung zwischen Jagdfasan × Haushuhn, sind die Bastarde mit Sicherheit unfruchtbar. Bei einer Kreuzung zwischen den beiden Kragenfasanarten, dem

Lady-Amherst- und dem Goldfasan, hingegen, beides nahe verwandte Arten, sind die Nachkommen unbeschränkt fruchtbar. Hierin liegt auch die Gefahr. Da es schon bei ersten Einfuhren des Amherstfasanes an Hennen mangelte, wurden die Hähne mit Goldfasanhennen gepaart. Noch heute, viele Jahrzehnte später, spüren wir die Folgen und haben Schwierigkeiten, artenreine Amherstfasane zu bekommen. Während Fasane und andere Hühnervögel meist artenweise getrennt in Volieren gehalten werden und damit die Bastardierung ausgeschlossen ist, wird Wassergeflügel oft in Gemeinschaftsgehegen gehalten. Hier hat nun der Züchter darauf zu achten, daß sich keine überzähligen Tiere, insbesondere keine ledigen Erpel, im Bestand befinden. Am besten wird man überhaupt keine nahe verwandten Arten oder Unterarten zusammenhalten. Es sei auch an die fliegenden wilden Stockenten gedacht, welche sich mit unseren Tieren, ihren flugunfähigen Verwandten, auf Teichen und in offenen Gehegen paaren und Mischlinge verursachen. Bei Gänsen ist eine Bastardisierungsgefahr nur gering; festgepaarte Tiere können somit in mehreren Arten in einem Gehege zusammengehalten werden.

Paare und Zuchtgruppen

Beim Zusammenbringen der Geschlechter, aber manchmal auch noch später in der Zuchtzeit, kommt es bei verschiedenen Ziergeflügelarten zu Aggressionen. Urheber sind meist, aber nicht immer, die männlichen Tiere und die Folgen im schlimmsten Fall schwer verletzte oder getötete Weibchen. In engen Gehegen, in denen die Weibchen immer wieder bedrängt werden, ohne, wie in der Natur, ausweichen zu können, kann es dann zur Katastrophe kommen. Hinzu kommt, daß wir die Tiere meist willkürlich zusammensetzen, während in der Natur eine freie Gattenwahl herrscht. Bei Arten, die wie viele Fasanenarten, in Mehrehe leben, ist dies sicherlich nicht so wichtig wie bei den in lebenslanger Einehe lebenden Gänsearten. Es ist deshalb oft auch schwierig, Gänse nach unseren Wünschen zu verpaaren, und wenn ein Partner eines langjährigen Zuchtpaares stirbt, kaum möglich, den Witwer oder die Witwe neu zu verpaaren. Während, einmal festverpaart, Gänse untereinander keine Probleme bringen, kann es bei der meist ausgeprägten Revierbildung und -verteidigung der Gänse, Schwäne und noch mehr der Halbgänse (Tadornas) kriegerische Probleme mit den verwandten Mitbewohnern geben. Gänse müssen deshalb in der Brutzeit immer genügend Landfläche, Schwäne dagegen entsprechende Wasserflächen zur Revierbildung haben. Das Aneinander- bzw. Zusammengewöhnen der Zuchtpaare und Zuchtstämme geschieht am leichtesten in der geschlechtlichen Ruhephase, im Herbst oder Vorwinter. Während dieser Zeit bilden viele Arten Hühnervögel, aber auch Enten und Gänse der gemäßigten Breiten mehr oder weniger große Wintertrupps. Das geht von Familienverbänden wie bei den reviertreuen Rebhühnern bis zu riesigen Überwinterungsscharen nordischer Gänse. Abgesehen von harmlosen Rangordnungskämpfen leben sie während dieser Zeit friedlich zusammen. Zum Frühjahr hin, beim Eintritt wärmerer Witterung, aber mehr noch durch die zunehmende Tageslichtmenge bedingt, werden die Tiere zunehmend geschlechtsaktiv.

Bei den männlichen Tieren führt die vermehrte Ausschüttung des Geschlechtshormons Testosteron außerdem zur Aggressivität ihren Rivalen gegenüber. Beim Fehlen männlicher Rivalen ihrer Art kann sich die Aggressivität, besonders bei Fasanen, auch auf andere Mitbewohner ausdehnen. Oft wird sogar der Pfleger heftig attackiert. Junghähne, auch wenn sie noch nicht ausgefärbt sind, sind jetzt ebenfalls gefährdet und müssen schleunigst aus der Voliere entfernt werden. Jetzt heißt es ohnehin viel beobachten und sofort eingreifen, z.B. wenn sich die Aggressivität auf die Henne ausdehnt. Muß man ausnahmsweise bei beginnender oder schon bestehender Zuchtzeit noch Tiere zusammensetzen, ist es gut, die Tiere erst in einer fremden Voliere aneinander zu gewöhnen. Auch ein aggressiver Hahn oder Erpel wird in fremder Umgebung gehemmter und damit weniger angriffslustig sein. Nun ist es nicht in allen Fällen damit getan, den Fasanhahn an seine Hennen und den Erpel an seine Ente gewöhnt zu haben und zu meinen, daß nichts mehr passieren kann. Auch während der Zuchtzeit kann auf einmal der Hahn eine besonders aggressive Phase haben oder, wie man sagt, einen »Rappel« kriegen und seine Henne malträtieren. Derartige Balzerregung mit Böswilligkeit zu beschreiben wäre eine Vermenschlichung und nicht zutreffend. Auf jeden Fall soll man genügend Ausweich- und Versteckmöglichkeiten für bedrängte Hennen bieten. Gegebenenfalls dem Hahn die Flügelschwungfedern beschneiden, damit die Hennen vor ihrem Verfolger auf erhöht angebrachte Äste flüchten können. Notfalls muß dcr Hahn ausgesperrt und nur zeitweise unter Beobachtung zu den Hennen gegeben werden, wie dies bei Amherstfasanen oft nötig ist. Auch wenn in den meisten Fällen unsere Tiere friedlich zusammenleben, muß man doch auf Extremsituationen gefaßt und vorbereitet sein.

Geschlechtsbestimmungen

Vielfach ist es wichtig, rechtzeitig das Geschlecht seiner Tiere zu kennen, z.B. wenn man Tiere zur Zucht zusammenstellen will oder man Nachzuchttiere, oft schon als Küken, unter Angabe ihres Geschlechts abgeben möchte.

Die Unterscheidung der Küken anhand äußerer Merkmale ist bereits sehr schwierig, aber auch Alttiere können gleich aussehen, wie es bei den Gänsearten der Fall ist. Die aufrechte Haltung oder der dickere Hals des Ganters können sich manchmal als Täuschung erweisen, spätestens wenn ein Ei gelegt wird, merkt man, daß man sich geirrt hat. Neuerdings besteht, besonders bei zuchtreifen Tieren, die Möglichkeit der Geschlechtsbestimmung durch eine endoskopische Untersuchung. Tierärzte, die dazu die entsprechende Apparatur besitzen, wenden sie bereits vielfach an. Bei den Entenvögeln, auch schon bei den Küken, ist es dagegen

Geschlechtsorgane des Eintagsganters (links) und des weiblichen Eintagsgössels (rechts), beide stark vergrößert.

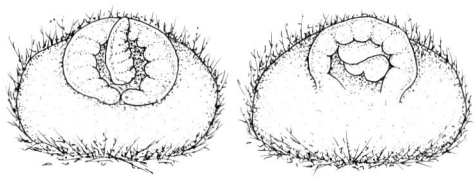

gar nicht so schwer, an der Kloake die Geschlechter zu erkennen. In der Züchtersprache nennt man dies »Sexen«. Indem man die Tiere rücklings legt, läßt sich, sobald sie sich etwas entspannt haben, die Kloake umstülpen und mit einem entsprechenden Druck von Daumen und Zeigefinger das männliche Glied herausdrücken. Entsprechend feinfühlig kann man dies auch schon bei Eintagsküken durchführen und den winzigen Penis erkennen. Für die Geschlechtsbestimmung von Eintagsküken von Haushühnern gibt es zwar ausgebildete Spezialisten, die berufsmäßig Küken sortieren, dem Hühnervogelzüchter ist das aber unmöglich.

Brutplätze

Unsere Ziergeflügelarten benutzen in der Natur sehr unterschiedliche Nistgelegenheiten. Da gibt es Freibrüter wie viele Hühnervögel, aber auch die Gänsearten, welche mehr oder minder offen oder versteckt brüten. Dann Halbhöhlenbrüter oder besser gesagt Verstecktbrüter wie die meisten Entenarten, aber auch richtige Höhlenbrüter wie die Baumhöhlenbrüter, Schellenten, Mandarin- und Brautenten. Auch Erdhöhlen werden benutzt, z.B. von der Brandgans gerne die erweiterten Kaninchen- oder verlassenen Fuchsbauten. Dementsprechend müssen wir auch unseren Pfleglingen zeitig vor Brutbeginn Nistgelegenheiten schaffen, möglichst mehrere und unterschiedliche zur Auswahl. Unsere Hühnervögel, wie Fasanen und Wachteln, sind da weniger anspruchsvoll; ist genügend Gebüsch oder sind dichte Gräserhorste vorhanden, legen sie dort gern selbst ihre versteckten Nester an. An-

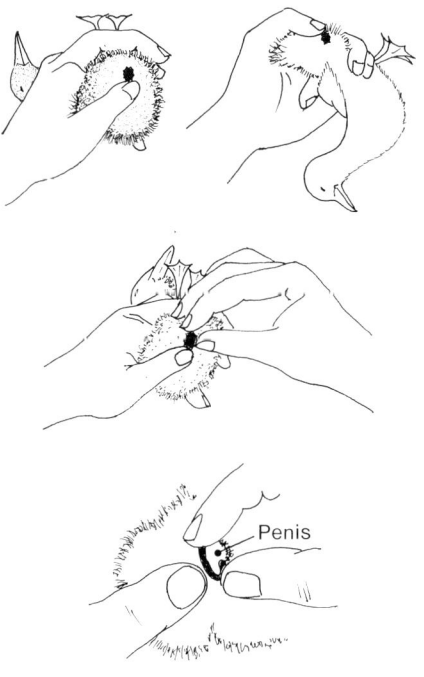

Verschiedene Griffe, um bei Enten- und Gänseeintagsküken die Kloake mit dem winzigen Geschlechtsorgan freizulegen.

sonsten helfen wir nach, z.B. durch Umstecken des Nestplatzes mit Schilfgarben, Reisig, Kiefern- oder Tannenzweigen. Bindet man das Steckmaterial oben zu einem Zopf zusammen und hat die Stiele fest in den Boden gesteckt, fällt es bei Wind nicht auseinander und bietet guten Schutz. Eine körpergerechte Mulde, in den Boden gedrückt, wird mit etwas Heu, Moos oder Laub ausgelegt. Vom Erdboden aufsteigende Kapillarfeuchtigkeit sorgt außerdem für die nötige Brutfeuch-

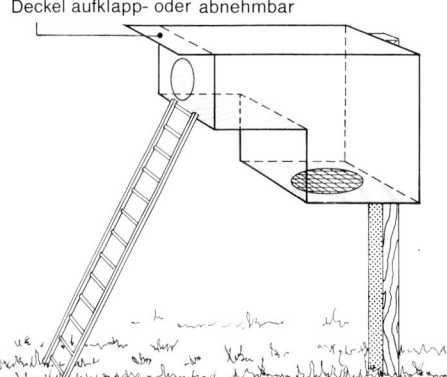

Deckel aufklapp- oder abnehmbar

Nistkasten für höhlenbrütende Enten mit vorgebauter Eingangsröhre und tiefergelegener Nestmulde.

tigkeit. Da die Verstecke zwar von außen Sichtschutz bieten, die brütende Henne aber von innen die Umgebung überwachen kann, wird sie sich relativ sicher fühlen, was nicht unwichtig für den Bruterfolg ist. In zu sehr abgedunkelten Nestern hingegen fühlt sie sich unsicher. Nisthilfen kann man sowohl in der Außenvoliere wie im Schutzhaus geben. Im Schutzhaus kann man auch breite Bretter an eine Stallwandecke stellen und darunter ein Nest schaffen, oder auch Körbe und Kisten anbieten. Für unsere Enten bieten sich ebensolche Nischen als Nisthilfen an. Bei nicht abgedecktem Außengehege sind die Gelege jedoch sehr gefährdet, denn Elstern und Krähen spezialisieren sich schnell auf Eierraub; ihren wachsamen Augen entgeht kaum ein frischgelegtes Ei. Da ist es gut, wenn im Schutzhaus gelegt wird. Deshalb sollte man den Enten immer Nisthöhlen wie Baumstammhöhlen, Holzkästen in Häuschenform oder ähnliches zur Verfügung stellen. Sehr bewährt

haben sich Nistkästen, denen eine ca. 25 cm lange waagerechte Eingangsröhre vorgebaut ist, erst dann kommt die im Abstand ca. 20 cm tiefergelegene eigentliche Nestmulde. Bei dieser Konstruktion muß die Ente nicht direkt vom Einflugloch aus voller Höhe auf die Eier springen und sitzt außerdem sehr geschützt im hinteren Bereich des Kastens in der vorgefertigten Mulde. Auch Küken, die nicht auf das Klettern aus tieferen Höhlen vorprogrammiert sind, können so leichter das Nest verlassen; nur die Küken der Baumbrüter, wie Schell- oder Mandarinenten u.a., haben scharfbekrallte Zehen, mit denen sie die tiefen Baumhöhlen verlassen, um aus großer Höhe auf den Waldboden zu springen. Entennistkästen, besonders für Höhlenbrüter, sollten mittels eines Pfostens mindestens 50 cm über dem Erdboden oder besser über dem Wasser angebracht werden. Da unser Wassergeflügel oft flugunfähig gehalten wird, muß dann ein Brett mit Querleisten oder ein rauh-

S. 89 ▷

oben: Geierperlhuhn
links unten: Pucheran-Haubenperlhuhn
rechts unten: Helmperlhuhn

S. 90 ▷▷

oben: Virginische Baumwachtel, Paar
links unten: Kalifornische Schopfwachtel, Hahn
rechts unten: Straußwachtel, Hahn

rindiger, breiterer Ast als Einstiegsleiter dienen. Richtige Höhlenbrüter bevorzugen meist relativ kleine Höhlen mit engem Schlupfloch. Als Höhlenmaß kann für Schwimmenten bis zur Größe von Stockenten ungefähr ein Innendurchmesser von 30 cm, eine Höhlenhöhe von 40 cm und eine Lochweite von 12 cm als Anhaltspunkt gelten. Bei Arten wie Kasarkas u. a., in der Größe von Brandgänsen etwa 40 cm Innendurchmesser, eine Höhe von 60 bis 80 cm und eine Lochweite von 17 cm. Das Einflugloch jeweils im oberen Drittel, die Dachdeckel zur Brutkontrolle abnehmbar oder aufklappbar. Bei der Jägerschaft sind zur Hege der bei ihnen beliebten Stockenten auch spezielle Entenbrutkörbe in Gebrauch. Schon seit Jahrzehnten, besonders in Holland, aber auch bei uns benutzt, bieten diese aus Weidenzweigen geflochtenen flaschenförmigen Körbe, waagerecht über dem Wasser angebracht, guten Schutz gegen Eierräuber. Gänse, vor allem die hochnordischen, brüten in der Wildnis meist sehr frei oder auf Felsen, zumal bei Brutbeginn oder grundsätzlich die Vegetation dort sehr dürftig ist. Wir schaffen ihnen daher ca. 15 cm tiefe Nistmulden mit einem Durchmesser von ca. 50 cm, die mit etwas Gras ausgelegt werden. Die Erfahrung zeigt, daß viele Gänse auch gerne große Holzfässer oder speziell hergerichtete Legehütten annehmen. Schwäne gelten als die eigentlichen Freibrüter. Die Höckerschwäne der Parkteiche bauen meist auf einer Insel oder am Teichrand große Nestburgen aus Schilf und anderen Wasserpflanzen. Wir sollten daher für sie aus Reisig, Schilf und Stroh Nestunterlagen schaffen und dazu das gleiche Nistmaterial in der Umgebung des Nestplatzes verstreuen. Abweichende Brutgewohn-

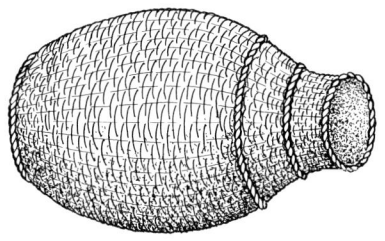

Aus Weidenzweigen kunstvoll geflochtener Entenbrutkorb.

heiten und andere Brutplätze, z. B. die der hochbrütenden Hühnervögel (Tragopane), werden bei den entsprechenden Arten beschrieben.

Das Gelege und wie es vor Eierräubern zu schützen ist

In jedem Fall ist es riskant, die Eier im Nest zu belassen, bis das Gelege voll ist und sie danach bebrütet werden, oder sie dann für die Ammen- oder Kunstbrut zu entnehmen. Da sind zum einen die bei den Brutplätzen bereits erwähnten Elstern und Krähen, die zwar geschlossene Höhlen nicht aufsuchen, aber um so mehr die offenen Gelege. Auch der Igel, so gerne wir ihn in unseren Gärten dulden, paßt nicht in eine Gehegeanlage mit Bodenbrütern; zu schnell kommt er auf den Geschmack und wird zum regelmäßigen Eierdieb. Ebenso sind Steinmarder, Hermeline und Ratten Eierräuber und lassen auch die Küken nicht ungeschont. Bei sehr großen Gehegen ist es wegen der Kosten kaum möglich, sie gegen Raubzeuge abzusichern. Da Igel nicht klettern und Zäune nicht untergraben, kann man sie durch ein 50 cm hohes, engmaschiges Geflecht fernhalten. Bei Ratten und Mardern wird es schwierig; diese Räuber lassen sich nur von vornherein abfangen oder kurzhalten. Selbst wenn es einem widerstrebt, Tiere zu vergiften, wird man ohne Rattengift, das regelmäßig an für unser Ziergeflügel und andere Tieren geschützten Stellen ausgelegt wird, nicht auskommen. Cumarin-Präparate verhindern die Blutgerinnung, führen zum inneren Verbluten und sorgen für ein schmerzloses Sterben der Ratten.

Auch wenn keine Raubzeuggefahr besteht, ist es manchmal nötig, die Eier einzusammeln. Besonders die Vielleger, wie Jagdfasanen, aber auch andere, legen oft planlos ihre Eier ab, die verschmutzen oder bei Streitigkeiten beschädigt werden. Dann kommt es auch leicht zum Eierfressen.

Einige Arten, besonders freibrütende Enten, können, wenn wir ihnen die Eier wegnehmen, ihr Nest verlassen, woanders legen oder die Brut ganz abbrechen. Deshalb empfiehlt es sich, die Eier dann möglichst gegen gleichgroße, gleichgefärbte Eier von Zwergenten oder gegen Schiereier oder Gipseier in gleicher Zahl auszutauschen. Bekannt ist diese Reaktion u.a. von Krick- und Blauflügelenten. Andere Arten reagieren nicht so empfindlich. Vorsicht ist aber dennoch angebracht!

Gänse brüten zwar meist zuverlässig, trotzdem kann es während der Legezeit, wenn die Eier von den Alten unbeaufsichtigt sind, notwendig sein, die Eier beispielsweise wegen der Krähengefahr vorübergehend einzusammeln und bei Wiederaufnahme der Brut zurückzugeben. Man kann sie auch gegen Hausganseier austauschen. Am ausgeprägten »Legebauch« der Weibchen bei Entenvögeln läßt sich übrigens erkennen, daß der Lege-

termin kurz bevorsteht. Die Eier, die möglichst täglich gleich nach dem Legen eingesammelt werden, sollten am besten bei 15–18 °C und einer relativen Luftfeuchtigkeit von 70–85% in einem halbdunklen Raum aufbewahrt werden. Um ein Ankleben des Dotters zu verhindern, müssen sie auf die Spitze gestellt lagern; der stumpfe Pol mit der Luftkammer ragt somit nach oben. Empfohlen wird auch eine ¼- bis ½-Drehung täglich. Die Lagerfähigkeit und damit die Höchstaufbewahrungsdauer ist sehr unterschiedlich. Verständlich ist, daß bei Viellegern — Rebhühner legen 12 Eier und mehr — die Keimkraft viel länger erhalten bleibt als z.B. bei Pfaufasanen, Argusfasanarten, Kongopfauen mit ihren 2-Eier-Gelegen. Ein Rebhuhnei ist manchmal 24 Tage alt, bevor es erbrütet wird, und trotzdem schlüpfen in der Natur meist alle Küken eines Brutgeleges und zwar pünktlich alle gleichzeitig innerhalb kurzer Zeit. Trotzdem, besonders bei Kunstbrut, nimmt die Schlupffähigkeit bei älteren Eiern rapide ab. Wir sollten sie möglichst nicht länger als 7–10 Tage aufbewahren. Pfaufasaneier sollten schnellstmöglich, spätestens nach 4 Tagen, bebrütet sein.

Brut

Naturbrut

Trotz guter Brutresultate mit neuzeitlichen Brutmaschinen dürfen wir aber nicht auf Naturbrut verzichten. Besonders Tiere bestandsgefährdeter Arten, mit denen Erhaltungszucht zum Zwecke möglicher Wiederausbürgerung betrieben werden soll, solltcn unbcdingt durch Naturbrut und nur im Notfall durch Ammenbrut vermehrt werden. Nur so können wir im Verhaltensinventar der Tiere die für das Freileben so wichtigen Brut- und Pflegetriebe auf Dauer erhalten. Damit unsere Tiere überhaupt eine Brut beginnen und die Eier nicht wahllos ablegen, sind genügend geschützte Nestplätze, wie im Abschnitt Brutplätze beschrieben, vorzusehen. Am sichersten gelingt die Naturbrut und Aufzucht in störungsfreien Einzelgehegen. Wenn die Fasanhenne oder die Ente ihre Eier der Reihe nach in das von ihr gewählte Nest gelegt hat und die Brut beginnt, sollten wir sie ganz in Ruhe lassen. Instinktmäßig wird sie die Eier alle paar Stunden wenden und während der Freßpausen für Kühlung sorgen. Bis zum Schlupftermin haben wir nur für das ständige Bereitstellen von Futter und Wasser zu sorgen und Störungen von ihr fernzuhalten.

Ammenbrut

Oft ist eine Naturbrut nicht durchführbar, weil sich unsere Fasanhenne einfach nicht zum Brüten setzen will, oder es kommt durch Störungen zum Abbruch der Brut. Wir haben jetzt zwei Möglichkeiten, das Gelege zu retten, entweder mittels einer Brutmaschine oder mit einer Glucke einer anderen Geflügelart als Amme. Nachteilig ist bei den Ammenglucken, daß man sie nicht immer brutlustig hat, wenn man sie gerade dringend benötigt. Man sollte sich vorsorglich frühzeitig bei bekannten Geflügelzüchtern umhören, um im Bedarfsfalle Glucken, meist Hühnerglucken, kaufen oder leihen zu können oder hält sich selbst einen Stamm von Hühnern einer Rasse, bei der noch Brutlust zu erwarten ist. Als sehr gute, ruhige Brüter und Kükenführer sind Seidenhühner bekannt. Ihres empfindlichen Federkleides wegen müssen sie vor Nässe geschützt un-

tergebracht werden. Oft findet man unter den Zwerghuhnrassen oder auch deren Kreuzungen noch gute Brutstämme. Bei den Zwergwyandotten sind es z. B. die braungebänderten und die rebhuhnfarbigen, unter den Urzwergen sind die zutraulichen Chabos sowie auch Bantams oft gute Glucken. Wegen ihrer Kleinheit sind diese nur für kleine Ziergeflügelarten wie Wachteln usw. geeignet, während man für größeres Ziergeflügel die größeren verzwergten Rassen, Hühner der Großrassen oder Puten benötigt. Puten kann man z. B. zum Erbrüten von Pfauen-, Perlhühner-, Glanz-, Ohrfasanen und Wildgansküken verwenden. Bei Hühnerglucken muß man wissen, daß es unter ihnen vereinzelt, wenn auch selten, Kükentöter gibt: Hennen, die zwar gut brüten, die schlüpfenden Küken mit den artfremden Stimmen jedoch umgehend tothacken. Deshalb Vorsicht und bei Neulingen unter den Ammen den Schlupf überwachen und gegebenenfalls die Küken in der Brutmaschine schlüpfen lassen. Sollen Hühnerglucken Wassergeflügel erbrüten, muß durch gelegentliches Einsprühen der Eier mit lauwarmem Wasser die benötigte höhere Brutfeuchte, besonders in den letzten Bruttagen, geschaffen werden. Dies ist ein Vorgang, den die Entenmutter täglich mit ihrem badnassen Gefieder verrichtet. Ansonsten erstreckt sich unsere Arbeit nur darin, die Glucke täglich zweimal je ca. 20 Minuten vom Nest zu sperren. Während dieser Zeit kann sie Kot absetzen, fressen und trinken, während die Eier die notwendige Abkühlung und Sauerstoffzufuhr erhalten. Es ist eine alte Empfehlung, den Brutplatz (Bruthütte) der Glucke halbdunkel zu halten, eine dicke feuchte Grassode mit einer 5 cm tiefen, dem Gluckenkörper angepaßten Brutmulde zu versehen und mit etwas Heu auszupolstern.

Gute Brüter unter den Fasanen, etwa eine Silberfasanhenne, können gelegentlich ebenfalls aushelfen und die Eier einer selteneren Fasanenart erbrüten. Speziell für unser Wassergeflügel finden wir gute Ammenbrüter in der Entenfamilie. Kleinere Enten können wir gut durch Zwergenten, Hochbrutflugenten und größere durch die Warzenente erbrüten lassen. Die Warzenente, wir kennen sie meist unter der Bezeichnung Türkenente, landläufig auch als Flugente, ist eine domestizierte Form der wilden Moschusente *(Cairina moschata)*. Sie hat ihre natürlichen Brut- und Pflegeinstinkte noch voll beibehalten, wovon ihre meist große Kükenschar Zeugnis gibt. Sie werden 3mal jährlich brutlustig und gelten als zuverlässige Ammen. Unsere Wildgansgössel können wir neben Puten durch Hausgänse erbrüten lassen.

Kunstbrut

Die möglichen Nachteile und Pannen bei Natur- und Ammenbrut, wie zerbrochene oder kotverschmutzte Eier, entfallen bei der Kunstbrut. Bei richtiger Wartung und Bedienung sind mit neuzeitlichen Brutmaschinen recht gute Brut- und Schlupfergebnisse zu erzielen, bei einigen Arten sogar fast hundertprozentige. Die kritische Phase ist das Anfangsstadium der Bebrütung. Die Züchter kritischer Arten, wie z. B. die Rauhfußhuhnzüchter, lassen deshalb die Eier ihrer Tiere unter den Müttern oder unter Zwerghuhnglucken vorbrüten, und frühestens nach dem 10. Bruttag kommen sie in die Maschine. Die Brutergebnisse verbessern sich dadurch sehr. Technisch gut ausgestattete Brutmaschinen machen das meist vollautomatisch, haben eine selbsttätige Wendevorrichtung und regeln auch die Kühlung und Luftbefeuchtung. Das ist gut für den, der wenig Zeit hat. Aber auch mit einfacheren Geräten lassen sich gute Ergebnisse erzielen, sofern die thermostatgesteuerte Temperaturregelung funktioniert und wir das Wenden der Eier und die Kühlung sowie Luftbefeuchtung gewissenhaft ausführen. Es gibt zwei Systeme: Flächenbrüter und Motorbrüter.

Bei Flächenbrütern haben wir ein Temperaturgefälle im Brutfach. Bei Bruttemperatur beträgt der Temperaturunterschied bei Eiern vom Durchmesser eines Hühnereies ungefähr 2 °C. Das heißt, an der Eioberkante ist es ca. 2 °C wärmer als an der Unterkante. Ebenso ist es bei der Naturbrut und wird hier durch das Wenden der Eier ausgeglichen und ist unschädlich. Nachteilig ist es nur, wenn gleichzeitig Eier unterschiedlicher Dicke erbrütet werden sollen. Besonders geeignet sind Flächenbrüter als Schlupfbrüter und für die Bebrütung von Wassergeflügeleiern.

Da im Motorbrüter die Luft mittels eines motorgetriebenen Ventilators laufend umgewälzt wird, ist dort die Temperatur überall annähernd gleich. Mit Kot und Dreck verschmierte Eier sind vor dem Einlegen in ein ca. 40 °C warmes Wasserbad mehrere Minuten zu spülen. Dabei keineswegs abreiben, höchstens mit einem weichen Schwamm abtupfen. Durch Reiben würde Schmutz in die Poren der Eischale gerieben, wobei die Gefahr einer Infektion des Kükens schon während der Brut, und eine Beeinträchtigung des notwendigen Gasaustausches entsteht. Aschenbrenner empfiehlt z. B. für Rauhfußhühner auch eine Desinfektion der Eier bald nach dcm Lcgcn durch Begasen mit Formalin; 3,5 ml Formalin (35 %) und 1,75 ml Wasser je Liter Raum-

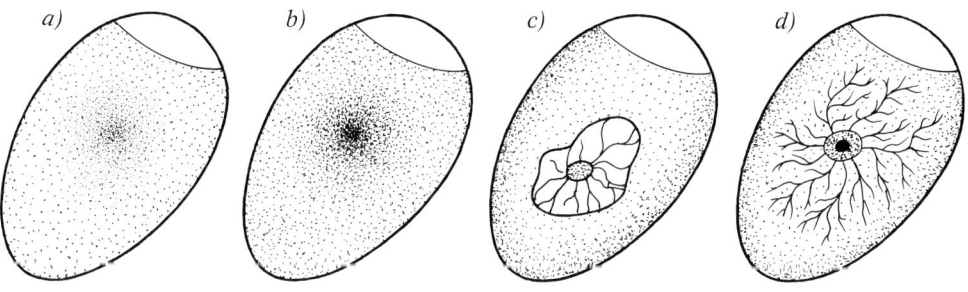

Die Bruteikontrolle mit der Schierlampe kann ca. am 7. Tag folgende Bilder ergeben (von links nach rechts): a) Das Ei ist klar, also unbefruchtet. b) Wolkige Flecken, das Ei ist verdorben. c) Blutring, der Embryo ist abgestorben. d) Deutlicher fester Kern und Äderung, gute Entwicklung des Embryos.

inhalt. Diese Lösung in ein Gefäß mit 2,5 g Kaliumpermanganat, bei Zimmertemperatur 30 Minuten. Anschließend die Eier gut ablüften. Er empfiehlt auch das Begasen der Brutmaschine vor Brutbeginn. Vor dem Einlegen der Eier sollten diese geschiert, d.h. mittels einer Schierlampe durchleuchtet und auf Risse untersucht werden. Wichtig ist auch das Schieren während der Bebrütung, einmal um zu sehen, ob die Eier befruchtet sind, was ca. am 7. Bruttag untersucht werden kann. Während unbefruchtete Eier klar erscheinen und nur schwach das Dotter erkennen lassen, erkennt man befruchtete Eier an dem sich entwickelnden Embryo. Ein dunkler Fleck, von dem die Blutäderchen ausgehen, erinnert an eine Spinne. Das Schieren sollte am 14. Tag und ca. 3 Tage vor dem Schlupftermin wiederholt werden. Wichtig dabei ist, daß abgestorbene Eier rechtzeitig entfernt werden, um nicht durch Fäulnis und Gasbildung das ganze Gelege zu gefährden.

Schwierig wird das Schieren von Eiern mit sehr dicken, dunkelfarbigen Schalen.

Das befruchtete Ei bei der Wasserprobe (bei einer Brutdauer von ca. 23 Tagen).

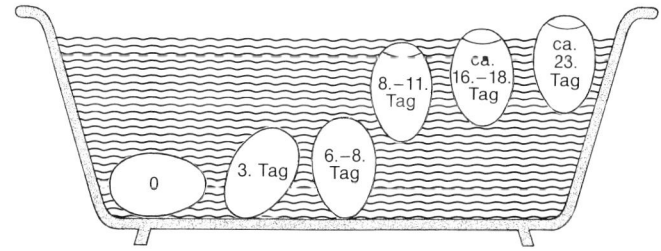

Empfohlene Brutdaten

Art:	Bruttag:	Bruttemperatur in °C an der Eioberkante gemessen	Relative Luftfeuchtigkeit in %
Für Flächenbrüter:			
Hühnervögel	1.–21.	⌀ 38,5	60–65
	22.–24.	38,2	75
Enten	1.–24.	37,6–37,8	60–70
	25.–28.	37,3–37,5	80–90
Gänse	1.–10.	38	60–70
	11.–25.	38	75
	26.–Schlupf	38	85
Für Motorbrüter:			
Hühnervögel	1.–21.	37,8	55–60
	22.–24. (Schlupf)	37,5	65–80
Enten	1.–24.	37,6–37,8	65–70
	25.–28.	37,3–37,5	80–90
Gänse	1.–10.	37,8	65
	11.–25.	37,6	70
	26.–Schlupf	37,2	80–90

Hier kann uns statt des Schierens eine Wasserprobe helfen. Das heißt, wir legen die Eier in Wasser, das ungefähr die Bruttemperatur besitzt. Unbefruchtete oder erst kurz bebrütete Eier bleiben dabei flach auf dem Boden des Gefäßes liegen. Länger bebrütete Eier mit sich ausbreitender Luftblase erheben sich, stehen nach einer Woche ungefähr auf der Spitze, um etwa am 9. Tag an die Wasseroberfläche zu treiben. Im letzten Viertel der Bebrütung steht der stumpfe Eipol über der Oberfläche, und man kann jetzt an hüpfenden und zuckenden Bewegungen des Eies erkennen, daß das Küken darin lebt.

Abgestorbene, durch Fäulnisgase aufgetriebene Eier kommen ebenfalls an die Oberfläche, nur zeigen sie keinerlei Bewegungen und sind oft auch außergewöhnlich leicht. Die angegebenen Daten gelten für Arten mit einer Brutdauer von ca. 23 Tagen. Bei Tieren mit sehr kurzer oder mit sehr langer Brutdauer sind Zeitverschiebungen zu berücksichtigen.

Gewendet werden die Eier wenigstens 3mal täglich um 180°, die letzten 3–4 Tage vor dem Schlupf darf nicht mehr gewendet werden. Ab dem 10. Bruttag wird täglich ca. 20 Minuten, bei Gänseeiern auch 30 Minuten, um ca. 8–10 °C

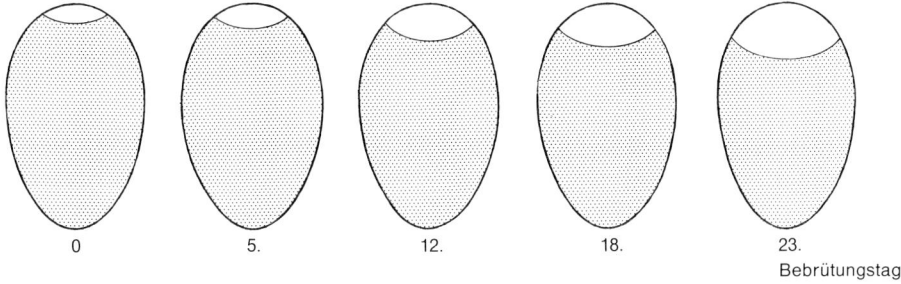

| 0 | 5. | 12. | 18. | 23. |

Bebrütungstag

Das befruchtete Ei bei zunehmender Bebrutungsdauer, die Luftblase vergrößert sich dabei kontinuierlich. Sie ist vor der Schierlampe bei hellschaligen Eiern gut, bei dunkelschaligen und gefleckten Eiern manchmal schwieriger zu erkennen.

gekühlt. Wichtig ist auch, daß beim Schlupf der stumpfe Eipol mit der Luftblase etwas erhöht liegt. Eine Brutunterbrechung wegen Stromausfalls, auch über ein paar Stunden, ist nicht tragisch, verzögern kann sich aber dadurch der Schlupftermin. Gefährlich hingegen sind starke Temperaturerhöhungen um über 1 °C, Krüppelbildungen können die Folgen sein.

Methoden der Kükenaufzucht

Natürliche Aufzucht

Das Aufzuchtrisiko unter der eigenen Mutter ist oft größer, als wenn die Küken unter künstlichen Wärmequellen in geschützten Räumen aufgezogen werden. Gut gelingt die natürliche Aufzucht meist bei Schwänen und Gänsen. Beide Gruppen ziehen auch in Gesellschaftsgehegen problemlos ihre Jungen auf. Kaltes Regenwetter macht ihnen wenig aus. Man muß nur dafür sorgen, daß die Kleinen ihr Futter unbehelligt von den Mitinsassen aufnehmen können.

Es war erstaunlich, wenn auch keine Seltenheit, wie vorbildlich z. B. die in Australien beheimateten Trauerschwäne auf dem Baggersee meines Freundes verlustlos ihre sechs Jungen aufzogen und das mitten im, wenn auch eisfreien, Winter. Bei Enten gelingt die natürliche Aufzucht am besten in störungsfreien Einzelgehegen. Braut- und Mandarinenten sowie die Stockenten und deren Verwandten ziehen ebenso recht gut. Die Küken der Kasarkas und anderer Halbgänse aus der Gattung *Tadorna* sind oft empfindlicher. Bei länger andauerndem naßkalten Regenwetter sind diese mit ihrer Mutter in geschützten Innenräumen sicherer aufgehoben; das gilt ebenso für Fasanen- und besonders für Rothühner- und Wachtelküken.

Satyr-Tragopane hingegen habe ich verlustlos stets in einer großen Freivoliere in Naturbrut aufgezogen. Das erste Mal war ich entsetzt, als die 4 Jungtiere bei starkem Dauerregen das Nest verließen und mit der Mutter nicht den Innenstall, sondern dichtes Gebüsch aufsuchten. Meine Sorgen waren jedoch unbegründet, wie ich im

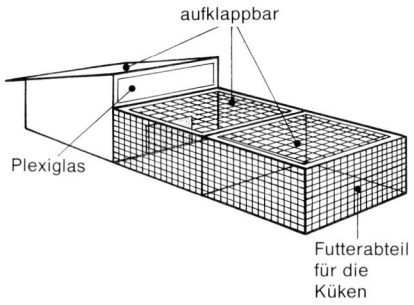

aufklappbar

Plexiglas

Futterabteil
für die
Küken

Versetzbarer Huderkasten mit zweiteiligem Auslauf. Das vordere Abteil ist für die Glucke nicht zugänglich.

nachhinein und bei späteren Bruten feststellen konnte. Die Futterstelle für die Küken muß regengeschützt errichtet sein. Gitter oder Roste entsprechender Größe lassen nur die Küken durchschlüpfen, während die Mutter oder andere Mitinsassen des Geheges ferngehalten werden.

Aufzucht mit Ammen

Bei der Aufzucht mit Ammenglucken kann es, außer den Risiken, die auch die natürliche Aufzucht durch die Mutter bietet, zusätzliche Probleme geben. Da ist einmal die Verständigungsschwierigkeit zwischen Ziehmutter und Küken, wenn sie verschiedenen Gattungen oder gar Familien entstammen: Das Brautentenküken versteht nicht die Lockrufe der Haushuhnglucke, und der Glucke sind die Pieplaute der Küken fremd. Folglich läßt sich das Entenküken nicht ans Futter locken, und schlimmstenfalls hackt die Glucke die Küken tot. Meist jedoch gewöhnen sie sich nach einer Angewöhnungszeit (der Prägungsphase) aneinander, und die Aufzucht gelingt trotz Anfangsschwierigkeiten. Ein weiteres Problem bei der Auf-

zucht von Wassergeflügel durch Hühnerammen ist, daß der Hühneramme das Bürzeldrüsensekret der Entenmutter fehlt und die Küken daher nicht eingefettet werden. Sind sie dann längere Zeit im Schwimmbecken, so saugt sich das Daunenkleid voll Wasser, die Tierchen verklammen oder ertrinken. Die Küken dürfen deshalb erst ab der zweiten Woche langsam bei niedrigem Wasserstand, zuerst nur kurzzeitig, ans Baden gewöhnt werden, bis sie selbst genügend Sekret zum Einfetten produzieren. Diese Probleme treten nicht auf, wenn Wildentenküken durch Entenammen (z.B. Zwergenten) aufgezogen werden.

Ein weiteres Problem: Die Hühnerglucke baumt nachts mit ihren Küken auf, wenn diese ein bestimmtes Alter erreicht haben. Enten, aber auch Rebhuhnküken als reine Bodenbewohner, fliegen grundsätzlich nicht auf Äste oder Sitzstangen. Wir müssen somit das Aufbaumen der Glucke durch Entfernen der Sitzstangen verhindern. Als Aufzuchtgehege für die Ammenaufzucht ist der allbekannte Huderkasten mit versetzbarem Gehege zweckmäßig. Früher waren die hundehüttenähnlichen Kästen mit anschließendem »Kükenauslauf« bei vielen Häusern auf dem Lande zu finden. Sie beherbergten die Glucke mit einer bunten Kükenschar. Heute, wo man die billigen Eier aus den Legebatterien im Supermarkt kauft, sind sie fast ganz verschwunden. Schade! Der Kasten aus fugendichten Holzbrettern oder Spanplatten sollte ungefähr 90 × 60 cm messen bei einer Seitenhöhe von 60 cm. Das regendichte Dach (der Deckel) muß aufklappbar sein, damit der Innenraum zu kontrollieren und leicht zu reinigen ist. Durch die Ausschlupfluke verbunden, schließt an die »Hütte« der maschen-

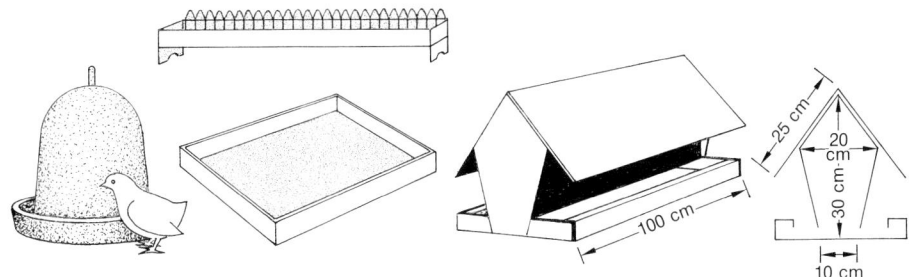

Futtergefäße für die Kükenaufzucht: Stülptränke, Trog und Futterbrett. Futterautomat für den Auslauf, selbst zu bauen. Das vorstehende Dach schützt das Futter vor Regen und ist zum Nachfüllen des Futters aufzuklappen.

drahtummantelte Auslauf an. Bei einer Breite von 90 cm sollte er mindestens 2 m lang und 60 cm hoch sein. Wie bei der Naturbrut muß auch das Kükenfutter vor der Glucke abgegittert und gegen Regennässe geschützt werden. Der Regenschutz mittels Plastikfolie, Plexiglas o. ä. sollte über den Futterabschnitt (ca. ⅓ des 2 m langen Geheges) hinaus erweitert werden, so daß die Glucke bei Regen trocken sitzen und die Küken hudern kann. Weiteres über die Fütterung siehe bei »Künstliche Aufzucht« und im Abschnitt »Ernährung«.

Zur besseren Futtergewöhnung sollten die Küken in den ersten Lebenstagen gemeinsam mit der Glucke ihr Kükenfutter erhalten. Auf kurzgeschnittenem Rasen aufgestellt, bietet der Huderkasten mit Auslauf große Vorteile für die Gesundheit unserer Tiere. Stetig, am besten alle 2 bis 3 Tage aufs neue versetzt, verhindert man so weitgehend Infektionen mit den verschiedensten Parasiten. Vorweg sollte auch die Glucke frei sein von Verwurmung, Kokzidien, Federlingen, Flöhen.

Weitere Fragen zur Ammenaufzucht ergeben sich analog zur Ammenbrut und werden auf Seite 93 beantwortet.

Künstliche Aufzucht

Die meisten Ziergeflügelküken werden heutzutage wohl mutterlos unter künstlichen Wärmequellen wie Elektro- oder Infra-Rotlicht-Strahlern, meist 150 Watt stark, aufgezogen. Die Gefahren bei der natürlichen Aufzucht, Verluste bei Unwettersituationen, Infektionen durch die Glucke usw., entfallen. Der Wärmebedarf der Küken ist besonders in den ersten Lebenstagen sehr hoch. Am Boden unter der Wärmequelle sollten es 35–40 °C sein, in Kükenhöhe gemessen ca. 32–35 °C. Am Verhalten der Küken können wir erkennen, ob der Strahler richtig angebracht ist. Ballen sich die Küken stark zusammen, ist es zu kalt, liegen sie weitab, ist es zu warm, liegen sie jedoch wohlig und sichtbar zufrieden unter dem Rand des Rotlichtkegels, ist alles in Ordnung. Hängt der Strahler in einem größeren Abteil, sollte der Aufenthaltsbereich während der ersten Tage mit Hartfaserplatten o. ä. ringförmig eingegrenzt werden, damit sich die Kleinen nicht in den Ecken verlaufen und verklammen können. Dabei müssen sie aber die Möglichkeit behalten, den Bereich mit der vollen Wärme jederzeit freiwillig verlassen zu können. Im etwas kühleren Bereich geben wir auch das Futter und Wasser.

Sehr wichtig ist auch eine gute Bodenwärme. Ein ungedämmter Zementestrich- oder Steinfußboden leitet die Strahlerwärme zu schnell ab. Durch Spanplatten auf einer Wärmedämmschicht, auf die die Einstreu aus Strohhäcksel oder trockenen Sand kommt, schaffen wir eine gleichmäßigere Bodenwärme. Andernfalls müssen wir mit einer elektrischen Wärmeplatte die gesundheitsschädigende Bodenkälte verhindern. Den Boden in den anschließend beschriebenen Aufzuchtsboxen und die Lauf- und Ruheplätze bei der Aufzucht auf Drahtgitterböden belegen wir in der ersten Zeit zweckmäßig mit Frottee- oder Leinentüchern oder auch mit Küchenkrepp. Der Belag muß rechtzeitig, je nach Verschmutzung, meist täglich, gewechselt werden. Papier als Bodenbelag ist nicht geeignet. Durch das Rutschen auf der glatten Fläche bekommen die Tiere leicht Spreizfüße oder sonstige Fuß- oder Beinschäden. Auf den Boden gelegte Ästchen und Rindenstücke fördern hingegen die gesunde Zehen- und Beinentwicklung. Soll jeweils nur eine kleine Kükenschar aufgezogen werden, sind besondere Aufzuchtkisten (Boxen) empfehlenswert. Die Kisten können aus Spanplatten angefertigt sein, etwa in den Abmessungen $1,00 \times 0,60$ m, Höhe $0,60$ m. Eine Trennwand mit Öffnung bewirkt die Unterteilung Warm-/Kaltabteil. Damit in den Kästen keine stickige Luft entsteht, ist an einer Seite eine Gittertür anzubringen. So kann eine Luftumwälzung entstehen, die für die Gesundheit der Tiere sehr wichtig ist. Als obere Abdeckung ist ein Gitterdeckel vorzusehen, der spätestens dann aufgelegt wird, bevor die Küken flatternd oder kletternd den Kastenrand erreichen können.

Durch das Heranwachsen der Küken vergrößert sich bald der Platzbedarf. Es ist deshalb zweckmäßig, wenn wir mehrere Kisten durch Öffnungen vereinigen können oder wenn sie durch ein Baukastenprinzip zu erweitern sind.

Um einen abrupten Übergang zwischen dem Aufenthalt der Tiere in ihren Boxen im geschützten Aufzuchtsraum und dem endgültigen Aufenthaltsbereich, der Freivoliere, zu vermeiden, ist es gut, wenn die Heranwachsenden bei warmer Witterung schon zeitweise ins Freie gelassen und nach und nach, wenn ihr Federkleid sie schützt, an kühlere Temperaturen gewöhnt werden. Auch die Temperatur unter der Wärmequelle können wir von anfänglichen 35 °C, wöchentlich um ca. 1,5 bis 2 °C, bis auf Zimmertemperatur absenken. Wenn die Wärmequelle nicht thermostatgesteuert ist, sollten wir dazu Strahler mit geringer Leistung einsetzen. Entenküken kommen früher mit niedrigeren Temperaturen zurecht als die meisten Hühnervögel.

Fütterung der Küken

Im Abschnitt Ernährung wurden bereits Futterempfehlungen auch für die Kükenfütterung gegeben (s. Seite 63). Zur Frage, ab wann gefüttert werden soll, wurde früher vielfach die Meinung vertreten, das sei in den ersten 24 Stunden nicht notwendig und ein frühzeitiges Füttern schädlich. Das ist nicht richtig. Zwar können frischgeschlüpfte Küken einen oder sogar 2 Tage mit dem eingezogenen Dottervorrat auskommen, trotzdem geben wir ruhig neben Wasser von Anfang an auch Futter.

Küken- und Jungtierkrankheiten

Die wichtigsten Krankheiten unseres Ziergeflügels werden in dem besonderen

Kapitel »Krankheiten« behandelt. Nun gibt es aber unter den dort beschriebenen Krankheiten einige, die zwar auch die Alttiere befallen können, deren gefährliche Bedeutung jedoch in ihrer Eigenschaft als Küken- und Jungtierkrankheiten besteht. Wir sollten sie hier nochmals kurz ansprechen.

Während das körpereigene Abwehrsystem der Alttiere und eine bereits erfolgte Immunisierung auch bei Anwesenheit des Erregers den Ausbruch der Krankheit verhindert oder einen milden Krankheitsverlauf bewirkt, kommt es unter den Küken oder Heranwachsenden oft zu Todesfällen oder aber zu großen körperlichen Schäden.

Kokzidiose Die von Einzellern verursachte Erkrankung wird angesichts des oft blutigen Durchfalls der befallenen Küken vielfach Rote Kükenruhr genannt. Während früher schwere Verluste die Kükenaufzucht von Hühnervögeln wie Puten, Haushühnern, Fasanen, aber auch Gänsen begleiteten, hat dank guter Medikamente die Krankheit heute ihren Schrecken verloren (s. Seite 74).

Schwarzkopfkrankheit (Typhlohepatitis), englisch: Blackhead. Neben Rauhfußhühnern waren es vor allem Puten, bei denen eine Aufzucht fast unmöglich wurde, sobald diese Erkrankung erst einmal im Bestand auftrat. Fasanen werden aber ebenfalls befallen (s. Seite 75).

Salmonellose Diese bakterielle Erkrankung, die bei allen Ziergeflügelarten und auch bei Kleinvogel auftritt, verursacht bereits unter Jungtieren viele Todesfälle. Glücklicherweise sind wir der Krankheit, im Gegensatz zu früheren Zeiten, nicht mehr ganz so hilflos ausgeliefert. Mit entsprechenden Antibiotika, strengen Hygienemaßnahmen einschließlich Desin-

fektion läßt sich sich diese Krankheit beherrschen (s. auch Seite 73).

Virushepatitits der Enten (Leberentzündung) Wenn Entenküken in der ersten Lebenswoche matt und beinschwach werden, torkeln und innerhalb 3–4 Tagen sterben, kann es sich um die Virushepatitis handeln. Ist dies der Fall, haben wir keine Chance, die Tiere mit Medikamenten zu retten. Die Verluste sind furchtbar, in der ersten Lebenswoche befallene Tiere sterben oft bis zu 100%. Später befallene überleben teilweise. Wenn eine Untersuchung in einer Tierklinik die Krankheit in unserem Bestand bestätigt, hilft nur die vorbeugende Schutzimpfung, wie sie im Abschnitt Krankheiten auf Seite 73 beschrieben wird.

Magenwurmseuche (Entenmagenwurm) Mehr als bei den anderen Wurmarten erkranken am Entenmagenwurm *Echinuria* fast ausschließlich Jungtiere. Befallene Jungenten und Junggänse im Alter von 3–8 Wochen siechen innerhalb weniger Tage dahin und sterben. Eine Behandlung mit Levamisol- oder Tetramisolpräparaten kann die Tiere retten. Weiteres auf Seite 76.

Schimmelpilzerkrankung (Aspergillose) Von den Pilzerkrankungen, den Mykosen, hat die Schimmelpilzerkrankung bei der Jungtieraufzucht eine gewisse Bedeutung. Gefährlich wird sie aber eigentlich erst, wenn die Widerstandskraft der Tiere durch Haltungs- und Fütterungsmängel geschwächt ist. Verschimmeltes Futter und verschimmelte Einstreu sind in jedem Fall zu vermeiden. Das gilt insbesondere für die Küken der dafür empfindlichen Meeresenten. S. auch Seite 78.

So berichteten mir bekannte Züchter von Eiderenten über Schwierigkeiten mit der Aspergillose bei der Kükenaufzucht.

Rachitis Die Mangel- und Stoffwechselkrankheit Rachitis, bei der es während des Wachstums zu Verkalkungsstörungen im Skelett kommt, führt zwar selten zum Tode, dennoch müssen und können die Knochenmißbildungen und viele sich daraus für die Tiere ergebenden Beschwerden verhindert werden.

Die Ursache dieser Störung des Calcium-Phosphorhaushaltes hängt seltener damit zusammen, daß den Tieren kein Futterkalk zur Verfügung steht, sondern eher am Mangel an Vitamin D_3. Im Winter oder bei der Aufzucht in Innenräumen kann die Ursache ein Mangel an direkter Sonnenbestrahlung sein. Weiteres dazu s. Seite 78.

Wohin mit dem Nachwuchs?

Meist im Hochsommer oder Herbst stellt sich das Problem, die Nachzucht unserer Tiere in andere Hände zu geben. Oft fällt es schwer, sich von den meist mit viel Liebe aufgezogenen Jungtieren zu trennen, doch der Platzmangel zwingt uns leider dazu.

Wenn Abnehmer im Bekanntenkreis fehlen, müssen anderweitig Interessenten gesucht werden. Vielleicht hat ein Inserat in der Lokalzeitung Erfolg, andernfalls sollte man in einer der Fachzeitschriften wie »Gefiederte Welt« oder »Geflügel-Börse« inserieren.

Wenn die Erwerber ihre bestellten Tiere selbst abholen, ist dies für uns am angenehmsten, oft müssen wir sie aber per Paketdienst versenden. Post und Bahn lehnen mittlerweile den Versand lebender Tiere ab. Bei uns unbekannten Käufern ist Versand durch Nachnahme zu empfehlen.

Die Transportbehälter, die angesichts der Versandkosten möglichst leicht sein sollten, müssen dennoch Stabilität besitzen und ausreichend Luftzufuhr gewährleisten. Wenngleich geräumig, so dürfen die Behälter doch nicht zu groß, besonders nicht zu hoch sein, damit die Tiere nicht panisch gegen die Behältnisdecke fliegen können. Vor allem bei Hühnervögeln muß die Decke gut abgepolstert sein (Schaumstoff usw.). Wer einmal gesehen hat, wie sich Straußwachteln sogar in einem Pappkarton während einer einstündigen Autofahrt die Köpfe zerstoßen hatten und die Kopfhaut anschließend genäht werden mußte, wird die Notwendigkeit der abgepolsterten Decke um so besser einsehen. Damit sich die Füße der Tiere beim Transport nicht verkrampfen, sollte besonders bei glattem Behälterboden eine Schütte aus Stroh oder Heidekraut, Farnkraut, leichtem Gezweig o.ä. gegeben werden. Eine Verordnung des Tierschutzgesetzes, die »Verordnung zum Schutz von Tieren bei der Beförderung in Behältnissen« vom 20. Dezember 1988, regelt unter anderem auch die Mindestabmessungen für die Transportbehältnisse. Am besten versendet man die Tiere gegen Abend, dann sind die Tiere bei geringen bis mittleren Entfernungen meist schon am nächsten Morgen oder am Vormittag beim neuen Besitzer. Ein Füttern und Tränken ist dann nicht notwendig. Bei größeren Entfernungen, z.B. ins Ausland, ist natürlich für entsprechende Tränke- und Futtereinrichtungen zu sorgen. Es muß nochmals darauf hingewiesen werden, daß ebenso wie bei der Beschaffung, auch bei der Abgabe von Tieren geschützter Arten die Artenschutzbestimmungen zu beachten sind. Notwendige Papiere wie die CITES-Bescheinigung, Gesundheitszeugnisse usw. sind rechtzeitig zu besorgen. Bei Versand ins Ausland muß man sich auch über die dortigen Einfuhr- und Zollbestimmungen genauer informieren.

Schauwesen

Bis vor wenigen Jahren wurde Ziergeflügel nur recht selten auf Ausstellungen gezeigt. Meist waren es einige Vitrinen oder Schauvolieren, besetzt mit farbenprächtigen Fasanen, Wachteln oder Enten, welche in den Rahmenschauen von Rassegeflügelzucht- oder Ziervögelausstellungen das Besucherpublikum begeisterten. In letzter Zeit ist jedoch, wohl auch durch die neu entstandenen Ziergeflügel-Züchtervereine, die Zahl der ausgestellten Tiere erheblich angestiegen.

Sinn und Zweck dieser Ausstellungen sollten sein:

1.) Einer größeren Anzahl von Menschen die wichtigen Ziergeflügelarten als einen Ausschnitt schöner und vielgestaltiger Tierwelt nahezubringen.

2.) Den Züchtern Gelegenheit zu bieten, dort ihre Tiere im Vergleich mit denen anderer Züchter vorführen zu können und von kundigen Preisrichtern beurteilen zu lassen. Als wichtigstes Ziel bei der Beurteilung muß die Zuchtauslese gelten. Dabei gilt, daß die Arten in ihrer Ursprünglichkeit zu erhalten sind. Die Zucht von Mutationen und Zuchtrassen ist zweitrangig.

Ein Streben nach Medaillen und Pokalen darf nie Hauptzweck des Ausstellens von Ziergeflügel sein.

Bei der Durchführung einer Ausstellung gibt es vieles zu bedenken. Hier nur einige Stichworte:

- Bei den Käfig- oder Volierengrößen ist an den großen Platzbedarf bei langschwänzigen Fasanen zu denken.
- Schutz der ausgestellten Tiere vor allzu aufdringlichen Besuchern (Verstecke, genügend Käfigtiefe, dreiseitiges Umkleiden von Schauvolieren u.a.).
- Angesichts der Verletzungsgefahr sind weiche Volierendecken notwendig; Glas(vorder)seiten nur bei nicht zu tiefen Vitrinen.
- Bodenbelag aus nichtstaubenden, feuchtigkeitsaufsaugenden Materialien (Stroh, Laub, Torf/Sand-Gemisch).
- Schutz der Futter- und Tränkgefäße gegen Verschmutzung.

Vereine

Wer seine Tiere auf Ausstellungen zeigen möchte, dem sei die Mitgliedschaft in einem Ziergeflügel-Züchterverein empfohlen. Aber auch jeder andere kann in einem solchen Verein sich mehr oder weniger aktiv an der Ziergeflügelliebhaberei beteiligen und Erfahrungen austauschen. Als Vereinsmitglied hat man auch die Möglichkeit, die notwendigen Jahresringe zur Kennzeichnung seiner Tiere per Sammelbestellung zu beziehen.

Wie sind die Ziergeflügelzüchter organisiert und wo findet man den nächsten Ortsverein?

Der Verband der Ziergeflügelzüchter ist eine Sparte innerhalb des Bundes Deutscher Rassegeflügelzüchter (B.D.R.G.). Da Rassegeflügelzüchtervereine meist in jeder Stadt und vielen größeren Ortschaften bestehen und bekannt sind, erkundigen Sie sich zweckmäßigerweise direkt an Ihrem Wohnort, ob dort bereits eine Ziergeflügelgruppe existiert, bzw. wo die nächstgelegene Gruppe zu finden ist. Sicherlich wird man Ihnen auch die derzeitige Geschäftsstelle des zuständigen Landesverbandes benennen können.

Der Verband der Ziergeflügelzüchter gibt dabei auch die »Offizielle Grundlage für die Beurteilung von Ziergeflügel« heraus. Sie erscheint im Verlag J. Wolters, Bottrop und wird jährlich überarbeitet und erweitert.

Dem Liebhaber von Fasanen und anderen Hühnervögeln möchte ich noch besonders die World Pheasant Association (WPA) empfehlen. Die WPA ist eine wichtige internationale Vereinigung, deren besondere Ziele unter anderem in der Zucht bestandsbedrohter Arten bestehen. In Zusammenarbeit führte sie auch mit Zoologischen Gärten und Wissenschaftlern gezielte Zucht- und Wiedereinbürgerungsprogramme zur Arterhaltung durch.

Die deutsche Geschäftsstelle befindet sich bei Herrn Hubert Jütten, Bahnhofstr. 161, D-52538 Gangelt-Birgden. Von dort können Sie auch nähere Informationen über die besonderen Ziele der Vereinigung erhalten.

Empfehlenswertes Ziergeflügel

$\triangledown$

Viele Arten aus den Gruppen der Hühner- und Entenvögel eignen sich gut für die Haltung in unseren Gehegen. Eine Auswahl von ihnen wird anschließend vorgestellt.

Bei der Auswahl der empfehlenswerten Arten wurden im allgemeinen Arten berücksichtigt, welche im Handel jederzeit erhältlich sind. Bei einigen Arten, z.B. beim Haubenperlhuhn, kann derzeit ein Erwerb noch etwas schwierig sein, was sich bei zunehmenden Zuchterfolgen aber schnell ändern kann. Um für die einzelnen Arten der Hühner- sowie auch der Entenvögel detaillierte Futterempfehlungen nicht ständig wiederholen zu müssen, wird auf Futterschemen verwiesen. So wurden Arten mit gleichen oder sehr ähnlichen Futteransprüchen zusammengefaßt.

Beim Gefieder wurde auf eine Detailbeschreibung verzichtet, so daß nur die markantesten oder zur Geschlechtsunterscheidung wichtigen Farbmerkmale aufgeführt sind. Ansonsten wird auf die Farbfotos verwiesen.

Bezeichnung der Körperteile unseres Ziergeflügels am Beispiel eines Bauterpels.

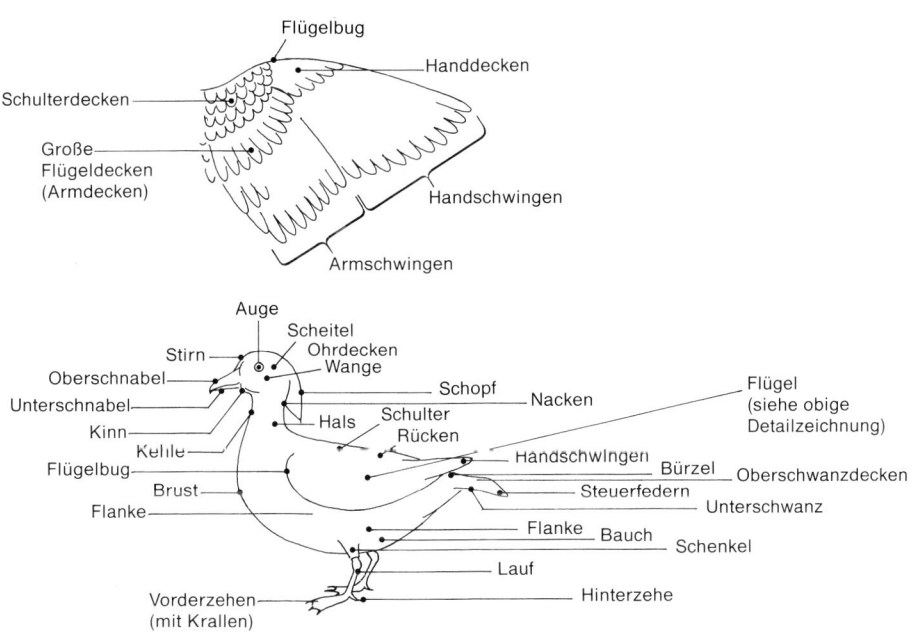

Die Empfehlungen beziehen sich in erster Linie auf Arten, welche auch der Anfänger in der Ziergeflügelhaltung, die übliche gewissenhafte Pflege vorausgesetzt, halten kann. Hier nicht beschriebene verwandte Arten (Arten der gleichen Gattung) sind meistens ähnlich in ihren Haltungsansprüchen.

Da das aber nicht immer der Fall ist, sollte man sich vor Anschaffung jener Arten entsprechend beraten lassen.

Nun gibt es aber auch Arten, welche zwar in den letzten Jahren immer öfter als Nachzuchttiere angeboten werden, die man guten Gewissens jedoch keinem Anfänger empfehlen kann. Dies sind z. B. alle Rauhfußhühner (u. a. Birkhühner, Schneehühner, Haselhühner), die von Spezialisten in den letzten Jahren vermehrt gezüchtet wurden. Ebenso gilt dies auch für einige amerikanische Rauhfußhuhnarten, deren Haltung aber nach wie vor schwierig ist. Das liegt hauptsächlich an ihrer Anfälligkeit für verschiedene Krankheiten (Parasiten etc.) und an ihren besonderen Ernährungsansprüchen. Auch wer bereits genügend Erfahrungen in der Haltung und Zucht verschiedener anderer Hühnervögel gewonnen hat und es unbedingt mit Rauhfußhühnern versuchen will, sollte dies nicht tun, ohne sich vorher eingehend zu informieren. Ich empfehle dazu das Buch von Aschenbrenner über »Rauhfußhühner« (siehe Literaturverzeichnis).

Beim Wassergeflügel (Entenvögel) sind die Meerenten für den Anfänger nicht empfehlenswert (siehe dazu auch Seite 159).

Bei der Haltung von Ziergeflügel ist eines nicht auszuschließen: Die Tiere geben zeitweilig auch Laut. Das gilt vor allem während der Balzzeit im Frühjahr. Der kleine Bankivahahn kräht mit heller Stimme, der Goldfasanhahn läßt seinen scharfen Doppelruf und der Mandarinerpel seinen Grunzpfiff hören. Überempfindliche Nachbarn können sich daran stören. Pflegen Sie deshalb rechtzeitig gutnachbarliche Beziehungen. Vollkommen stummes Geflügel gibt es eben nicht.

S. 107 ▷

links oben: Streifengans
rechts oben: Graugänse
links unten: Kaisergans
rechts unten: Hawaiigans

S. 108 ▷▷
Trauerschwäne, Paar mit Küken

Hühnervögel

▽

Aus der Ordnung der Hühnervögel (Galliformes) kommen Großfußhühner (Megapodiidae) für eine Liebhaberhaltung nicht in Betracht. Diese interessanten Vögel, bekannt dadurch, daß sie ihre Eier in selbstgescharrten »Brutöfen« mittels Sonnen- oder Gärungswärme erbrüten, bleiben einzelnen Zoos und Vogelparks vorbehalten. Aus der nächsten Familie, den Hokkos (Cracidae) werden einige Arten von wenigen Liebhabern bereits gehalten. Sie bleiben aber für uns als frostempfindliche, dabei recht große Tropenbewohner außer Betracht. Für unsere Haltung kommen besonders Arten aus der großen Familie der Fasanartigen (Phasianidae) in Frage. Insbesonders sind dies:

- Fasanen aus verschiedenen Gattungen
- Pfauen
- Rebhühner
- Steinhühner
- Perlhühner
- Wachteln

Tragopane

Tragopane (engl.: Tragopans), auch Satyrhühner oder Hornfasane genannt, sind in 5 Arten in den regenreichen Bergwäldern Südostasiens, besonders der Himalaja-Region, beheimatet. Von den Arten werden nur der hier beschriebene Satyr-Tragopan sowie der Temminck-Tragopan *(Tragopan temminckii)* regelmäßig gehalten und gezüchtet. Der subtropisch lebende Cabot-Tragopan *(T. caboti)* kommt nur vereinzelt in unseren Gehegen vor, noch seltener ist der Blyth-Tragopan *(T. blythii)*. Überhaupt nicht in Europa ist der Westliche- oder Hasting-Tragopan *(T. melanocephalus)* vertreten.

Satyr-Tragopan

Tragopan satyra (Foto S. 17)
engl.: Satyr Tragopan
Hahn: Körperlänge ca. 70 cm, davon Schwanzlänge ca. 30 cm
Henne: Körperlänge ca. 57 cm, davon Schwanzlänge ca. 20 cm
Gewicht: Hahn 1400−2000 g, Henne 1000−1200 g

Die Satyr-Henne ist mit ihrem graubraunen, durch schwarzbraune und helle Flecken gemusterten Gefieder schlicht wie die meisten ihrer Verwandten. Der Hahn hingegen, mit seinem überwiegend blutroten, mit runden weißen, schwarzgeränderten Perltupfen übersäten Gefieder, ist um so prachtvoller. Sein Kopf ist schwarz bis auf die verlängerten seitlichen Scheitelfedern und die rote Einbuchtung am hinteren Teil der Kopfseiten. Rot, aber ungetupft sind auch Hals und Hinterkopf.

Rücken, Flügel und Schwanz sind graubraun, mit etwas Rot durchsetzt und ebenfalls mit Perlflecken getupft. Während der Balz erscheinen, als Hautausstülpungen, die hellblauen Hörner am Hinterkopf und der handtellergroße himmelblaue Kehllatz mit dunklerem Zentrum und scharlachroten Randflecken.

Seine Heimat ist die Himalaja-Region vom indisch-chinesischen Grenzgebiet ostwärts durch Nepal, Sikkim, Bhutan. Er bewohnt dort die kühlen, regenreichen Bergwälder, deren Bestand aus Rhododendren und anderen Laubgehölzen oft einen großen Unterbewuchs an Bambus aufweist. Die bevorzugten Höhenlagen liegen zwischen 2400 und 3300 m, gelegentlich auch höher. In schneereichen Wintern weicht der Satyr-Tragopan oft bis 1800 m talwärts aus.

Auf keinen Fall sollten Tragopane in kleinen (normalgroßen) Fasanenvolieren gehalten werden. In solchen Volieren mit ungenügendem Bodenbewuchs, dessen Erdreich mit Krankheitserregern angereichert ist, würden sie nicht alt werden. 80 qm mit teilweisem Gehölzbewuchs (Laubgehölzen, Rhododendron, Bambus) wären das Minimum. Eine über Jahre intakt gebliebene Grasnarbe in der Voliere kann ein Indikator für die Eignung sein. Gegenüber fremden Mitinsassen, auch Kleinvögeln, sind die Tragopane sehr friedlich. Winterliche Kälte macht ihnen wenig aus. Der Schutzraum, mit hochangebrachten Sitzstangen für die Übernachtung, soll zwar trocken, braucht aber nicht frostfrei zu sein. Schützen müssen wir die Tiere aber vor der sommerlichen Hitze durch schattenspendende Gehölze. Ihrer natürlichen Lebensweise entsprechend müssen wir unterschiedlich starke, bis armdicke Äste zum Klettern anbringen.

Die natürliche Nahrung der Tragopane besteht zu einem großen Teil aus Grünnahrung aller Art, auch Blättern, Trieben, Beeren, und zu einem geringen Teil aus Insekten. Wichtig ist daher, daß wir ihnen ständig (täglich) und nicht nur gelegentlich grüne Pflanzenkost, Beerenobst und anderes Obst neben wenig Körnerfutter zur Verfügung stellen (Futterschema B). Brennesseln (ganze Blätter werden heruntergeschlungen) werden ebenso gefressen wie Löwenzahn, Salat, Vogelmiere u.a. Begehrt sind Beeren aller Art. Wenn es im Winter an Grünzeug mangelt, gibt man auch zerschnittene Äpfel, geraspelte Möhren, schwarze Holunderbeeren aus der Tiefkühltruhe und dergleichen.

Die eindrucksvolle Satyr-Balz ist meist frühmorgens oder am Abend zu bewundern. Herr Raf Gevers aus Belgien beschrieb sie 1974 und bezeichnete sie als eine atemberaubende Prunkparade. Hier seine begeisterte, treffende Schilderung: »Während der Hahn mit angehobenen Flügeln beginnt, sich um seine Henne zu drehen, scheint es, als ob er sich wie ein Ballon voll Luft pumpt. Er stellt seine Federn auf, und das Rot leuchtet so stark, daß die weißen Pünktchen wie Schneeflöckchen gegen einen blutroten Hintergrund glänzen. Eng und enger zieht er seine Kreise um die Henne und immer feuriger scheint die rote Farbe zu leuchten — und plötzlich passiert etwas Wunderbares: Langsam knickt der Hahn die Beine ein, spreizt flatternd die Flügel auf und beginnt heftig mit dem Kopf zu nicken, aus dem feuerroten Hinterkopf kommen plötzlich 2 blaue Hörnchen zum Vorschein, die er wie zwei Antennen oder Fühler einer Schnecke in Richtung seiner Henne streckt. Noch heftiger nickt er mit dem Kopf, während er krampfartig mit den Flügeln auf und nieder schlägt — unter dem Ausstoßen eines rauhen »Tek-tek-tek-tek« kommt unter dem schwarzen Vorderhals ein fleischiger blau-purpurner Hautlappen heraus, schillernd wie ein Regenbogen. Immer größer wird er, bis er etwa 6 × 10 cm erreicht hat. Wenn dann der Hahn in voller Farbenpracht flach auf dem Boden liegt, schießt er plötzlich wie ein Blitz auf seine Henne zu. Der Lockruf, der der Paarung vorausgeht, ist laut und herzzerreißend: Owaa! Owaa! Owaa! Owaa!«

Satyr-Tragopane leben normalerweise monogam. Oft gelingt es aber, dem Hahn 2 Hennen beizugeben oder ihn umschichtig zu mehreren einzeln gehaltenen Hennen zu setzen. In der Natur nistet er auf Bäumen in alten Greifvogel- oder Krähennestern. Wir bringen Kästen oder Körbe mit einem Durchmesser von 40 cm in 1,5 m oder höher an und polstern diese mit Farnkräutern, Stroh, Heu usw. aus. Das Normalgelege besteht aus 4, gelegentlich auch 5 oder 6 Eiern. Werden die Eier entfernt, kommt es gelegentlich zu einem Nachgelege. Die verhältnismäßig großen Eier (47 × 58,5 mm) sind bräunlich-isabellfarben, rotbraun gepunktet und gefleckt und werden in 28 Tagen erbrütet. Die Aufzucht ist für die Althenne nicht schwierig. Da die Jungen schon beim Schlupf weit entwickelt sind, fliegen sie bereits nach einer Woche durch die halbe Voliere und übernachten aufgebaumt im Gebüsch unter den Fittichen der Althenne. Auch in kühlen, regenreichen Sommermonaten hatte ich mit Naturbruten keinerlei Aufzuchtverluste. Solche Tiere sind mit in Dachbodenräumen auf Draht aufgezogenen Jungvögeln nicht zu vergleichen. Beim Aufzuchtfutter ist ebenfalls der erhöhte Grünfutterbedarf (gehackte Brennesseln, Löwenzahn, Schafgarbe usw.) zu berücksichtigen. Die Junghähne bekommen bei der Jugendmauser im ersten Herbst bereits einige rote Federpartien, so daß dann die Geschlechter erkennbar sind; im Jahr darauf wird das volle Prachtkleid angelegt. Mit zwei Jahren sind Tragopane fortpflanzungsfähig. Ausnahmsweise sind einjährige Tiere, Hahn wie Henne, bereits fruchtbar.

Glanzfasanen

Glanzfasanen (engl.: Monals), große gedrungene Hühnervögel mit starken Läufen und kräftigen Grabeschnäbeln, sind in hohen Gebirgslagen des Himalajas und Westchinas beheimatet. Von den 3 Arten ist nur der Königsglanzfasan in unseren Volieren zu finden. Die beiden anderen, der Weißschwanz- oder Sclater-Glanzfasan *(Lophophorus sclateri)* und der China- oder Grünschwanz-Glanzfasan *(L. ihuysii)* sind nirgendwo in Europa vertreten.

Königs-Glanzfasan oder Gelbschwanz-Glanzfasan

Lophophorus impeyanus (Foto S. 18)
engl.: Himalayan Monal
Hahn: Gesamtlänge 70 cm, davon Schwanzlänge 23 cm
Henne: Gesamtlänge 63,5 cm, davon Schwanzlänge 20 cm
Gewicht: Hahn ca. 2300 g, Henne ca. 2100 g

Die Gestalt des Glanzfasans oder Monals, wie er auch genannt wird, kann den Fasanenliebhaber nicht gerade begeistern: seine massige, plumpe Figur mit starken Läufen und außerdem der klobige Schnabel, der allerdings zum Graben bei der Nahrungssuche besonders zweckmäßig ist. Begeistern kann jedoch die enorme Farbenpracht des in vielen Farben je nach Lichteinfall glänzenden und schillernden Gefieders beim Hahn. Seinen metallgrünen Oberkopf ziert ein Büschel kahlschäftiger Federn mit blattformiger Fahne in der gleichen Farbe. Goldig metallgrün oder goldgrün und blau schimmernd sind Hals- und Oberseite, der Hinterhals feurig kupferrot. Der Hinterrücken ist weiß. Die Henne ist im wesentlichen schlichtbraun mit hellen Schaftstreifen und braunschwarzen Querlinien, ihre Kehle ist weiß.

Im Himalaja, vom östlichen Afghanistan bis zur Ostgrenze Bhutans und in Teilen Tibets ist er beheimatet. Er bewohnt lichte Gebirgswälder mit Eichen-, Kiefern- und Rhododendronbewuchs ebenso wie steile Hanglagen mit Gras- und Krautwuchs in Höhenlagen von über 2000 m. Nur bei hohen Schneelagen wird in die unteren Berglagen ausgewichen.

Die Unterbringung sollte in großräumigen Gehegen erfolgen. Da Glanzfasanen vollkommen winterfest sind, braucht der Schutzraum nur eine trockene Unterkunft zu bieten. Angesichts der großen Wühltätigkeit ist ein wasserdurchlässiger sandiger Gehegeboden sehr wichtig. Pfützen und ein verschlammter Boden verschmieren das Gefieder und führen zu Augen- und anderen Krankheiten. Durch Pflasterung oder Betonieren des Bodens die natürliche Grabetätigkeit unterbinden zu wollen, wäre verfehlt; überlange Schnäbel wären die Folge. Notwendig für diese Hochgebirgstiere sind auch ausreichend schattige, kühle Gehegepartien gegen die hochsommerliche Hitze.

Ihre natürliche Nahrung suchen sich die Glanzfasanen zu einem Großteil mit dem Schnabel schaufelnd im Erdboden, so z. B. Zwiebeln, Rhizome von Staudenpflanzen, Insektenlarven usw. Wir können ihnen das Standardfutter für Gemischtköstler (Schema A) verabreichen, müssen zusätzlich aber immer viel Grünzeug geben. Besonders im Winter sind Zwiebeln, Möhren- und Apfelstücke, auch Topinamburknollen gut geeignet. Wegen der Neigung zur Verfettung sollte man Mais und Hanf nur bei winterlicher Kälte geben. Bei Balzbeginn im Frühjahr ist eiweißreiches Futter angebracht.

Wenn der Hahn im Frühjahr sein klagend-melancholisches Pfeifen ertönen läßt, ist die Balzzeit angebrochen. Die Balz beginnt, indem der Hahn seine Henne in immer enger werdenden Kreisen mit zögernden Schritten umschreitet. Dabei verbleibt er mit ausgestrecktem Hals, zitterndem Federschopf und herabhängendem Flügel immer seitlich zur Henne. Immer erregter werdend, nimmt er allmählich eine Frontalstellung ein, dabei den erhobenen Schwanz fächernd, die Flügel hängend und den Kopf abwärts gebeugt. Der Schnabel berührt dabei den Boden. Diese Zurschaustellung, bei der er der Henne sein Schmuckgefieder bestmöglich vorführt, verstärkt er noch, indem er unter Verbeugungen rhythmisch vor- und rückwärts schreitet. Oft sind die Hähne in der Balzerregung überaktiv, ja rabiat. Zum Schutze der Hennen müssen daher ausreichend Verstecke vorhanden sein. Vielfach klappt es, dem Hahn mehrere (2 oder 3) Hennen zu geben.

Anfang April ist meist Legebeginn. Die Eier (4–6), rahmfarben mit rotbrauner Flecken- und Punktzeichnung und ungefähr so groß wie Puteneier (64,7 × 44,3 mm), werden gern in versteckt angelegte und mit Blättern, Moos und Heu ausgepolsterte Mulden gelegt. Sie werden 27 Tage bebrütet. Bei Entfernen des Geleges sind 2 Nachgelege möglich. Neben der Naturbrut gelingt die Aufzucht mit Hühnerglucken oder die künstliche Aufzucht ohne besondere Schwierigkeiten. Sobald die Küken beginnen, auf erhöhte Gegenstände zu flattern, sollten im Stall Zweige unterschiedlicher Dicke zum Aufbaumen angebracht werden; dies wirkt möglichen Zehenverkrümmungen entgegen. Nach zwei Jahren sind die Glanzfasane ausgefärbt und zuchtfähig.

Hühnerfasanen

Die Gattung *Lophura* besteht aus 9 Arten mittelgroßer bis großer Hühnervögel in Ost- und Südostasien. Nach der neuesten Systematik (nach Wolters) wurden ihr auch der Silberfasan sowie der anschließend beschriebene Swinhoefasan zugeordnet.

Silberfasan

Lophura nycthemera
syn.: *Gennaeus nycthemerus* (Foto S. 17)
engl.: Common Silber Pheasant
Die hier beschriebene Nominatform, der südchinesische Silberfasan, ist größer und weißer und farblich wohl auch schöner als die anderen 14 Unterarten.
Hahn: Gesamtlänge 110—140 cm, davon Schwanzlänge ca. 70 cm
Henne: Gesamtlänge 60—75 cm, davon Schwanzlänge ca. 35 cm
Gewicht: Hahn ca. 1600 g, Henne ca. 1300 g
Die Gefiederfärbung des Hahnes besteht zwar nur aus zwei Farben: aus Weiß und Schwarz. Trotzdem ist er in Verbindung mit dem nackten, leuchtendroten Gesicht und den karminroten Läufen eine prachtvolle Erscheinung. Tiefblauschwarz ist die gesamte Unterseite von der Kehle bis zum Unterschwanz, ebenso die große in den Nacken fallende Haube. Die Oberseite ist weiß und wirkt silbrig durch die schwarze Linierung und Strichelzeichnung auf Rükken, Flügeln und den Außenfahnen des Schwanzes. Die Henne ist weitgehend olivbraun mit hellen Federschäften und Sprenkelzeichnung.
Die Heimat des Silberfasans sind Südchina, die Provinzen Kwantung und Kwangsi sowie das angrenzende Vietnam bis zum Roten Fluß. In Gebirgs- und Vor-

gebirgswäldern mit dichter Strauch- und Farnvegetation hat er seine Brutreviere. Er lebt polygam (in Mehrehe) und außerhalb der Brutzeit in Trupps.
Der zum einen eine sehr dekorative, zum anderen dazu noch wetterharte Silberfasan ist wenig scheu und ohne besondere Ansprüche an die Haltung und daher jedem Anfänger in der Ziergeflügelhaltung zu empfehlen. Außer in Gehegen läßt er sich auch gut im Freilauf halten. Ein Zusammenhalten mit anderen Hühnervögeln scheitert oft an der Kampflust des Hahnes. Auch Kleinvögel soll er tothakken und verspeisen, wie schon berichtet wurde. Also keine Experimente!
Die Volierenbepflanzung wird oft durch Verbiß stark geschädigt. Silberfasane benötigen keine ausgefallene Kost, sie erhalten das Standardfutter (Schema A).
In der Balzzeit, die etwa von März bis Mai erfolgt, läßt der Hahn häufig, meist frühmorgens, seine Revieranzeige-Rufe hören. Sie wurden als trillernde oder schnatternde, melodische Pfiffe beschrieben, denen sich gewöhnlich ein lautes »radaradaradaduik duik-duk« anschließt. Die Balz ist eine relativ einfache Seitenbalz bei angeschwollenen hochroten Gesichtslappen, die derart anschwellen, daß sie oben über den Kopf hervorragen und einem Kehllappen, ähnlich dem eines Haushahnes, bilden. Oft attackiert der angriffslustige Hahn dann auch den Pfleger. Man kann dem Hahn 2—3 Hennen beigesellen. Silberfasanhennen sind meist gute Brüter und führen ihre Küken ausgezeichnet. Oft leisteten sie auch gute Ammendienste, indem sie die Küken anderer Arten erbrüten. Das Gelege, normal 6—8 (51 × 39 mm große) rosig-isabellfarbene Eier, in der Voliere auch 15 oder mehr, wird in 25 Tagen erbrütet. Die Küken sind schnell-

wüchsig und robust und leicht aufzuziehen. Im Alter von 6 Wochen lassen sich die Geschlechter unterscheiden. Bei den Hähnchen sind dann die Schwanzdecken grob gemustert, bei den Hennen hingegen feingrau gesprenkelt. Nach einer Teilumfärbung im ersten Jahr erfolgt im Herbst des zweiten Lebensjahres die Umfärbung ins Prachtkleid. Im Frühjahr danach sind sie voll zuchtfähig.

Swinhoe-Fasan
Lophura swinhoii
syn. *Hierophasis swinhoii* (Foto S. 18)
engl.: Swinhoe's Pheasant
Hahn: Gesamtlänge ca. 79 cm, wovon 41–50 cm auf den Schwanz entfallen. Gewicht ca. 1120 g
Henne: ca. 50 cm lang, Gewicht 1084–1110 g
Wegen der prächtigen Färbung des Hahnes werden Swinhoe-Fasanen gerne zu den schönsten Fasanen gezählt. Die Hauptfarben des Hahnes sind blau: Kopf, Hals, Unterseite seidig dunkelblau, der Unterrücken, Bürzel und die Oberschwanzdecken blauschwarz, metallischblau glänzend gesäumt und samtschwarz gebändert. Dazu kontrastierend die beiden breiten weißen mittleren Schwanzfedern, der große weiße Fleck auf Oberrücken und Nacken und die kurze weiße Scheitelhaube. Rot zeigen die glänzend kupferbraunroten kleinen Flügeldecken, die karminroten Beine und Füße und die nackte, hochrote Gesichtshaut mit rotbrauner Augeniris.
Die Henne ist schlicht gefärbt. Ihre im wesentlichen bräunlichgraue Grundfärbung wird im oberen Bereich durch gelbliche Querstreifen und gelbliche dreieckige, schwärzlich umrandete Schaftflecke zum Tarngefieder.

Die bräunlichen Dunenküken tragen üppig lange, flaumige Daunen, die vom Körper abstehen. Sie erscheinen dadurch größer als die Küken anderer Fasanen. Die volle Ausfärbung ins Erwachsenengefieder erfolgt erst im zweiten Lebensjahr. Junge Hähnchen sind unterseits dunkelbräunlich, die Hennen hingegen mehr rotbraun.
Das einzige Vorkommen befindet sich auf der Insel Taiwan (Formosa). Hier bewohnen die Swinhoe-Fasanen die immergrünen Hartlaubwälder der Bergregionen in Höhen bis über 2000 m. Sie halten sich besonders in der Strauch- und Farnvegetation auf und suchen zum Nahrungserwerb gern Lichtungen auf. Da ihre Lebensräume auf der stark bevölkerten Insel sehr eingeengt werden, ist ihr Überleben gefährdet. Demgemäß gelten sie auch als geschützt nach Anhang I des WA.
Swinhoe-Fasanen stellen keine besonderen Anforderungen an Unterbringung und Pflege. Sie gelten als wetterfest und robust, sie brüten willig auch in den üblichen (kleinen) Volieren.
Bei der Fütterung brauchen wir nicht von unserem Standardfutter (Schema A) abzuweichen.
Die Balz beginnt schon früh im März. Um seinen Revieranspruch zu verkünden, richtet sich der Hahn steil auf und schwirrt dabei laut mit den Flügeln, ohne aber zu rufen.
Balzend umkreist er seine Henne, indem er den ihr zugekehrten Flügel herabhängen läßt. Dabei werden die Schwanzfedern gespreizt und schräg zu ihr hingewendet (Seitenbalz) und außerdem die Stirnzapfen der leuchtend rubinroten Gesichtslappen durch erhöhten Blutandrang zu kleinen Hörnern aufgerichtet. Der Kopf mit erhobener weißer Scheitelhaube

wird ruckartig auf- und abbewegt. In voller Balzekstase werden außerdem noch Sprünge ausgeführt. So präsentiert der Hahn seiner Auserwählten seine volle Schönheit. Im Gehege können einzelne Hähne dabei recht rabiat werden und sogar ihre Hennen skalpieren. Meist jedoch verläuft die Balz friedlich. Swinhoes sollten wir, besonders in kleinen Gehegen, möglichst nur paarweise halten; zu mehreren gehaltene Hennen könnten sich bei Rangordnungskämpfen durchaus verletzen oder sogar töten. Obwohl nicht ausgefärbt, sind auch einjährige Tiere (Henne wie Hahn) meist zuchtfähig.

Das Gelege besteht aus 6—12 mattrötlichen, verhältnismäßig ca. 51 × 38 mm großen Eiern. Die Brutdauer beträgt 25 Tage. Die Aufzucht, natürlich wie auch künstlich, bereitet keine Schwierigkeiten; Swinhoe-Hennen sind gute Brüterinnen.

Kragenfasanen

Die Gattung *Chrysolophus* (engl.: Ruffed Pheasants) besteht aus nur 2 Arten, aber beide, sowohl der Goldfasan als auch der Amherstfasan, sind prächtig und gut zur Haltung geeignet. Die zierlichen Kragenfasanen, deren typisches Merkmal der in der Balz entfaltbare Kragen aus breitrandigen Federn ist, sind in Mittel- und West-china beheimatet.

Goldfasan
Chrysolophus pictus
engl: Golden Pheasant
Hahn: Gesamtlänge 100—110 cm, davon Schwanzlänge 70—80 cm
Henne: Gesamtlänge ca. 80 cm, davon Schwanzlänge 40—45 cm
Gewicht: ca. 700—800 g

Hahn: Die gesamte Unterseite, Brust, Bauch und Schenkel, ist dunkelrot, der Oberrücken erzgrün mit braunvioletten Schultern. Unterrücken, Bürzelgegend und Oberschwanzdeckgefieder sind tiefgelb. Der Kopf mit dem hellgelb befiederten Gesicht, hellgelber Augeniris und gelbem Schnabel trägt eine starke, in den Nacken herabhängende seidig-goldgelbe Haube, der sich der große orangegelbe Kragen mit samtschwarzen Querbinden anschließt. Die langen braunen Stoßfedern des Schwanzes tragen eine schwarze Netzzeichnung. Zusätzlich schmücken dunkelrote Lanzettenfedern seitlich den Schwanz. Die Beine sind bei beiden Geschlechtern gelb.

Henne: Das Grundgefieder ist bräunlich, an der Unterseite ins Gelbliche gehend mit schwarzer Bänderzeichnung. Anders als der Hahn hat die Henne die mittleren Stoßfedern des Schwanzes nicht genetzt gezeichnet, vielmehr sind diese braun mit unregelmäßigen schwarzen und gelbbraunen Querbinden. Im Gegensatz zur Amhersthenne ist das Gesicht voll befiedert. Die Iris ist braun (siehe auch beim Amherstfasan).

Leider werden immer wieder Kreuzungstiere mit Amherstblut (besonders Hennen) als angeblich reinblütig angeboten. Achten Sie daher neben den Farbmerkmalen auch auf die Größe; die Goldfasanhenne ist viel kleiner und zierlicher als die Amhersthenne. Das Gesicht muß befiedert sein, die Beine gelb.

Die Heimat des Goldfasans sind die Gebirge Zentralchinas. Er bewohnt dort überwiegend die gesträppreichen Hügel und Bergabhänge in niedrigen und mittleren Lagen. Nach H. Thien überschneiden sich seine Verbreitungsgebiete stellenweise mit denen des Amherstfasanes.

Ein Anfänger in der Ziergeflügelhaltung macht keinen Fehler, wenn er sich für die Haltung von Goldfasanen entscheidet. Der Goldfasan ist einfach zu ernähren, verträgt winterliche Temperaturen, ist leicht aufzuziehen und sein Platzbedarf ist gering. Außerdem wird er zutraulich und behelligt Kleinvögel als Nebenbesetzung nicht. Dabei gehören der Hahn durch seine enorme Farbenpracht wie auch die zierliche Henne in ihrer schlichten Eleganz zu den schönsten Fasanen.

Da Goldfasanen in der Natur sich vielseitig sowohl mit pflanzlicher wie tierischer Kost ernähren, erhalten sie unser Standardfutter (Schema A).

Schon der still dastehende Goldfasan ist wirkungsvoll; wenn der Hahn jedoch im Frühjahr ekstatisch seinen Liebestanz vorführt, erscheint er um so beeindruckender. Mit gesträubter Haube, den goldfunkelnden Kragen in Richtung zur Henne gefächert, so daß Schnabel und Halsseite verdeckt sind, umkreist er mit gespreiztem Schwanz tänzelnd und in hohen Sprüngen die Henne. Eine plötzliche Wendung, und der Tanz wird von der anderen Seite wiederholt, wobei er ein schlangenartiges Zischen und Fauchen ausstößt. Das Ganze geschieht ausdauernd und in vielfachen Wiederholungen.

Der metallisch hart klingende Doppelruf, der besonders frühmorgens erklingt, zeigt den Revierbesitz an. Man kann dem Hahn, obwohl er als monogam gilt, bis zu 4 Hennen beigeben; meistens vertragen sich auch die Hennen miteinander. Ab April werden etwa 12 cremeweiße Eier, manchmal auch mehr, gelegt. Manche Hennen sind gute Brüter und ziehen ihren Nachwuchs selber auf. Aber auch die künstliche Aufzucht bereitet keine Schwierigkeiten. Die Hähne verhalten

sich den Küken gegenüber im allgemeinen friedlich, so daß man bei Selbstbrut die Familie nicht zu trennen braucht. Im Alter ab 5 Wochen kann man bereits die Junghähnchen an der helleren Iris erkennen.

Die Hennen haben eine braune Iris. Mit 3 Monaten sind sie selbständig. Im Herbst des zweiten Lebensjahres sind die Hähne ausgefärbt und im folgenden Frühjahr zuchtfähig. Die Hennen legen oft schon ein Jahr vorher ein kleines Gelege.

Mutationen:

Gelber Goldfasan (Lutino-Goldfasan)

Chrysolophus pictus mut. *luteus*
(Foto S. 18)
engl.: Ghigi's Golden Pheasant
Beim Hahn sind alle ehemalig roten Farbpartien durch ein sattes Zitronengelb ersetzt, das ehemalige Gelb ist stark aufgehellt, Bürzel und Unterrücken sind hellzitronengelb. Die Henne ist in der Grundfarbe aufgehellt. Die Jungvögel haben das gleiche Gefiedermuster wie bei der Nominatform, sind aber ebenfalls aufgehellt.

Dunkler Goldfasan

Chrysolophus pictus mut. *obscurus*
engl.: Dark-throated Golden Pheasant
Als Mutation erstmalig 1865 beschrieben. Manchmal irreführend als Schwarze Goldfasane angeboten. In beiden Geschlechtern viel dunkler gefärbt als die Nominatform. Beim Hahn ist beachtenswert, daß die mittleren Schwanzfedern, die bei der Nominatform eine Netzzeichnung besitzen, bei der dunklen Form gebändert sind.

Amherst- oder Diamantfasan

Chrysolophus amherstiae
engl.: Lady Amherst's Pheasant
Hahn: Gesamtlänge 130–170 cm, davon Schwanzlänge 80–100 cm

Henne: Gesamtlänge 70 cm, davon Schwanzlänge 35–40 cm

Es gibt kaum einen schöneren Fasan als den Amherst, besonders wenn man ihn in voller Balz erlebt.

Die wesentlichen Farbmerkmale beim Hahn sind: Stirn und Oberkopf erzgrün, das Gesicht nackt und bläulich, die Augeniris hellgelb. Am Hinterkopf ansetzend eine 6 cm lange schmale, intensiv rote Haube. Ein großer, gleichmäßig herabhängender Kragen, weiß, jede Feder schwarz gesäumt. Schulter, Vorderrücken und Oberbrust (Kopfpartie) sind dunkelgrün mit schwarzem Endsaum. Hinterrücken goldgelb bis strohgelb, Bürzelgegend scharlachrot. Beim Flügel sind die Handschwingen schwarzbraun, die Armschwingen schwarz. Die Unterseite weiß, zum After hin und an den Schenkeln mit Wellenzeichnung. Die Unterschwanzfedern vom Schwanz sind bräunlich, schwarz quergebändert. Die seitlichen Lanzenfedern orangerot. Das mittlere dachförmig angeordnete Paar langer Stoßfedern erscheint silbriggrau und ist schwarz quergebändert. Die Kenntnis über Farbmerkmale ist deshalb notwendig, weil durch die Einkreuzung von Goldfasanen reinblütige Amherstfasanen sehr selten sind. Auch wenn durch Rückpaarungen (Verdrängungszucht) über mehrere Generationen an Amherst das Goldfasanenerbe nicht oder kaum mehr erkennbar ist, so zeigt doch deren Nachkommenschaft durch Rot im Bauchgefieder oder andere Merkmale die mangelnde Artenreinheit.

Hier nochmal zusammengefaßt die wichtigsten der zur Identifizierung der Artenreinheit erforderlichen Merkmale:

Beim Hahn:

1.) weißer Kragen mit schwarzem Saum

2.) rein weißes Brust- und Bauchgefieder ohne jegliches Rot

3.) erzgrüne Kopfplatte mit intensiv rotem Schopf (kein Gelb)

4.) Schwanz mit gleichmäßig durchgehend schwarzgebänderten Dachfedern (Stoß) in silberweißer Grundfarbe. Zu beachten ist auch, daß Amhersthähne kräftiger und wesentlich länger als Goldfasanhähne sind; Gesamtlänge mindestens 130 cm.

Bei der Henne:

1.) Die Querbänderung des Schwanzes ist wesentlich breiter und größer als bei der Goldfasanhenne.

2.) Die Stoßdachfedern sind am Ende abgerundet, bei der Goldfasanhenne spitz.

3.) Das große Augenumfeld ist blaugrau und nackt, die Beine sind ebenfalls blaugrau.

4.) Oberkehle und Unterbauch sind sehr hell bis weiß.

Beheimatet in Gebirgsgegenden in Südost-Tibet und Südwest-China, allgemein in höheren Lagen als der Goldfasan. Bevorzugt wird felsiges Gelände mit dichter Strauchvegetation.

Bei hoher Schneelage werden niedrigere Lagen aufgesucht.

Ersteinfuhr von zwei Hähnen 1828 durch die Frau des britischen General-Gouverneurs Earl Amherst nach London. Ihr zu Ehren wurden sie mit »Lady Amherst's Fasan« benannt. Leider wurden bei der Einfuhr 1869 wiederum 5 Hähne und nur eine Henne (welche auch noch verstarb) eingeführt.

Erst später wurden einzelne Hennen eingeführt. Der Fehler, sie mit Goldfasanhennen zu verpaaren, beschert uns noch heute die Misere der mangelnden Artenreinheit.

Seine Haltung ist ansonsten genauso problemlos wie beim Goldfasan. Probleme kann jedoch sein Verhalten in der Balzzeit bringen (s. Seite 86). Damit es nicht zu dem dort beschriebenen Tod von Hennen kommt, sollten Amherst-Fasanen in einer nicht zu kleinen Voliere mit viel Versteckmöglichkeiten untergebracht werden.

Die Ernährung ist ohne Besonderheiten; wir geben Futter nach Schema A.

Seine feurige Balz unterscheidet sich kaum von der seines Vetters, des Goldfasans (s. Seite 115), beide sind vollendete Ballettänzer. Nur in einem unterscheiden sie sich bedauerlicherweise: Während die Balz beim Goldfasan meist friedlich endet, ist vom Amherstfasan bekannt, daß er oft im Anschluß an die Balz wie in Raserei seine Henne verfolgt, sie skalpiert oder gar tötet. Glücklicherweise ist dies nicht bei allen Hähnen der Fall, Vorsicht ist aber geboten. Eventuell muß man dem aggressiven Hahn die Schwingen beschneiden, damit er der Henne wenigstens nicht bis ins Geäst folgen kann. Nötigenfalls wird der Hahn in der Balz abgetrennt und nur unter Aufsicht zur Henne gelassen. Gibt man dem Hahn mehrere Hennen, können auch diese untereinander recht aggressiv sein.

Das natürliche Gelege von 6—12 isabellfarbenen Eiern erhöht sich bei unseren Gehegetieren oft auf 15—20. Die Brutdauer beträgt 23 Tage. Die Kükenaufzucht verläuft normal. Nach 5 Wochen kann man meist schon die Junghähnchen an der helleren Augenfarbe erkennen, bald auch an den gebänderten Schwanzfedern und Andeutungen eines grauen Kragens. Nach 3 Monaten sind sie selbständig. Im Herbst des zweiten Lebensjahres sind sie ausgefärbt und im Frühjahr darauf zuchtreif.

Kupferfasanen

Der Kupferfasan (engl.: Japanese Copper Pheasant), früher der Gattung der Langschwanzfasanen *(Syrmaticus)* zugeordnet, bildet jetzt eine eigene Gattung *Graphephasanius* und lebt in waldreichen Berggegenden der japanischen Hauptinseln. Außer der Nominatform des hier beschriebenen Sömmerringfasanes gibt es noch 4 Unterarten.

Sömmerringfasan oder Kupferfasan

Graphephasanius soemmerringii soemmerringii (Foto S. 35)
Syn. *Syrmaticus s. s.*
engl.: Soemmerring's Copper Pheasant
Hahn: Gesamtlänge ca. 120 cm, davon Schwanzlänge ca. 80 cm
Henne: Gesamtlänge ca. 53 cm, davon Schwanzlänge ca. 18 cm

Das Gefieder des Hahnes besteht im wesentlichen aus einem metallisch glänzenden Kupferrotbraun. Musterung bringen die schwarzen Schaftflecken, die schmale weiße Schultersäumung und die breite Schwanzbänderung. Bei Sonnenlichteinfall kommt der goldene Kupferglanz voll zur Geltung. Daneben sieht man die Farbabstufungen der Brauntöne. Das Augenumfeld ist nackt und rot.

Die Henne ist dunkler im Grundton, mehr braunschwarz mit rötlichem Schimmer.

Seine Heimat ist Japan, in Nord- und Mittel-Kiuschiu. Er bevölkert dort die Gebirgswälder, ist sehr standorttreu und lebt monogam.

Kupferfasanen sind zwar wetterfest, bei sehr niedrigen Temperaturen muß ihnen aber ein geschützter, trockener Innenraum zur Verfügung stehen. Erfrierungen an den Zehen wären sonst die Folge. Wegen der Unverträglichkeit sind getrennte

Hennen- und Hahnenabteile zu empfehlen. Bodenbewohner wie Wachteln oder Tauben dürfen nicht beigesellt werden.

Die natürliche Nahrung besteht neben Sämereien und tierischer Nahrung in erster Linie aus Grünteilen wie Blättern, Moosen und besonders gern aus Farnblättern. Neben unserm Futter Schema A sollten wir dementsprechend ausreichend Grünfutter verabreichen.

Während der Balz stoßen die Hähne kurze, scharfe Rufe aus: »Chui, chui, chui.« Mehr noch als die Rufe kündet das laute Schwingenklatschen den Revierbesitz an, es ist 300 m weit zu hören. Die Henne legt ihre 6—12 cremefarbenen Eier in eine Mulde im Fallaub. Die Brutdauer beträgt 24 Tage. Die Küken sind recht klein, mit der nötigen Sorgfalt (Schutz vor Nässe) aber recht gut aufzuziehen.

Leider verdirbt uns die oft große Aggressivität der Hähne den Hennen gegenüber aber oft die Freude an einer Zucht. Ebensowenig kann man mehrere Hennen zusammenhalten. Am besten ist, man hat aneinander grenzende Abteile und läßt vor der Brut den Hahn (vielleicht alle 3 Tage zur Henne) unter ständiger Beobachtung, um sofort eingreifen zu können.

Wallich-Fasan
Catreus
Die Gattung *Catreus* besteht nur aus einer einzigen Art, dem jagdfasangroßen Wallichfasan (engl.: Cheer Pheasant).

Wallich-Fasan
Catreus wallichii (Foto S. 35)
engl.: Cheer Pheasant
Hahn: Gesamtlänge ca. 85—115 cm, davon Schwanzlänge 35—55 cm
Gewicht 1475 bis 1700 g
Die Henne ist meist etwas kleiner mit einer kürzeren Scheitelhaube.

Das Körpergefieder beider Geschlechter ist im wesentlichen gelblich-bräunlich (rostfarben) mit bräunlichschwarzer und hellerer Musterung, der Schwanz ist rostgelb mit deutlicher Querbänderung. Durch die aparte Gefiedermusterung, die effektvolle Spitzhaube und als Kontrast dazu das nackte, hochrote Gesicht wirkt er auch ohne kräftige Farben sehr hübsch und elegant. Sein zutrauliches und interessantes Wesen sollte seine Beliebtheit bei den Fasanenhaltern noch steigern.

Ursprünglich über die ganze westliche Himalaja-Region von Pakistan bis Nepal verbreitet. Heute wohl nur noch in Nepal ausreichend vorhanden.

Vom WPA wurden erfolgreiche Wiedereinbürgerungen in Pakistan durchgeführt. Er bewohnt die klippenreichen, zerklüfteten, vielbewachsenen Felsgebiete der Höhenlagen von 1300—3300 m. Seine Anwesenheit verrät er durch seine laute Rufreihe, die wie »Tschirr e pir — tschir e pir — tschirr, tschirr — — — beschrieben wird und ihm seinen Namen Tschier (engl.: Cheer) einbrachte.

Als Bewohner trockener Hochlagen ist der Wallichfasan unbedingt winterhart. Da er mit seinem kräftigen Grabeschnabel laufend den Boden durchwühlt, ist eine trockene Unterkunft mit einem trockenen Volierenboden sehr wichtig.

Wie sein Schnabel außerdem verrät, wird in der Natur ein Großteil der Nahrung, wie Zwiebeln, Wurzeln, Insektenlarven, grabend im Erdboden gesucht. Unser Futter Schema A ist prinzipiell geeignet, gelegentlich wird aber ein höherer Eiweißgehalt empfohlen.

Die Balz ist eine relativ einfache Seitenbalz, d.h. der Hahn imponiert, indem er seiner Henne einseitig einen Flügel und den ausgebreiteten Schwanz zuwendet.

Das Gelege von bis zu 14 Eiern wird in 26 Tagen erbrütet. Beide Eltern führen die Küken. In »Gefangenschaft« kann bei Wegnahme der Eier das Gelege doppelt so groß werden.

Bei der Aufzucht ist die Empfindlichkeit gegen Nässe zu berücksichtigen. Ansonsten sind die Jungen recht schnellwüchsig, sie vermausern bereits im Herbst des ersten Lebensjahres ins Alterskleid und können im nächsten Frühjahr erfolgreich züchten.

Schutzstatus: Anhang I WA

Ohrfasanen

Ohrfasanen, auch Hokis genannt (engl.: Eared Pheasants), gibt es in 3 Arten. Die großen, geselligen Hühnervögel der Gattung *Crossoptilon* bewohnen die rauhen hochalpinen Lagen der nördlichen Teile Chinas und der Mongolei. Typisch sind die Federohren und der aus 20—24 Steuerfedern bestehende Schwanz mit den bogenförmig gekrümmten mittleren Schwanzfedern.

Die größte Art ist der Braune Ohrfasan *C. mantchuricum.* Nur wenig kleiner ist der hier beschriebene Blaue Ohrfasan. Der kleinste, auch seltenste in unseren Volieren, ist der Weiße Ohrfasan *C. crossoptilon.*

Blauer Ohrfasan

Crossoptilon auritum (Foto S. 36)
engl.: Blue Eared Pheasant
Gesamtlänge ca. 96 cm, davon Schwanzlänge ca. 50 cm.

Beide Geschlechter sind gleich gefärbt. Das Gefieder ist haarartig zerschlissen. Der Rumpf und Ober- wie Unterseite sind blaugrau (Taubenblau) gefärbt. Der Kopf hat oberhalb des roten Gesichts eine samtschwarze »Plüschkappe«. Das Jugendgefieder ist zunächst noch dunkelbraun mit hellerer Schaftstreifung und Querlinien. Hennen sind meist etwas zierlicher und leichter als Hähne.

Heimat: West- und Mittelchina, Innere Mongolei.

Ohrfasanen sind Standvögel in den Bergwäldern hochalpiner Lagen.

Sie benötigen geräumige, regengeschützte Gehege mit einem gut dränierten, trockenen Boden, wo sie auch ihrer Wühltätigkeit nachgehen können. Winterliche Kälte, auch tiefe Minusgrade machen ihnen wenig aus. Die meist sehr zutraulichen Ohrfasanen sind standorttreu und lassen sich freilaufend ohne weiteres im Garten halten. Störend ist eigentlich nur ihre große Leidenschaft im Boden zu wühlen. Auf der Suche nach unterirdischen Leckerbissen machen sie dabei auch vor den Blumenrabatten und Gemüsebeeten der gärtnernden Hausfrau nicht halt.

Wie ihr Grabeschnabel ausweist, wird in ihrer Bergheimat ein Großteil der Nahrung dem Boden »entnommen«. Sie kommen mit unserem Futter-Schema A gut aus, dazu gehören Grünpflanzen und Wurzelgemüse.

Eine großartige Balz wie andere Hühnervögel führt uns der Blaue Ohrfasanhahn nicht vor. Flügellüften und Schwanzspreizen in Seitenstellung zur Henne, dabei das Anschwellen der roten Gesichtsseiten und außerdem harmloses Verfolgen der zeremoniell fliehenden Henne vor der Begattung; viel mehr wird nicht geboten. Das Normalgelege besteht meist aus 8 einfarbig olivbraunen, grau getönten Eiern, gelegentlich sind es auch mehr; in unseren Gehegen können bis zu 30 liegen. Brutdauer: 26 Tage. Die Küken sind von Anfang an sehr lebhaft und leicht aufzuziehen. Schwächere Fasanenküken darf man nicht dazu setzen, da ihnen leicht die Zehen angepickt und sie anderweitig verstümmelt werden. Nach 5 Monaten sind sie fast erwachsen.

Bindenschwanzfasanen

Früher hießen sie Langschwanzfasanen, die Gattung der hier beschriebenen Arten Sömmerring-, Königs- und Elliotfasan, dann Bindenschwanzfasanen (Syrmaticus). Laut neuester Systematik (Wolters) wird die Gattung Syrmaticus auf Königsfasanen mit einer Art, dem Königsfasan (Syrmaticus reevesii), reduziert. Bindenschwanzfasanen, wissenschaftlich jetzt Calophasis, gibt es noch in drei Arten und einer Unterart, darunter der beschriebene Elliotfasan (Calophasis ellioti).
Der Sömmerringfasan gehört jetzt in die Gattung Kupferfasan (Graphephasanius).

Königsfasan
Syrmaticus reevesii (Foto S. 36)
engl.: Reeve's Pheasant
Durch seinen außergewöhnlichen langen Schwanz, der eine Länge von 160 cm erreichen kann, kann der Königsfasan-Hahn auf eine Gesamtlänge von 210 cm kommen. Die Gesamtlänge der Henne beträgt ca. 110 cm, davon die Schwanzlänge ca. 50 cm.
Dr Hahn hat eine prächtig goldgelbe, schwarz gesäumte Oberseite (Hinterhals, Schultern, Rucken, Burzel). Die weiße Kopfzeichnung ist durch ein umlaufendes schwarzes Band sehr markant gezeichnet. Ein weiteres charakteristisches Merkmal ist die exakt braunschwarz/weiße Bänderung der langen Stoßfedern des Schwanzes. Die schlichtgefärbte, im wesentlichen rötlichbraune Henne ist tarnfarben gemustert. Die Heimat des Königsfasans sind die bewaldeten Gebirgsgegenden in mehreren Provinzen Nord- und Mittelchinas in Höhenlagen von 550–1800 m.
Der robuste, wetterharte Königsfasan hat an sich keine besonderen Haltungsansprüche. Verständlich ist aber, daß bei der enormen Schwanzlänge des Hahnes weiträumige und hohe Gehege erforderlich sind. Mindestens 50 qm Bodenfläche und eine Höhe von 2,50 m, so lautet eine Forderung.
Dabei sollten wegen der Gefahr des Abbrechens der Schwanzfedern die Gehegeecken abgerundet oder abgeschrägt sein. Auf eine Nebenbesetzung, besonders bodenbewohnender Arten, muß verzichtet werden.
Aus ihrer chinesischen Heimat wird berichtet, daß Königsfasanen gern Eicheln, Hagebutten und Cotoneaster-Beeren fressen. Wir können das Futter nach Schema A empfehlen.
Der Balzruf des Hahnes besteht aus einem häufig wiederholt ausgestoßenen Pfeifton. Weiter gibt er zwitschernde und glucksende Töne von sich. Die Henne balzt er an, indem er ihr nach vorheriger Umkreisung mit gesträubtem Gefieder in schräger Körperhaltung und dann näher an sie heranspringend seine prachtvolle Seite präsentiert. Als Höhepunkt stellt er den gefächerten Schwanz hoch, dabei den Kopf auf den Rücken drehend. Damit der Hahn seine Hennen, 2 bis 3 können es sein, während der Balzekstase nicht mißhandeln oder sogar töten kann, ist für genügend Versteckplätze zu sorgen. Vor allem im April werden die 7–15 verhältnismäßig kleinen, gelblichbräunlichen bis kaffeebraunen Eier gelegt und in 24–25 Tagen erbrütet.

Trotz ihrer Kleinheit sind die Küken leicht aufzuziehen. Eine gemeinsame Aufzucht mit Küken anderer Arten ist wegen ihrer Streitsucht nicht ratsam. Im Herbst ihres ersten Lebensjahres bereits ausgefärbt, sind sie im folgenden Frühjahr fortpflanzungsfähig.

Elliot-Fasan

Calophasis elliotii, syn. *Syrmaticus elliotii* (Foto S. 36)

engl.: Elliots Pheasant

Hahn: Gesamtlänge ca. 80 cm, davon Schwanz ca. 43 cm

Henne: Gesamtlänge ca. 50 cm, davon Schwanz ca. 18 cm

Gewicht: Hahn ca. 1000 g, Henne ca. 800 g

Der prächtige Elliothahn ist sehr markant gezeichnet, wobei die Farben wundervoll harmonisieren. Dem Kopf mit dem roten Gesicht (nacktes rotes Augenumfeld) schließen sich die silbrig weißgrauen Halsseiten an. Letztere grenzen sich klar ab vom Mantelgefieder. Das rötlichbraune Mantelgefieder ist ebenso wie die Oberbrust metallisch kupfrigrot glänzend und geht in die kastanienbraune Flügeldecke über. Ein weißes Schulterband, eine breite weiße Flügelbinde und weißgraue Spitzen an den Federenden der Armschwingen sowie ein stahlblaues Band auf den kleinen Flügeldecken unterbrechen die Rottöne. Der schwarzblaue Unterrücken ist weiß gesäumt und wirkt wie geschuppt.

Die Henne hat die für die Tarnfärbung übliche Grundfärbung aus Grau- und Brauntönen mit Musterung. Typische Merkmale ihrer Art sind die schwarze Kehle, Kinn und Vorderhals sowie die bräunlichgrauen Halsseiten.

Die Vorkommen des Elliot-Fasans in China dürften noch gesichert sein. Angesichts der Besiedelung und teilweisen Vernichtung seiner Ursprungsbiotope, der immergrünen Bergwälder, wurde er zum Rückzug in die Sekundärvegetation und die Kulturlandschaft gezwungen.

Der wegen seiner Farbenpracht beliebte, leider manchmal etwas scheue Elliot-Fasan stellt keine besonderen Haltungsansprüche an den Pfleger und ist winterhart. Eine Nebenbesetzung ist nicht empfehlenswert. Kleinvögel, aber auch größere Arten werden oft angegriffen.

Ernährung: Futter-Schema A

Mit aufgerichteten Körper, dabei flügelschwirrend wird vom Hahn der Balzruf, ein schnelles »Kock-kock-kock-kock-kock«, ausgestoßen. Außerhalb der Balzzeit im Frühjahr ist er meist sehr schweigsam. Das Anbalzen der Henne geschieht als Seitenbalz. Wir können dem Hahn 2 oder 3 Hennen beigeben. Zu beachten ist, daß der Hahn sehr stürmisch sein kann, deshalb reiche Versteckmöglichkeiten und hoch angebrachte Sitzstangen, wo sich die Hennen vor ihrem Verfolger in Sicherheit bringen können, vorsehen.

Die Normalgelege bestehen aus 10 bis 15 Eiern, es kann aber auch die doppelte Anzahl gelegt werden. Die Brütungsdauer beträgt 25 Tage.

Eine Naturbrut gelingt meist nicht. Bei verhältnismäßig kleinen Eiern sind auch die Küken beim Schlupf noch sehr klein, und man sollte sie nicht zusammen mit derberen Arten aufziehen. Mit 2 Monaten lassen sich die Geschlechter an den Schwänzen unterscheiden. Die kleinen Hähnchen haben gebänderte mittlere Schwanzfedern, die Hennen einfach kastanienbraune. Im Herbst des ersten Lebensjahres beginnen sie ins Erwachsenenkleid zu vermausern und sind im nächsten Frühjahr bereits zuchtfähig.

Jagdfasanen (Edelfasanen)

Die Gattung *Phasianus* besteht aus einer Art mit 33 Unterarten. Sie ist in Asien beheimatet, vom Schwarzen Meer quer durch den ganzen Kontinent, sowie in Japan und Formosa. Allein in China kommen 19 Unterarten vor.

Jagdfasan (Edelfasan)

Phasianus colchicus

engl.: Common Pheasant, Southern Caucasus Pheasant

Bestrebungen, den etwas unglücklichen, aber festverwurzelten Namen Jagdfasan durch Edelfasan zu ersetzen, konnten sich bislang nicht durchsetzen.

Von den vielen Unterarten soll hier besonders auf den ursprünglichen Fasan unserer heimischen Fluren, den **Transkaukasischen** oder **Colchischen Jagdfasan** *(P. colchicus colchicus)* eingegangen werden. Er war von den Griechen ca. 500 vor Christi nach Europa gebracht worden und erreichte später dann durch die Römer auch Deutschland. Um 1250 war er am Rhein bereits häufiger anzutreffen. Heutzutage gibt es bei uns in freier Wildbahn kaum noch reine *Colchicus*-Stämme, denn schon im 18. Jahrhundert und später im 19. Jahrhundert führte die Jägerschaft weitere Unterarten ein, hauptsächlich solche mit einem weißen Halsring wie den Chinesischen Ringfasan *(P. c. torquatus)* und den Mongolischen Ringfasan *(P. c. mongolicus)*, aber auch noch andere. Es ist nicht verwunderlich, daß sich alle mit dem ansässigen halsringlosen *P. colchicus colchicus* vermischten. Wer, und das sollte ein wichtiges Ziel sein, die Unterarten rein erhalten will, kann deshalb aus den Beständen der einheimischen Wildbahn und den großen Fasanerien keine Fasanen zur Zucht verwenden.

Es wird sehr schwierig sein, reinblütige Tiere zu beschaffen.

Hahn: Gesamtlänge 80–90 cm, davon Schwanzlänge ca. 45 cm

Henne: Gesamtlänge 60 cm, davon Schwanzlänge 30 cm

Gewicht: Hahn 1150–1300 g, Henne ca. 900 g

Die Hähne mit den charakteristisch verlängerten Federohren am Hinterkopf und der besonders in der Balzzeit durch Blutandrang hochroten nackten Augenumgebung haben ein metallisch glänzendes Federkleid überwiegend aus Rot- und Grüntönen. Die schlicht graubraunen Hennen haben das bekannte Tarnmuster.

Der Kaukasische Jagdfasan hatte seine ursprüngliche Heimat an der Schwarzmeerküste von Südanatolien bis in den Kaukasus und auch in Teilen von Transkaukasien. Mit anderen Unterarten vermischt, wurde er in weiten Teilen der Welt eingebürgert, z. B. neben Europa in den USA, ebenso auf der Sübhalbkugel in Südaustralien und Neuseeland.

Die bevorzugten Lebensräume sind ursprünglich lichte Auwälder, Baumsteppen, die Uferzonen von Flüssen und Seen und ähnliche reich strukturierte Gebiete. Ausgenommen ist der dichte Wald. In unserer Kulturlandschaft sind es parkähnliche Landschaftsteile, auch Ackerbaugebiete und Kleingartenanlagen. Wichtig ist nur, daß neben Wasser auch genügend Dickicht wie dichtes Gebüsch oder Schilfbestände sowie Baumgruppen zum abendlichen Aufbaumen vorhanden sind. An sein Gehege stellt der winterharte Jagdfasan keine besonderen Ansprüche. Zu beachten ist lediglich, daß er, wenn er erschreckt wird, oft recht stürmisch und wuchtig hochfliegt. Die im Kapitel »Voliere« beschriebene netzunterspannte

Decke ist deshalb sehr wichtig. Einem Hahn kann man 2–5 Hennen beigeben.

Aus wissenschaftlichen Untersuchungen ist bekannt, daß der Fasan neben Körnern (auch gern Eicheln) viele Insekten und deren Larven vertilgt. Bei unserem Futter (Schema A) sind daher entsprechende Mengen an tierischem Eiweiß zu berücksichtigen.

In der Balzzeit kennzeichnet der Hahn sein Revier mit lauten Doppelrufen und Flügelschwirren. Mit angeschwollener, hochroter Augenumgebung und aufgerichteten Federohren wird die Henne in typischer Seitenstellung angebalzt.

Meist ab Anfang Mai werden in eine gut versteckte Bodenmulde rund 12–15 olivgrüne Eier gelegt. Brutdauer: 24 Tage. Im Gehege werden die Jagdfasanen oft zu ausgesprochenen Viellegern, die bis zu 50 Eier ablegen. Meist sind sie jedoch keine besonders guten Brüter. Das künstliche Erbrüten und die Aufzucht der schon nach 10–12 Tagen flugfähigen Küken ist aber nicht schwierig. So werden sie alljährlich zu Tausenden in Fasanerien erbrütet, aufgezogen und zu Jagdzwecken ausgewildert. Im Herbst des ersten Lebensjahres färben die Hähne ins Prachtkleid. Und im folgenden Frühjahr sind Hahn wie Hennen bereits zuchtfähig.

Pfaufasanen

Die Pfaufasanen (engl. Peacock Pheasants) der Gattung *Polyplectron*, früher vielfach Spiegelpfauen genannt, sind kleine, waldbewohnende Fasanen des südostasiatischen Raumes. Ihr Gefieder, an sich unscheinbar grau oder braun, wird wundervoll durch die metallisch glänzenden Augenflecke (Pfauenaugen) geschmückt. Als Bewohner tropischer Tieflandurwälder sind sie meist sehr wärmebedürftig und benötigen beheizte Schutzräume. Allein der hier beschriebene Graue Pfaufasan, welcher in Birma und Assam in Bergwäldern vorkommt, verträgt von den 6 Arten unser Klima relativ gut. Er ist daher in unseren Volieren die häufigste Art.

Vielfach wird auch der kleinere Braune Pfaufasan (*P. germaini*) gehalten und gezüchtet, manchmal auch der Bronzeschwanz-Pfaufasan (*P. chalcurum*). Am prächtigsten, aber recht selten ist der Palawan-Pfaufasan (*P. emphanum*) aus den feuchtwarmen Urwäldern der Philippinen.

S. 125 ▷
links oben: Knäckenten, Weibchen
rechts oben: Krickente, Erpel
Mitte links: Löffelente, Erpel
Mitte rechts: Pfeifente, Erpel
links unten: Stockente, Erpel
rechts unten: Baikalente, Erpel

S. 126 ▷▷
oben: Tafelente, Erpel
links unten: Kolbenente, Erpel
rechts unten: Reiherente, Erpel

Grauer Pfaufasan oder Nord-Spiegelpfau
Polyplectron bicalcaratum (Foto S. 54)
engl.: Grey Peacock Pheasant
Ungefähr goldfasanengroß.
Hahn: Gesamtlänge 65–75 cm, davon Schwanzlänge 35–40 cm
Henne: Gesamtlänge ca. 55 cm, davon Schwanzlänge 23–25 cm
Gewicht: Hahn ca. 700 g, Henne ca. 450 g
Der Graue Pfaufasan, neben dem Spiegelpfau auch als Chinquis bekannt, existiert in 5 Unterarten. Die Grundfarbe des Gefieders beim Hahn ist dunkel-bräunlichgrau, dabei jede Feder silbrigweiß ziseliert. Kinn, Kehle und Wangen sind weißlichgrau. Das Kopfgefieder aus grauen, haarartigen Federn kann zu einer Holle aufgerichtet werden. Aber auch damit wäre er nur ein unscheinbares Aschenputtel ohne die vielen prächtigen Augenflecken, die Pfauenaugen. Verschieden groß, dabei metallisch grün bis violett schimmernd, zieren sie die Mantelregion, Flügeldecken, die innere Armschwingen und den Schwanz. Die Henne ist ca. ⅓ kleiner als der Hahn, Holle und Schwanz sind kürzer. Die Zeichnungsanordnung ist gleich, nur ist bei der Henne alles matter gefärbt, und die Augenflecken sind außerdem kleiner.
Die Unterarten unterscheiden sich im wesentlichen durch eine unterschiedliche Gefiedergrundfarbe (mehr braun oder mehr grau). Durch ihre Schönheit, ihr anmutiges Wesen ohne jede Hektik und ihre Zahmheit machen sie sich beim Pfleger schnell beliebt.
Das Vorkommen von 4 Unterarten reicht von Bhutan im Westen über Burma bis Tonkin und südwärts bis Nord-Thailand. Die 5. Unterart bewohnt isoliert die Insel Hainan. Ihr Lebensraum sind der dichte Urwald, Bergwälder, Dschungel, auch verwildertes Kulturland in Urwaldnähe.
Trocken unter einer Überdachung sitzend, werden den Grauen Pfaufasanen die ersten Frostnächte nicht schaden. Trotzdem muß im Winter ein temperierter Raum vorhanden sein. Da wohl Obst, aber kein Grünzeug gefressen wird, kann man die Volieren gut bepflanzen und damit wundervoll gestalten. Sehr friedfertig gegen andere Mitinsassen, jedoch nicht gegenüber den Angehörigen der eigenen Art, kann man einem Paar Pfaufasanen getrost Kleinvögel oder andere friedfertige Vögel beigesellen.
Da sie sich in ihrer Urwaldheimat neben Früchten von Kleingetier wie Insekten, Larven, Würmer und Asseln ernähren, müssen wir dies bei unserer Fütterung berücksichtigen und eine an tierischem Eiweiß reiche Kost geben (Futter Schema C).
Zur Paarungszeit sind die sonst stillen Pfaufasane sehr ruffreudig. So werden weithin hörbare zweisilbige Pfiffe, die mit »Fii-hoo« beschrieben sind, zur Besitzanzeige des Reviers ausgestoßen. Weitere Laute sind noch laute Alarmrufe: »Wak wak wak« und murmelnde Stimmfühlungslaute.
Die Balz, im Gehege schon ab Dezember vorgeführt, wird immer wieder zu einem großartigen Schauspiel. Sie beginnt mit nach vorn gesträubter Holle, wobei das übrige Gefieder ebenfalls gesträubt wird. Dabei nähert sich der Hahn mit einem Futterbrocken im Schnabel zwitschernd seiner Auserwählten und überreicht ihr diesen Leckerbissen. In diesem Moment fächert und spreizt er urplötzlich Schwingen und Schwanz zu einem pfauähnlichen Rad und stellt sich, mit den Schultern den Boden berührend, das Hinterteil hochgestellt, frontal zur Henne. So hat sie

alle die vielen zu Ketten aneinandergereihten, metallisch glänzenden und leuchtenden Augenflecken voll im Blick. Diese Balzstellung dauert zwar nur jeweils kurze Zeit, wird aber häufig wiederholt. Die einehig lebenden Pfaufasanen lassen sich nur paarweise halten. Bei überzähligen Hennen kann man allerdings einen Trick anwenden, indem man in der Balzzeit den Hahn wechselweise 2 oder 3 Tage lang der zweiten oder sogar dritten Henne zugesellt.

Das Gelege, das in milden Wintern schon ab Mitte Januar angelegt wird, besteht aus 2 cremeweißen Eiern, die Brutdauer beträgt 21 Tage. Nimmt man die Eier fort, wird in Abständen von ca. 2—3 Wochen bis zu 5mal nachgelegt.

Brütet und führt die Henne selbst — wichtig ist dabei, daß genügend Versteckmöglichkeiten der Glucke ein beruhigendes Sicherheitsgefühl geben — wird uns das Beobachten des reizvollen Familienlebens viel Freude bereiten. Bei künstlicher Aufzucht ist zu beachten, daß den Küken, wie sie es von der Mutter gewohnt sind, in den ersten Lebenstagen (manchmal eine Woche lang) das Futter, z.B. Mehlwurmstückchen, vorgehalten werden muß, ehe sie es selbst vom Boden aufnehmen. Notfalls muß sogar gestopft werden. Durch zugesellte Küken anderer Arten, z.B. Zwerghuhn- oder Goldfasanküken, welche man gleichzeitig erbrütet hat, lernen Küken der Pfaufasanen die Futteraufnahme früher. Wenn sie ein halbes Jahr alt sind, kann man die Geschlechter meist gut unterscheiden. Die Hähnchen sind dann bereits deutlich größer, haben einen weißeren Kehlfleck, sowie glänzendere Augenflecke. Im 2. Lebensjahr sind sie ausgefärbt und zuchtfähig.

Schutzstatus: WA Anhang II

Kammhühner

Kammhühner (engl.: Junglefowl) bewohnen in 4 Arten der Gattung *Gallus* weite Gebiete Süd- und Südostasiens. Ihre Lebensräume sind die tropischen Waldungen, Dschungel, Buschsteppen. Es sind zierliche Hühnervögel. Arttypisch sind der besonders beim Hahn ausgeprägte fleischige Kamm und die Kehllappen. Alle 4 Arten der Gattung wurden bereits gezüchtet.

Vom Sonnerathuhn *(G. sonneratii)* aus Vorderindien dürfte interessant sein, daß die mit siegellackähnlichen Hornplättchen versehenen Halsfederspitzen des Hahnes den Forellenanglern in den USA als Köder dienen. Das führte in Indien zum rücksichtslosen Abschuß und Schmuggel von Hähnen. Glücklicherweise werden neuerdings in England Sonnerathühner kommerziell zur Deckung der Nachfrage gezüchtet. Das dürfte den illegalen Abschuß eindämmen.

Das zweite Kammhuhn, das Lafayette-Huhn *(G. lafayettii)* auch Ceylon-Dschungelhuhn, kommt ausschließlich in Sri Lanka (Ceylon) vor. Typisch ist beim Hahn der ausgedehnte gelbe Mittelfleck im purpurroten Kamm. Das Lafayette-Huhn ist bei europäischen Züchtern noch wenig verbreitet.

Das Gabelschwanzhuhn *(G. varius)*, auch als Grünes Kammhuhn bekannt, kommt aus Java, Bali und den benachbarten Inseln. Beim Hahn erstaunen der bunte Kamm, das Gesicht und die Kehllappen; die Farben Blaugrün, Blau, Violett, Rot und Gelb sind dort vertreten. Er ist sehr kälteempfindlich und wird nur wenig gehalten.

Problemloser und weniger empfindlich ist das nachfolgend beschriebene Bankiva-

huhn *(G. gallus)*; es gilt als die wilde Stammform unserer Haushühner.

Bankivahuhn oder Rotes Kammhuhn
Gallus gallus (Fotos S. 54)
engl.: Red Junglefowl
5 Unterarten:
Cochinchina-Bankivahuhn
(G. gallus gallus)
Burma-Bankivahuhn *(G. g. spadiceus)*
Tongking-Bankivahuhn *(G. g. jabouillei)*
Indisches Bankivahuhn *(G. g. murghi)*
Java-Bankivahuhn *(G. g. bankiva)*
Die deutschen Namen weisen ungefähr auf die Hauptverbreitungsgebiete hin. Als prächtigste Unterart gilt die Nominatform *(G. gallus gallus)*
Hahn: Gesamtlänge 65–75 cm, davon Schwanzlänge 26–27,5 cm
Henne: Gesamtlänge 42–46 cm, davon Schwanzlänge 14–15,5 cm
Gewicht: Hahn ca. 1000 g, Henne ca. 800 g
Beim Hahn sind der gezackte Kamm, die Kehllappen und das nackte Gesicht scharlachrot, die Ohrlappen weißlich. Der Oberkopf und der Halsbehang aus zugespitzten Federn mit zerschlissenen Säumen sind rot mit dunklerem Schaftstrich, zum Nacken hin goldorange. Die unterschiedlichen Rottöne setzen sich fort bis zum Schwanzansatz. In der geschlechtlichen Ruhezeit (Juni bis September) werden das Schmuckgefieder, Hals- wie Sattelbehang sowie die langen Schwanzfedern vorübergehend durch schlichtere Federn ersetzt. Auch Kamm und Kehllappen schrumpfen dann ein. Die Unterarten weichen im Gefieder und in der Ohrscheibenfärbung davon nur wenig ab.
Die Henne ist schlicht gefärbt, im wesentlichen bräunlich mit Schaftstrichen und Wellenzeichnung und mit nur kleinem Kamm und Kehllappen.

Alle Lautäußerungen sind ähnlich denen unserer Haushühner, besonders der Urzwerge. Lediglich ist beim Bankivahahn beim Krähen die Endsilbe nicht so lang ausgezogen.
Das Vorkommen der 5 Unterarten verteilt sich auf weite Bereiche des Indo-Asiatischen Raumes. Ihr Lebensraum enthält zwar immer Bäume und Buschwerk, es werden aber auch trockene Dschungelgebiete ebenso wie feuchte Wälder besiedelt. Oft kommen die Bankivahühner in größeren Trupps zur Nahrungssuche aus den Wäldern auf die angrenzenden Äcker und Getreidestoppelfelder.
Aus Bankivahühnern ist schon frühzeitig das Haushuhn hervorgegangen. Die Domestikation setzte vor über 4000 Jahren ein, wie Funde aus der Induskultur belegen.
Wenn man die heutigen vielen Hühnerrassen betrachtet, muß man staunen, wie sich durch Zucht das kleine Wildhuhn verändert hat. Aus dem 1 kg schweren Bankivahuhn sind die mehr als fünfmal so schweren Riesenrassen Brahmas und Cochins geworden. Während die Wildhenne kaum je ein Dutzend Eier legte, bringen es die heutigen Hochleistungshybriden bei entsprechend eiweißreichem Futter auf über 300 Eier im Jahr. Dann die Farben: Von Reinweiß bis Schwarz gibt es alle möglichen Farbschläge. Die sogenannte Rebhuhnfarbe, wie wir sie von den rebhuhnfarbigen Italienern kennen, kommt dabei der Bankivafärbung noch am nächsten.
Für die Unterbringung sind die üblichen Anforderungen ausreichend. Wichtig ist jedoch ein trockenes, möglichst frostfreies Schutzhaus, denn bei Frost, verbunden mit einer hohen Stallfeuchte, können sonst die Kämme und die Kehllappen der

Tiere erfrieren. Da Bankivas ein wenig scheu und zurückhaltend sind, sollten wir sie mit gelegentlichen Leckerbissen besser an uns gewöhnen. Eine Nebenbesetzung mit Kleinvögeln ist unbedenklich.

Von Natur aus sind Bankivas vielseitige Gemischtköstler und erhalten daher das Futter Schema A.

In Freiheit leben sie polygam; der Revierhahn hat einen Harem mit 3–5 Hennen. Der balzende Hahn, der seinen Hennen mit hängendem Flügel und Kratzefuß den Hof macht, tut dies ebenso wie der Haushahn nach vier Jahrtausenden Domestikation. Das Gelege aus 5–6, selten bis 9 weiß bis cremefarbenen Eiern wird 19 Tage bebrütet; das Haushuhn brütet inzwischen 21 Tage. Die Aufzucht ist ohne Schwierigkeiten möglich. Bankivahühner sind einjährig zuchtfähig.

Pfauen

Pfauen (engl.: Indian Peafowls) bewohnen in 2 Arten der Gattung *Pavo* den südostasiatischen Raum, der hier beschriebene Blaue Pfau *(Pavo cristatus)* und der Ährenträger-Pfau *(Pavo muticus)*, auch Grüner Pfau genannt. Letzterer ist in 3 Unterarten über Hinterindien/Indonesien verbreitet. Er ist seltener und auch schwieriger zu halten (wärmebedürftiger).

Blauer Pfau
Pavo cristatus (Foto S. 71)
engl.: Indian Peacock
Hahn: Gesamtlänge ca. 220 cm, davon Schleppenlänge ca. 150 cm
Henne: Gesamtlänge ca. 95 cm, davon Schwanzlänge ca. 35 cm
Gewicht: Hahn ca. 4100–5400 g, Henne ca. 2700–3800 g

Der Blaue Pfau in seiner imposanten Erscheinung dürfte wohl so bekannt sein, daß sich eine ausführliche Farbbeschreibung erübrigt.

Stimmlich vermag der Pfauhahn kaum jemanden zu begeistern. Sein lautes unangenehmes »Miiaau« in der Balz, oft mehrmals hintereinander ausgestoßen, brachte ihm den Ruf eines Vogels mit engelhaftem Gefieder, aber der häßlichen Stimme des Teufels ein.

Er bewohnt ganz Vorderindien ostwärts bis Assam und dem Indus als Westgrenze. Auch auf Sri Lanka ist er verbreitet. Ich konnte ihn dort in den Trockenbuschdschungeln sowohl des Wilpattu- als auch des Ruhuna-Nationalparks beobachten und beim Fotografieren seine große Vorsicht und Scheuheit feststellen. Wenn ich den Pfau bis dahin nur als zahmen Parkvogel kannte, dort zeigte er eine ganz neue Seite. Er gilt in Vorderindien neben Axishirschen als ein bevorzugtes Beutetier des Leoparden. Aus Indien wird berichtet, daß er wohl lichte Laubwälder, nicht aber den dichten Regenwald bewohnt.

Im Gegensatz zum wärmebedürftigen Ährenträger-Pfau ist der Blaue Pfau nicht sehr kälteempfindlich. Ein regengeschützter, trockener Stall, 3 × 3 × 3 m mit 1,50–2,00 m hoch angebrachter Sitzstange, dazu ein geräumiges Außengehege, reicht aus, wobei stets auch die lange Schleppe zu berücksichtigen ist. Wer ein entsprechendes Grundstück hat, kann die standorttreuen Pfauen auch gut im Freilauf-Freiflug halten. Mit Hausgeflügel oder anderem Ziergeflügel leben sie dort meist friedlich zusammen. Gerne wird hoch in alten Obstbäumen übernachtet.

Seine Nahrung ist vielseitig, es wird Pflanzliches ebenso wie Kleingetier gefressen. In Teilen Indiens ist er als Schlan-

genvertilger bekannt und beliebt. Wir füttern ihn mit Futter nach Schema A.

Wenn der Pfauenhahn während der Balz seine Schleppe mit den vielen bunten Pfauenaugen zu einem Rad schlägt, will er damit nur seinen Hennen imponieren, trotzdem begeistert er damit auch uns. Dabei balzt der Hahn die Hennen nie direkt an, wie die meisten anderen Hühnervögel. Auch die Henne markiert zuerst die »Uninteressierte«, die »wie zufällig« daherkommt. Ein Abwenden des Hahnes, indem er der Henne die Rückenfront schwanzzitternd und federraschelnd zuwendet, veranlaßt die Henne, um das Rad herum zur Vorderseite zu rennen. So wird es mehrfach wiederholt, bis die Henne sich niederduckt und der Tretakt erfolgt. Für das Gelege sollten wir in einer Stallecke ein Nest vorbereiten. Zuunterst empfehlen sich dazu Rasensoden, darüber kommt eine Moosschicht und darauf eine Lage aus Heu, Stroh, Farnkraut.

Das Gelege besteht aus 3–5 hell cremeweiß bis isabellfarbenen, meist ungefleckten Eiern; wenn die Eier entfernt werden, gibt es mehrere Nachgelege. Bebrütungsdauer 28 Tage. Die Aufzucht ist zwar nicht schwierig, wichtig ist aber der Schutz der Kleinen vor Kälte, Nässe und zu starker Sonnenbestrahlung.

Die Fütterung mit Ameisenpuppen ist nicht mehr zeitgemäß und auch gar nicht notwendig. Putenstarter, Quark, Eifutter, feinzerschnittenes Grünzeug sind heute die wesentlichen Bestandteile des Futters (siehe Kükenfütterung Schema A). Bei Freilauf mit der Mutter wird ein Großteil des Futters selbst gesucht. Als Ammen sind Glucken schwerer Hühnerrassen und besser noch Puten geeignet.

Die Jungpfauen wachsen nur langsam, erst mit ¾ Jahren haben sie die volle Größe erreicht. Die Hennen legen bereits im 2. Jahr. Die Junghähne erhalten die Schleppe erst im 3. Lebensjahr.

Mutationen:
Schwarzflügelpfau
Pavo cristatus mut. *nigripennis*
engl.: Black-winged Peafowl

Diese Mutation ist plötzlich in blauen Stämmen aufgetreten und seit 1823 aus England bekannt. Abweichend von der Nominatform ist vor allem das schwarze, dunkelgrün und blaugesäumte Schulter- und Flügeldeckengefieder, das beim Blauen Pfau gelbbraun/schwarz gebändert ist.

Mittelrücken und Schleppe sind stärker goldbronzefarben. Die Henne ist in allen Teilen wesentlich heller gefärbt. Kreuzungen zwischen normalfarbig und Schwarzflügel ergeben keine Mischfarben, sondern stets normal gefärbte oder schwarzflügelige Tiere.

Weißer Pfau
Pavo cristatus mut. *alba* (Foto S. 72)
engl.: White Peafowl

Ebenfalls eine prachtvolle Erscheinung, besonders vor einem grünen Hintergrund, ist diese Mutation reinweiß, wobei man nur bei hellem Sonnenlicht andeutungsweise die Augenflecke erkennt.

Gescheckter Pfau
engl.: Dappled Peafowl

Es wird oft angenommen, daß Schecken aus einer Kreuzung Blau × Weiß entstanden seien. Dem ist nicht so. Die Scheckenstämme sind auf eine eigene Mutation zurückzuführen. Die Scheckung ist unterschiedlich. Gleichmäßig gescheckte Tiere sind am begehrtesten.

Spalding-Pfau
engl: Spalding's Peacock

Nicht als Mutation, sondern als Mischling zwischen dem Schwarzflügelpfau und

dem Ährenträgerpfau ist der Spalding-Pfau entstanden. Mrs. Spalding hat ihn erzüchtet und aus diesen Tieren, die unbeschränkt fruchtbar waren, einen eigenen reinvererbenden Stamm aufgebaut, der dann nach ihr benannt wurde.

Ein Versuch, sie in Smaragd-Pfaue umzubenennen, setzte sich nicht durch. Spalding-Pfaue, schöne Tiere, die von beiden ursprünglichen Arten typische Merkmale mitbekommen haben, sind wetterhart. Ein weiterer Vorteil des Ährenträger-Erbes ist, daß sie eine leisere Stimme als der Blaue Pfau haben. Wenn wir den jetzigen Stamm erhalten und weiterzüchten, sollte dies genügen. Weitere Kreuzungen mit dem Ährenträger-Pfau sollten unterbleiben, dafür ist diese Art zu selten und zu schade.

Rebhühner

Die Rebhühner (engl.: Eurasian Partridges) kommen in 3 Arten der Gattung *Perdix* in Europa und Asien vor. Das Bartrebhuhn *(P. dauuricae* syn. *P. barbata)* aus Rußland und das Tibetrebhuhn *(P. hodgsonia)* scheinen derzeit bei uns nicht gehalten zu werden.

Rebhuhn
Perdix perdix (Foto S. 72)
engl: Partridge
Gesamtlänge 30 cm, davon Schwanzlänge ca. 8 cm
Gewicht ca. 350–385 g
Das Rebhuhn ist ein kurzschwänziges, rundlich wirkendes Kleinhuhn. Als reiner Bodenbewohner haben Rebhühner ein vorzügliches Tarngefieder. Die Geschlechter sind zwar ähnlich aber doch nicht gleich gefärbt. Grob gesehen sind sie oberseits bräunlich gemustert. Die kom-

plizierte Musterung der einzelnen Gefiederpartien aus Querkritzeln, Bändern, Binden, Schaftflecken u. a. läßt bei Gefahr die sich drückenden Tiere wie mit dem Erdboden verschmelzen. Zur Unterscheidung der Geschlechter dient meist der kräftige kastanienbraune Hufeisenfleck am Bauch des Hahnes, der bei der Henne entweder fehlt oder kleiner und weniger ausgeprägt ist.

Das Rebhuhn ist in den Ebenen weiter Teile Europas und Asiens in 8 Unterarten beheimatet.

Ursprünglich ein Steppenbewohner, hat es sich nach den großen Waldrodungen als Kulturfolger erwiesen und die Kultursteppe des Menschen, seine Acker- und Wiesenländereien, besiedelt.

Die derzeitige Landwirtschaft mit den wildkräuterfreien Monokulturen bewirkte einen starken Rückgang, und so ist das Rebhuhn vielerorts verschwunden oder zu einer Rarität geworden. Im Winter in Familienverbänden (Ketten) lebend, schließen sich im Nachwinter die Paare zusammen, um einehig die Brut aufzuziehen.

Rebhühner sind empfehlenswerte Pfleglinge und werden, von jung an aufgezogen, dem Pfleger gegenüber sehr zutraulich. Schreckhaft sind sie nur, wenn etwas Unbekanntes plötzlich auftaucht. Die Gehegegröße sollte mindestens 5 qm betragen. Da sie ständig auf dem Boden leben, baumen sie niemals auf und benötigen daher keinerlei Sitzstangen. Dagegen muß der möglichst sandigtrockene Boden frei von Staunässe sein. Etwas Kleingestrüpp und Grasbülten sollten für Deckung sorgen. Die Tiere sind vollkommen winterhart. In der Brutzeit können wir sie nur paarweise halten. Kleinvögel bleiben von ihnen unbeachtet.

Ihrer vielseitigen natürlichen Nahrung (wie Sämereien, Pflanzentriebspitzen, Insekten) entsprechend, geben wir das Standardfutter Schema A.

In der Paarbildungszeit im Februar/März sind die bekannten »Girräck«-Rufe, die auch mit »terreck« beschrieben werden, zu hören. Als ein Teil der bescheidenen Balz richten sie sich hoch auf und demonstrieren den Hufeisenfleck. Die Brut erfolgt sichtgeschützt in einer flachen Bodenmulde, die mit abgestorbenen Pflanzenteilen ausgelegt wurde. Selbst in der Natur werden bereits bis zu 20 Eier gelegt. Die Brutdauer beträgt 24 Tage. Der Hahn beteiligt sich zwar nicht am Brüten, hält aber Wache und warnt bei Gefahr.

Wie wissenschaftliche Untersuchungen ergaben, ernähren sich die Rebhuhnküken in freier Natur anfangs überwiegend von Insekten. In der ersten Woche waren es über 90% Insekten, nach 3 Wochen machte pflanzliche Nahrung (Samen, Blätter, Blüten) schon einen Großteil der Nahrung aus. Wir sollten das beachten und besonders den Erstlingen ein Futter mit genügend tierischem Eiweiß geben, beispielsweise frische feingehackte Schafgarbe mit hartgekochtem Eigelb vermischt.

Daß auch die künstliche Aufzucht nicht übermäßig schwierig ist, sehen wir daran, daß man in Großbetrieben jährlich Tausende von Rebhühnern aufzieht, um sie auszusetzen.

Steinhühner

Steinhühner (engl.: Red-Legged Partridges) ähneln in Größe und Gestalt unseren Rebhühnern. Von den 7 Arten der Gattung *Alectoris* werden bei uns das Chukar-Steinhuhn *(Alectoris chukar)*, das Rothuhn *(A. rufa)* und das Alpensteinhuhn *(A. graeca)* gehalten.

Chukar-Steinhuhn
Alectoris chucar (Foto S. 72)
engl.: Chukar Partridge
Von den Steinhühnern ist das Chukar-Steinhuhn, auch Chukarhuhn genannt, wohl das empfehlenswerteste. Sein naher Verwandter, das Alpensteinhuhn, gilt als weniger lebhaft und wird seltener gehalten. Das Rothuhn ist wesentlich witterungsempfindlicher.

Etwas größer und von gleicher Gestalt wie das Rebhuhn ist es wesentlich farbiger. Die Geschlechter sind gleich gefärbt. Eine Unterscheidung ist schwierig, wenngleich die Hähne auch meist korpulenter sind, mit einem dickeren Kopf und intensiver rotem Schnabel.

Gesamtlänge: ca. 38 cm, davon Schwanzlänge 9 cm
Gewicht: Hahn ca. 540–765 g, die Henne ist etwas leichter. Die Oberseite, auch Oberkopf und Brust, im wesentlichen blaugrau, stellenweise mit rötlichem Schimmer. Unterseits isabellgelb, in der Seiten- und Flankenregion mit schrägsenkrechten, breiten schwarz/braunen Querbinden.

Heimat: Ost-Afghanistan bis ins westliche Nepal. In den USA wurde es eingebürgert. Steinig-trockene Regionen mit Dornensträuchern bilden den bevorzugten Lebensraum, jedoch werden auch andere Gebiete besiedelt. Gemieden wird nur der dichte Wald.

Die Voliere, mindestens 5 qm groß, sollte sonnig gelegen, regengeschützt und trocken sein. Als reine Bodenbewohner benötigen alle Steinhuhnarten keine Sitzstangen, statt dessen, der Name verrät es, gehören Natursteine in jedes ihrer Gehege.

Im Flachland lassen sich statt schwer zu beschaffender Felsbrocken auch Findlinge oder notfalls Betonbrocken verwenden. So schaffen wir den Tieren Verstecke und Sitzwarten. In Verbindung mit kleinwüchsigen Koniferen, Ginster, *Rhododendron* und anderen Pflanzen wirkt dies recht dekorativ.

Chukars sind angenehme Pfleglinge. Man kann sie gut mit anderen Vögeln, auch Kleinvögeln, jedoch nicht mit ihresgleichen und nahen Verwandten wie Rebhühnern zusammen halten. In Indien werden sie vielfach freilaufend im Haus und Garten gehalten. Sie spielen dort oft eine Wächterrolle, indem sie streunende Hunde, aber auch Besucher kampflustig angreifen. Auch Hahnenkämpfe mit hohen Wetteinsätzen werden in Indien mit ihnen durchgeführt.

Das Futter entspricht Schema A, wobei die ständige Grünzeugfütterung nicht fehlen darf.

Streng einehig lebend lassen sich Chukar-Steinhühner während der Zucht nur paarweise halten. Die lauten, gackernden »Kaak«-Rufe, die der Hahn zu dieser Zeit meist frühmorgens vorträgt, können empfindliche Nachbarn durchaus verärgern; notfalls muß man die Tiere morgens dann etwas länger im Innenstall belassen. Die Namensgebung erfolgte übrigens nach einem weiteren Ruf: »Tschuk – tschukkor«.

Mit aufgestelltem Schwanz und hängendem Flügel balzt der Hahn seine Henne an. Als Nest dient eine nur schwach ausgepolsterte Bodenmulde an geschützer Stelle. Das Normalgelege besteht aus 7–12 (zuweilen bis 20) spitzovalen Eiern, die gelblich bis graubräunlich mit rötlichbrauner Sprenkelung sind. Werden die Eier entfernt, können bis zu 40 nachgelegt

werden. Brutdauer 24 Tage. Die Küken werden als besonnen und ruhig bezeichnet. Die Aufzucht ist ähnlich wie bei Rebhuhnküken.

Mit 4 Monaten besitzen die Chukar bereits nahezu ihr Alterskleid. Nach einem Jahr sind sie zuchtfähig.

Perlhühner

Perlhühner (engl.: Guineafowls) sind in 4 Gattungen der Unterfamilie *Numidinae* in Afrika beheimatet. Typisch für alle sind der weitgehend nackte und oft bunt gefärbte Kopf und Oberhals.

Waldperlhühner
(Agelastes)

Sie sind in 2 Arten im afrikanischen Regenwaldgürtel beheimatet und haben wenig Ähnlichkeit mit den »anderen« Perlhühnern, da sie nur zwerghuhngroß sind und fast kahle rote Köpfe haben. Auf dem rein schwarz erscheinenden Gefieder erkennt man nur aus der Nähe eine feine helle Tüpfel- und Wellenzeichnung als Vorstufe der Perlfleckung der übrigen Perlhühner.

Für den Liebhaber kommen sie kaum in Frage.

Geierperlhühner
(Acryllium) (Foto S. 89)

Nur eine Art, *A. vulturinum*. Bewohner von nur spärlich mit Dornbusch bestandenen Wüstensteppen.

Farblich sind sie mit dem herrlichen Blau an Kragen und Brust die schönsten Perlhühner und dabei recht verträglich mit anderen Arten. Wichtig ist für die Überwinterung ein trockener warmer Schutzraum mit guter Bodenwärme. In letzter Zeit wurden sie mehrfach importiert und auch gezüchtet.

Helmperlhühner

(Numida) (Foto S. 89)
Eine Art mit ca. 16 Unterarten. Sie sind Bewohner der Steppengebiete Afrikas, Südarabiens und Madagaskars.
Charakteristisch ist bei ihnen, neben dem nackten Kopf und Hals, ein mehr oder weniger stark ausgebildetes knöchernes Horn auf dem Scheitel.
Die westafrikanischen Unterarten *N. meleagris sabyi* und *N. m. galeata* gelten als die Stammeltern des Hausperlhuhnes.

Haubenperlhühner

Guttera
Charakteristisch ist bei dieser Gattung eine aus schlichten oder gekräuselten Federn bestehende Kopfhaube.
Nach neuerer Systematik besteht die Gattung *Guttera* aus 2 Arten: *G. edouardi* mit 9 Unterarten und *G. pucherani*. Die bislang selten gehaltenen Haubenperlhühner sind schöner und eleganter als Helmperlhühner und deren Abkömmlinge, die Hausperlhühner. Das Pucheran-Haubenperlhuhn ist von ihnen bis jetzt die am häufigsten gehaltene Art, es wurde in den 70er und 80er Jahren mehrfach aus Kenia importiert. Außer in Zoos ist es derzeit auch bei einigen Liebhabern vertreten und wurde gelegentlich auch schon gezüchtet.

Pucheran-Haubenperlhuhn

Guttera pucherani (Foto S. 89)
engl.: Pucheran's Crested Guineafowl
Gesamtlänge: Hahn wie Henne 50 cm, davon Schwanzlänge 13 cm
Gewicht: ca. 1300 g
Die Geschlechter sind gleich gefärbt. Das gesamte Rumpfgefieder ist schwarz mit dichter, regelmäßiger bläulichweißer Fleckung ohne Wellenbänderung. Der Kopf mit nacktem mennigroten Gesicht und Kehle, dem kobaltblauen Hinterkopf und Wangen, mit stark ausgeprägter, ebenfalls nackter blauer Hinterkopfhautfalte, wird auf dem Scheitel von einer auffallenden schwarzen Kräuselfederhaube geziert.
Die häufigste Lautäußerung ist ein lautes, schnarrend/ratterndes »Geschrei«, welches stets bei starker Erregung augestoßen wird, angeblich auch häufig vor starken Regenfällen. Während der Futtersuche hört man ständig leise plaudernde Töne (Stimmfühlungslaute?). Ist eine Futterquelle gefunden, ertönt ein tiefes »tack-a-tok-tok-tok-tok«.
Heimat dieser Haubenperlhühner ist Ostafrika mit Vorkommen in Teilen von Somalia, Kenia, Nordost-Tansania und auf Sansibar.
Ursprünglich Regenwaldbewohner, besiedelt das Pucheran-Haubenperlhuhn inzwischen andere Landschaftsformen, wenn diese einen gewissen Baumbestand, z. B. dichten Trockenwald und Galeriewälder entlang der afrikanischen Steppenflüsse, aufweisen. Es bleibt meistens in Sichtweise des Waldes und flüchtet bei Störungen dorthin zurück. Außerhalb der Brutzeit trifft man Pucheran-Haubenperlhühner oft in größeren Gesellschaften an. Man bekommt die scheuen Vögel aber meist nur dann zu Gesicht, wenn sie nach schweren Regenfällen den triefenden Busch verlassen und sich auf den Wegen aufhalten.
Haubenperlhühner sind, und das gilt mehr oder weniger für alle Perlhühner, wärmebedürftig. Frisch importiert müssen sie warm, sonst zumindest frostfrei überwintert werden. Da sie gern aufbaumen und auch aufgebaumt übernachten, sind entsprechende Äste und Sitzstangen anzubringen.

In der Natur scheu und vorsichtig, werden sie aber doch recht schnell zahm.

Die Ernährung entspricht dem Futter Schema A.

Über das Balzverhalten ist bislang kaum etwas bekannt. In versteckten Bodennestern werden 9–12 cremeweiße oder hell isabellfarbene Eier mit dunkler Fleckung gelegt. Die Brutdauer wird mit 23 Tagen angegeben. Die Küken sind im Dunenkleid rostbraun, mit braun und weiß längsgestreiftem Kopf und hellerer Unterseite. Während die Henne allein brütet, beteiligt sich auch der Hahn an der weiteren Aufzucht und verteidigt seine Familie. Die Küken sind mit 12 Tagen flugfähig und sind nach 2 Monaten fast erwachsen. Die heranwachsenden Küken fangen gerne und mit Eifer Insekten.

Die Aufzucht und die Kükenfütterung sind nicht schwieriger als bei den anderen Hühnervögeln.

Wachteln

Die eigentlichen Wachteln bilden eine besondere Gattungsgruppe (Coturnicini) der Unterfamilie Feldhühner (Perdicinae).

Europäische Wachtel

Coturnix coturnix
engl.: European Quail
Gesamtlänge: 16–18 cm, davon Schwanzlänge 3,5–4 cm
Gewicht: ca. 70–140 g (nach Jahreszeit).

Die Wachtel gleicht, besonders gestaltsmäßig, einem verkleinerten Rebhuhn. Farblich ist sie noch schlichter als dieses gefärbt und mit ihrer vollendeten Tarnung dem Bodenleben hervorragend angepaßt. Vereinfacht ausgedrückt ist die Gefiederfärbung rostbräunlich-grau und gemustert, wobei die Musterung aus hellen und dunkleren Schaftstrichen, Bändern, Säumen und Kritzeln besteht.

Die Geschlechter sind nicht immer leicht zu unterscheiden. Während der Hahn meist eine rotbraune bis schwarze Kehle hat, ist diese bei der Henne rahmfarben mit fast weißer Mitte. Manchmal ist auch ihr Obergefieder etwas matter mit verwaschener Zeichnung.

Schwierig ist es auch, unsere Wachtel von der Unterart *Coturnix c. japonica*, der Japan-Wachtel, zu unterscheiden. Letztere existiert als Zuchtform in vielen Farbenschlägen. Die Wildfarbe ist jedoch der Nominatform sehr ähnlich. Dabei haben die Hähne der Unterart *japonica* oft eine kontrastreichere Färbung, manchmal auch ein lebhafteres Rotbraun an Kopf und Halsseiten. Normalerweise sind die »Japaner« auch etwas größer und schwerer. Dennoch ist die Unterscheidung nicht immer leicht und besonders schwierig bei Weibchen. Die Enttäuschung kommt spätestens dann, wenn der Hahn, den man guten Glaubens als »Europäische« oder »Deutsche« Wachtel erworben hat, sich durch ein häßliches »Puck-brr« als Japaner entpuppt.

Der Ruf besteht vorweg aus einem heiseren Bellen: »Mia, wau, wau«, dann ertönt das bekannte laute »Pick wer wick«. Es ist den ganzen Sommer über zu hören, im Mai/Juni auch die Nacht hindurch.

Als Zugvogel verbringt die Europäische Wachtel den Sommer über in weiten Teilen Europas, Nordafrikas und Asiens, während sie ab Oktober südwärts zieht und in Afrika (bzw. die asiatische Population in Arabien und Indien) überwintert. Im vorigen Jahrhundert, zu Zeiten der Dreifelderwirtschaft mit vielen Brachländereien, waren Wachteln in Deutschland noch häufig, und ab Mai war allenthalben aus den Feldern ihr »Pick wer wick« zu hören.

Doch schon Karl Neunzig beklagt 1922 in seinem Buch »Einheimische Stubenvögel« den Rückgang der Art, er führte dies neben fehlendem geeignetem Gelände auf Witterungseinflüsse während des Zuges und auch auf den Massenfang in den Küstenregionen des Mittelmeeres zurück. Heute hat der Wiesen-, Acker- und Brachlandbewohner nur noch wenig Chancen in unserer Landschaft und ist nur noch selten an wenigen Stellen anzutreffen.

Schon seit dem Mittelalter hielt man Wachteln, ihres Schlages wegen, entweder frei in der Stube herumlaufend oder in speziellen Wachtelhäuschen eingesperrt, in denen sie den Sommer über ans Fenster gehängt wurden.

Die Wachtel ist in kleineren Volieren gut zu halten. Als reiner Bodenbewohner benötigt sie einen trockenen, nicht zu kalten Boden. Damit es bei gelegentlichem Hochstürmen zu keinen Verletzungen kommt, empfiehlt sich eine elastisch/weiche Volierendecke. Eine Haltung in kleineren Käfigen, den »Wachtelhäuschen«, wie in früheren Zeiten, wo Wachteln nur wegen ihres Rufes gehalten wurden, ist heutzutage nicht mehr üblich. Der laute Ruf begeistert zwar in der freien Landschaft, jedoch in der Wohnung in vielfacher Wiederholung vorgetragen wirkt er nur lästig. Die Unterart aus Fernost, die Japanische Wachtel, ist bereits zu einem Haustier geworden. Die Tiere müssen inzwischen ihr Leben zusammengepfercht auf Drahtböden fristen. Millionen sind es jährlich, die der Eier- und Fleischproduktion dienen.

Die natürliche Ernährung besteht zum größten Teil aus Kleinsämereien aller Art (»Unkrautsamen«), daneben aus Insekten und deren Larven.

Wir geben die Futtergemische für Kleinvögel: Hirsegemische, Waldvogelfutter, daneben als Zugabe ein Weichfutter für Insektenfresser und/oder Eifutter, aber auch immer frisches Grünfutter.

Der bekannte Balzruf wurde schon mehrfach erwähnt. Der in Einehe lebende Hahn umbalzt die Henne mit gesträubtem Gefieder, nachdem er sie mit einem Leckerbissen im Schnabel angelockt hat. Der Kopulation geht oft eine Verfolgungsjagd voraus. In freier Natur wird nur einmal jährlich gebrütet. 7–14 Eier mit einem Durchmesser von 30×23 mm sind von bräunlichgelber Grundfarbe, mit braunen und schwarzen Flecken und Punkten gemustert. Das Nest ist eine flach ausgescharrte Bodenmulde, die versteckt angelegt wird. Die Brutdauer beträgt 18–19 Tage. Nur die Henne erbrütet und führt die Küken.

Entsprechend ihrer Erstlingsnahrung, die in der Natur überwiegend aus Insekten besteht, geben wir ein gutes Insektenfuttergemisch oder Eifutter, nach der ersten Woche aber auch Kleinsämereien, deren Anteil wir langsam steigern. Bereits nach 2 Wochen sind die Kleinen flugtüchtig und mit 5–6 Wochen selbständig.

Kalifornische Schopfwachtel

Callipepla californica (Foto S. 90)
syn.: *Lophortyx californius*
engl.: Californian Quail, Valley Quail
3 Unterarten
Anders als die Europäische Wachtel ist sie schlanker, steht meist in aufgerichteter Haltung und ist dabei sehr lebhaft.
Gesamtlänge: 23,5–25 cm, davon Schwanzlänge 9 cm
Gewicht: 170–200 g

Hahn: Insgesamt von grau-bräunlicher Färbung, von der sich kontrastreich die Kopfzeichnung mit strohgelber Stirn, schwarzer Wange, Kinn und Kehle, hinten von einem weißen Band begrenzt, abhebt. Ebenso auffallend ist auch die weiße Schaftstrichzeichnung der Flanken und die Schuppenzeichnung der Unterseite. Der Kopf hat als besondere Zierde einen nach vorn gebogenen, sich nach oben verbreiternden schwarzen Scheitelschopf.

Die Henne ist weniger intensiv gefärbt, das Schwarz der Kopffärbung fehlt, der Schopf ist nur halb so groß.

Ursprünglich ist die Kalifornische Schopfwachtel ein Bewohner der amerikanischen Westküste, inzwischen in mehreren Staaten der USA sowie u.a. auf Hawaii, Neuseeland und in Chile mit Erfolg eingebürgert. Neben der Hartlaub-Strauchzone und lichten Eichenwäldern besiedelt sie als Kulturfolger auch Weinberge, Gärten und Parkanlagen. Außerhalb der Brutzeit werden Trupps von 50–60 Individuen gebildet.

Die Schopfwachtel ist zwar nicht sehr kälteempfindlich, muß aber im Winter einen trockenen, zugfreien Innenstall haben. Da sie im Gegensatz zur Europäischen Wachtel aufbaumt, dürfen hoch angebrachte Sitzstangen/Äste nicht fehlen. Die Hähne gelten als angriffslustig. Ein Zusammenhalten mit anderen Hühnervögeln, auch großen, ist daher nicht zu empfehlen.

Die Ernährung ist wie bei den Europäischen Wachteln.

Nach Auflösung der Wintergesellschaft werden Ende März und im April von den Paaren die Brutreviere besetzt. Dann hört man auch häufig die »Kah-ah«-Rufe der Hähne. Bei der Balz umtänzelt der Hahn die Henne fortwährend mit seinen kichernden und plaudernden Rufen. In eine versteckte Bodenmulde, ausgelegt mit wenig trockenen Blättern und Halmen, kommt das Gelege von meist 10–17 rahmweißen, dunkelbraun getüpfelten und gefleckten Eiern. Brutdauer 22 Tage. Normalerweise brütet nur die Henne.

Oft legen unsere Gehegetiere fortwährend eine große Anzahl Eier, ohne aber selbst zu brüten. Wir sollten genügend geschützte Nestnischen anbringen, um Selbstbruten zu fördern. Für Ammenbruten eignen sich nur kleine, ruhige Zwerghühner (Chabos, Zwergseidenhühner) oder auch andere Wachtelarten. Mit Kunstbrut und künstlicher Aufzucht gibt es keine sonderlichen Schwierigkeiten.

Schon 9 Tage alt, baumen die Küken auf, und mit 4 Wochen sind sie selbständig. Futter wie unsere einheimischen Wachteln.

Virginische Baumwachteln

Colinus virginianus (Foto S. 90)
engl: Bobwhite
22 Unterarten

Ein rundlicher und gedrungener Typ, der im Wesen ruhig ist und schnell zutraulich wird.

Gesamtlänge: 22–25 cm, davon
Schwanzlänge ca. 7 cm
Gewicht: 200 g

Hahn: Gesamterscheinung rötlich-braun mit grau/schwarz/gelblichweißer Musterung, dabei wirkt die Unterseite insgesamt heller und geschuppt.

Auffallende Zeichnungsmerkmale sind am Kopf der weiße Überaugenstreif und die weiße Kehle.

Henne: Sie ist blasser und undeutlicher gezeichnet, die Kopfzeichnung ist weniger ausgeprägt.

Die Virginische Baumwachtel ist in weiten Teilen der östlichen, südöstlichen und mittleren USA beheimatet. In einigen westlichen Staaten der USA und auf mehreren Westindischen Inseln wurde sie eingebürgert. Bewohnt werden lichte Kiefernwälder, Prärien, aber auch in Kulturland buschreiche Wiesen, Brachfelder und Parkanlagen. Nach dem Selbständigwerden der Jungen schließen sich die in der Brutzeit paarweise lebenden Virginiawachteln bis zum nächsten Frühjahr in Gruppen bis zu 30 Individuen zusammen. Typisch ist dabei das kreisförmige Einigeln zum Übernachten. Dabei zeigen die Köpfe stets nach außen. Schon die kleinen Küken nehmen diese typische Igelstellung ein.

Obwohl die Virginische Baumwachtel winterhart ist, dürfen das Schutzhaus und eine trockene Bodeneinstreu nicht fehlen. Letzteres schon deshalb, weil sie nicht, wie ihr Name vermuten läßt, Baumbewohner, sondern Bodenvogel ist und auch in geschützten Bodenmulden nächtigt. Gegenüber Mitbewohnern, Kleinvögeln wie auch Täubchen, ist sie friedlich. Nur gegen andere Hühnervögel wird der Hahn in der Brutzeit äußerst aggressiv.

Wie draußen in der Natur erhält die Baumwachtel pflanzliches und tierisches Futter, so vielseitig wie z.B. die Europäische Wachtel.

In der Balzzeit im Frühjahr läßt der Hahn von einem erhöhten Punkt aus vielfach seinen lauten, klangvollen Revieranzeigeruf, der wie »Bob-weit« klingt, ertönen, nach dem er auch seinen amerikanischen Namen erhalten hat.

Der Hahn balzt die Henne frontal mit niedrig und dabei seitlich gehaltenem Kopf und gedrehten Flügeln an, wobei Körper und Flügel einen senkrechten Federball bilden und die Kopfzeichnung gut zur Geltung kommt. So läuft er in kurzen Sätzen auf die Henne zu und verfolgt die Fliehende in schnellem Lauf.

Das Nest wird versteckt in einer Bodenmulde angelegt. Das Gelege umfaßt 14–16 cremeweiße Eier. Brutdauer 22 Tage, beide Geschlechter brüten und führen die Jungen. Gehegetiere, die nicht zur Brut kommen, legen oft 80 und noch mehr Eier.

Auch die künstliche Brut und Aufzucht ist bei Wärme und Trockenheit, wie bei den verwandten Arten, nicht schwer. Die schnellwüchsigen Tiere sind mit 8 Wochen ausgewachsen. In den USA werden in Wachtelfarmen große Mengen aufgezogen.

Mutationen/Zuchtrassen:

In den USA sind zahlreiche Mutationen entstanden und teilweise als Rasse gezielt weitergezüchtet worden. So gibt es die rote Phase = Red Bobs, eine aufgehellte Mutation (isabellfarben) = Blond Bobs. Auch schneeweiße Stämme sind bekannt.

Straußwachtel

Rollulus roulroul (Foto S. 90)

engl.: Crested Wood Partridge, Roulroul

Die Gattung *Rollulus* besteht nur aus einer einzigen Art, aus der Straußwachtel, auch Roulroul genannt.

Straußwachteln sind rundrückig-kugelige Hühnervögel, etwas kleiner als Rebhühner.

Hahn: Gesamtlänge 27 cm, davon Schwanzlänge 6 cm

Gewicht: Hahn 190 g, Henne 140 g

Hahn: Der schwarze Kopf mit dem unbefiederten, breiten roten Augenring, dem roten Basisfleck am sonst schwarzen Schnabel, wird von zwei Schöpfen geziert. Einmal von der großen kastanienroten Haube am Hinterkopf, sie sieht aus wie ein flachgedrückter Pinsel, und von einem Büschel borstenartiger schwarzer Federn an der Stirn, zwischen beiden ein weißes Stirnband.

Die Henne hat abweichend statt des blauen Oberkörpergefieders des Hahnes ein grünes Gefieder, die Flügel sind zimtbraun. Ihr fehlen auch die Hinterkopfhaube und der rote Schnabelfleck.

Eine anatomische Besonderheit sind bei den Straußwachteln die krallenlosen Hinterzehen. Abweichend von anderen Hühnervögeln ist auch das Scharrverhalten. Statt beidbeinig abwechselnd wird jeweils nur mit einem Bein (Fuß) hastig gescharrt. Schon die Küken machen es so.

Das Verbreitungsgebiet umfaßt das heutige Indonesien, Sumatra, Borneo, die Malaiische Halbinsel einschließlich der benachbarten Inselgruppen. Man findet die Straußwachtel im tropischen Urwald, in Bambushainen sowie unter dichtem Sekundärbewuchs auf Rodungsflächen.

Als Bewohner feuchtwarmer Tropenwälder dürfen Straußwachteln nur in beheizten Räumen (bei 15, besser 17—18 °C) gehalten werden. Frischimporte müssen es in der ersten Zeit noch etwas wärmer haben. Als Bodenbelag, wenigstens in einem Teilbereich, ist frische, feuchte Lauberde (Buchenlaub) wichtig für die Gesunderhaltung der Füße. Zum Übernachten sind hoch angebrachte Äste notwendig. Die Voliere kann üppig bepflanzt werden, kein Blättchen wird angepickt. Kleinvögel als Mitbewohner werden nicht beachtet. Straußwachteln werden schnell zutraulich und nehmen dann vielfach die Mehlwürmer aus der Hand. In unbekannter Umgebung, z.B. in ein anderes Abteil umgesetzt, können sie jedoch ängstlich reagieren und sich einen halben Tag lang oder länger verstört in eine Ecke verkriechen.

Da ihre natürliche Ernährung überwiegend aus Kleingetier, Insekten, Larven und Spinnen, und daneben aus Früchten besteht, müssen auch wir ständig ein eiweißreiches Weichfutter mit einem hohen Anteil an Futtertieren geben, entsprechend dem Futterschema C. Leckerbissen sind Heimchen und Mehlwürmer. Daß Sämereien kaum angenommen werden, trifft nicht zu, als Teil der Nahrung sind sie durchaus beliebt.

Straußwachteln sind nicht sehr stimmfreudig. Am meisten hört man noch den leise pfeifenden Lockruf, wenn der Hahn seiner Henne einen Leckerbissen (Mehlwurm) anbietet. Ein lautes, klagendes Pfeifen hört man gelegentlich, häufig dann, wenn der Hahn von seiner Henne getrennt ist (Verlassenheitsruf), und bei Gefahr einen tschickernden Warnruf. Die Balz erstreckt sich auf das gegenseitige Zureichen von Futter sowie ein flaches Hinducken nebeneinander. Dabei wird der Kopf auf den Nacken gedreht und gleichzeitig gezwitschert. Die monogamen Straußwachteln sollte man paarweise halten. Straußwachteln bauen über einer Bodenmulde aus Gezweig, Pflanzenstengeln, Gräsern oder Laub ein kugeliges Nest. 4 Eier, im Abstand von 2 Tagen gelegt, werden 20 Tage bebrütet. Bei Wegnahme des Geleges wird mehrfach nachgelegt. Die Küken, im Flaumkleid schwarzbraun, bekommen von den Eltern ihre Futterbröckchen vorgehalten. Mit ungefähr 3 Wochen baumen sie auf, nach 5 Wochen erkennt man die Geschlechter, und nach 3 Monaten sind sie ausgefärbt.

Leider gelangen viele Hennen nicht zur Selbstbrut, und man muß die Nachzucht künstlich erbrüten und aufziehen. Daß man bei künstlicher Aufzucht den Küken in den ersten Lebenstagen das Futter vorhalten muß, wie berichtet wird, widerlegen meine eigenen Erfahrungen bei einer Anzahl von Aufzuchten. Ein langjährig erfahrener Halter und Züchter von Rauhfußhühnern gab mir den Rat, wie er ihn auch bei seinen Birkhuhnküken praktizierte: Helles Futter, z. B. Eifutter, wurde auf einem dunklen Tuch den Tieren angeboten (dunkles Futter hingegen auf einem hellen Tuch). Mit dieser Methode hatte ich einen hundertprozentigen Aufzuchtserfolg, alle Straußwachtelküken nahmen problemlos Futter auf.

Entenvögel

$\triangledown$

Die Ordnung Gänsevögel (Anseriformes) hat in der Familie der Entenvögel (Anatidae) eine große Anzahl von Arten, welche sich ausgezeichnet für die Haltung in menschlicher Obhut eignen und meist auch regelmäßig Nachwuchs bringen.

Ohne die wissenschaftliche Systematik genau einzuhalten, können wir die beschriebenen Entenvögel unterteilen in:

- Gänse und Halbgänse
- Schwäne
- Schwimm-/Gründelenten
- Tauchenten
- Glanzenten
- Meerenten und Säger

Bei der Beschreibung der empfehlenswerten Arten werden die gattungs- und arttypischen Merkmale und die unterschiedlichen Halte- und Pflegeansprüche entsprechend berücksichtigt.

Menge der Zufütterung. Im Sommer, in Trockenzeiten, kann der Grasbewuchs knapp werden und im Winter bei Frost und Schnee völlig versiegen. Die Eigenart der Gänse, das Gras ganz kurz abzuäsen, führt dazu, daß an einigen Stellen ihres Geheges das Gras lang und überständig und nicht mehr gefressen wird. Durch Wechselausläufe (Portionsweiden) kann man dem entgegenwirken und verhindern, daß bestimmte Gehegeteile überweidet werden. Gänse haben meist eine sehr feste Paarbindung in lebenslanger Dauerehe. Wenn eine erfolgreiche Zucht nicht gelingen will, liegt es vielfach daran, daß keine Möglichkeit zur freien Partnerwahl bestand. Auch die Neuverpaarung nach dem Verlust eines Partners gelingt deshalb oft nur schwer.

Gänse

Die hier beschriebenen Gänse sind weniger wasserabhängig als Enten und Schwäne. Dennoch müssen sie eine genügend große Wasserstelle für ihre regelmäßigen Bäder haben. Sehr wichtig und notwendig ist für Gänse eine gute Weidemöglichkeit. Die Größe der Weide richtet sich unter anderem nach der Bodenqualität. Als Richtwert mag gelten: Wirtschaftsgeflügelzüchter rechnen 100 bis 200 qm Weidefläche je Gans. Menge und Qualität des Grasbewuchses, bevorzugt werden Weichgräser, entscheiden auch über die

S. 143 ▷
oben: Rotschulterente, Erpel
links unten: Mandarinenten, Erpel
rechts unten: Brautente, Erpel

S. 144 ▷▷
Großes Foto: Jungfernkranich
links oben: Kronenkranich
rechts unten: Kappensäger

Streifengans:

Eulabeia indica (Foto S. 107)
syn.: *Anser indicus*
engl.: Bar-headed Goose
Gesamtlänge: 71–76 cm
Gewicht: 2000–3000 g
Beide Geschlechter sind gleich gefärbt.
Im allgemeinen ist die Streifengans am Körper lichtgrau, gemustert durch die weiße Schultersäumung, die Flanken sind dunkler. Der weiße Kopf ist markant gezeichnet mit zwei schwarzen Querbändern am Hinterkopf. Der dunkle Hals, hinten schwärzlich, vorne graubraun, hat beidseitig einen weißen Längsstreifen. Das Jugendkleid erscheint verwaschener, die markante Kopf- und Halszeichnung fehlt noch.
Ihre Brutgebiete liegen in den Hochebenen Zentralasiens, überwiegend in 4000–5000 m Höhe. Bevorzugtes Brutbiotop in der meist offenen Landschaft ist die moorige und sumpfige Umgebung der Steppenseen. Überwintert wird, von Ausnahmen in Südchina abgesehen, hauptsächlich in Nordindien. Sie überqueren dazu den Himalaja in Rekordhöhen. So wurden über dem Mount Everest ziehende Trupps in 9375 m Höhe angetroffen.
Ich hatte das Glück, während einer Indienreise Ende Dezember 1974 in den vogelreichen Wasservogelreservaten, dem Sultan-Pur-Reservat nahe Delhi, und in Keoladeo Ghana jeweils mehrere hundert Überwinterer anzutreffen.
Die Haltung von Streifengänsen ist ohne besondere Voraussetzungen möglich. Geeignet für Gemeinschaftsanlagen und leicht züchtbar, sind sie auch dem Anfänger zu empfehlen. Sie erhalten Standardfutter nach Schema F.
Wenn im Gehege die Hauptnahrung — genügend weiche Gräser — vorhanden ist, werden Kräuter und Blütenstauden überhaupt nicht angerührt. Dieser »Vorteil« kann aber dazu führen, daß Gänseblümchen *(Bellis perennis)* oder Gundermann *(Glechoma hederacea)* zum »Unkraut« werden und den Grasbewuchs des Geheges unterdrücken.
In ihren heimatlichen Brutgebieten wird teilweise in Kolonien gebrütet mit einem oft sehr geringen Abstand der Nester, meist auf Grasinseln in Sümpfen, manchmal auch auf Felsen. Das Gelege besteht aus 4–6 rahmweißen Eiern. Brutdauer 28 Tage. Nur das Weibchen brütet, bei der Kükenführung beteiligt sich auch der Ganter. In den Anlagen der Wassergeflügelhalter gelingt die Zucht meist leicht und ohne besondere Schwierigkeiten; Kunstbruten sind deshalb überflüssig. Die Jungen sind im zweiten oder dritten Lebensjahr geschlechtsreif.

Kaisergans

Philacte canagia (Foto S. 107)
syn. *Anser canagicus*
engl.: Emperor Goose
Kaisergänse wirken gedrungen, bei einer Gesamtkörperlänge von 65–70 cm und einem Gewicht von 2250–2500 g. Die Geschlechter sind gleich gefärbt. Das gesamte Körpergefieder, auch Schulter und Schwanzdecken, sind hellgrau und mit schwarzen und weißen Endbinden gesäumt. Der Kopf und der Hinterhals sind reinweiß, Kehle und Vorderhals schwarz. Das Jugendkleid ist dem Alterskleid ähnlich, erscheint aber insgesamt verwaschener. Das Dunenkleid der Küken ist hellgrau mit dunkleren Rückenpartien und Bauchseite. Schnabel und Füße sind schwarz.
Als Brutvögel des hohen Nordens bevölkern sie die beiderseits der Bering-Straße liegenden Gebiete Nordwest-Alaskas und

Nordost-Sibiriens. Ihre Brutgebiete, die ab Ende Mai/Anfang Juni aufgesucht werden, befinden sich entlang der Meeresküste und auf den vorgelagerten Inseln. Außer den natürlichen Feinden waren sie schon seit Generationen in ihrem Brutgebiet zusätzlichen Gefahren ausgesetzt. Während der Vollmauser ab Ende Juli sind sie für mehrere Wochen flugunfähig und wurden von den Eskimos in großen Mengen erbeutet und als Nahrung und Hundefutter verwendet. Ob dieses Abschlachten auch jetzt noch stattfindet, ist nicht bekannt. Meist ab Ende September suchen die vermauserten Alttiere mit ihren inzwischen flugfähigen Jungtieren die Winterquartiere entlang der Pazifikküste auf.

Neben den Grundbedingungen für die Haltung aller Gänse: Rasenfläche, Teich, Schattenpartien, Mindestwinterschutz, stellen Kaisergänse keine weiteren Anforderungen an Gehege und Unterbringung. Als zutrauliche und meist friedfertige Vögel eignen sie sich auch für große Gemeinschaftsanlagen.

Ihre natürliche Nahrung besteht neben pflanzlicher Nahrung, wie Gräser und verschiedene Kräuter des Festlandes, zu einem Teil aus tierischen Produkten, die sie in der Flutsaumzone auflesen, insbesondere Mollusken, Krebstiere, Ringelwürmer und andere Kleinlebewesen.

Wir müssen dies bei der Fütterung berücksichtigen und ihnen neben Getreide und Grasäsung (Futter Schema F) ausreichend tierische Nahrung, z. B. Garnelen, anbieten.

In ihren Brutgebieten in Alaska und Sibirien beginnen die Ganter gleich nach der Rückkehr aus den Winterquartieren mit der recht einfachen Balz. Um den kurzen Sommer nördlicher Breiten auszunutzen,

wird schnell, oft an der Flutlinie zwischen Treibgut wie Seetang, Holz o. a., ein Nest angelegt. Als Baustoffe werden trockene Pflanzenteile verwendet, zur Auspolsterung dienen Dunenfedern. Das Normalgelege besteht aus 4–5 mattweißen Eiern. Brutdauer 24 Tage.

Kaisergänse wurden als schwer züchtbar beschrieben, und es wurde häufig über unbefruchtete Eier geklagt. Inzwischen gibt es jedoch recht gute Zuchtpaare, und viele Züchter zogen in den letzten Jahren einwandfreie Bruten auf. Als Brutplätze müssen wir geschützte Stellen anbieten z. B. Nischen in Strauch- oder Staudenpflanzungen. Vielfach wird auch in Innenräumen (Schutzhäusern) gebrütet.

Bei der Kükenaufzucht ist zu beachten, daß neben dem Standardfutter das tierische Eiweiß in Form von Garnelenschrot, Musca oder Fischstückchen nicht fehlen darf. Verschiedentlich wurde über Kükenverluste während großer Hitzeperioden berichtet. Es ist deshalb im Aufzuchtgehege für kühle, luftige Schattenpartien zu sorgen. Bei künstlicher Aufzucht unter Infrarotstrahlern müssen die kleinen Gössel den Strahlerbereich jederzeit verlassen und kühlere Bereiche aufsuchen können. Anderenfalls kann es durch Hitzestau und Hitzschlag zum Tod kommen.

Graugans
Anser anser (Foto S. 107)
engl.: Greylag Goose

Wohl keine andere Vogelart wurde in den letzten Jahrzehnten so populär wie die Graugans. Das verdanken wir dem verstorbenen Altmeister der Verhaltensforschung, Konrad Lorenz. Seine Studien an handaufgezogenen Graugänsen sind durch die Literatur und das Fernsehen überall bekannt geworden.

Graugänse sind die Stammeltern der Mehrzahl der Hausgänse.

Die Graugans verkörpert den Prototyp der echten Gänse und ist eine gleichgeschlechtlich gefärbte silbergraue Gans mit hellgesäumtem Rückengefieder und schwarzen Flecken auf Hinterbrust und Bauch. Gesamtlänge: 76—89 cm

Ihre Heimat erstreckt sich auf Nord-, Mittel- und Osteuropa, Südwest-, Mittel- und Teile Ostasiens bis nach Nordchina. Die nördlichen Populationen überwintern in südlicheren Gebieten, die europäischen z. T. in Südfrankreich und Südspanien. In England, aber auch in Belgien und Deutschland (z. B. am Dümmersee) wurden sie in Gebieten mit ehemaligen Vorkommen erfolgreich wiedereingebürgert. Größere Gewässer mit Schilf- und Röhrichtgürtel, sowie angrenzende Wiesen und Äcker, auch vegetationsreiche Flachmoore mit Wasserzonen sind ihre bevorzugten Brutgebiete.

Ihre Unterbringung und Haltung ist ohne besondere Schwierigkeiten möglich. Das Beobachten ihres ausgeprägten Familienlebens ist immer wieder interessant. Graugänse wurden schon mehrfach im Freiflug gehalten und dabei erfolgreich gezüchtet.

Die natürliche Nahrung ist rein pflanzlicher Art: Wildgräser, Getreidetriebe, im Herbst auch Getreidesämereien. Bei guter Grasäsung geben wir Standardfutter Schema F.

Wie die meisten Gänse leben auch Graugänse in lebenslanger Dauerehe. Zucht und Aufzucht sind meist problemlos. Wir sorgen für geschützte Brutnischen. Das Gelege besteht aus meist 4—9 glanzlosen weißen Eiern. Brutdauer 28 Tage. Nur die Gans brütet, während der Ganter das Nest bewacht. Beide Partner führen die

Jungen. Nach rund 2 Monaten sind sie flugfähig. Geschlechtsreif sind sie nach Vollendung des 2. Lebensjahres.

Halbgänse

Hawaiigans oder Ne-Ne
Branta sandvicensis (Foto S. 107)
engl.: Hawaiian Goose, Nènè
Gesamtlänge: 56—71 cm, davon Schwanz 14—15 cm
Gewicht: 2000—2250 g

Eine in beiden Geschlechtern überwiegend dunkelbraungraue Gans mit heller Quersäumung. Schnabel, Scheitel, Gesicht und Nackenband sind schwarz. Die Kopf- und Halsseiten sind gelbbraun mit kerbigen, dunklen Strichen. Das Weibchen ist meist geringfügig kleiner, kurzhalsiger und etwas dunkler. Das Jugendkleid ist insgesamt etwas matter und unreiner.

Die Hawaiigans kommt endemisch nur auf zwei Inseln der Hawaiigruppe vor, auf Hawaii, und ein kleinerer Bestand auf Maui. Ihr Biotop sind die Lavafelder der vulkanischen Berghänge zwischen 1525 und 2440 m Höhe mit nur spärlichem Bewuchs. Während gegen Ende des 18. Jahrhunderts der Gesamtbestand auf 25 000 Individuen geschätzt wurde, nahm der Bestand danach schnell rapide ab. Als Ursachen können neben einer intensiven Jagd die vom Menschen eingebürgerten Räuber: Mungos, Katzen, Schweine, Hunde, gelten. 1950 war die Art fast ausgestorben. Nur noch 17 Tiere gab es in der Freiheit und ebenso viele in den Gehegen weniger Liebhaber und Zoos.

Gerade noch rechtzeitig wurde ein Schutzprojekt, das Prohakuloa-Projekt, eingeleitet, auf Hawaii wurde eine Zuchtstation errichtet. Verschiedene Zoos in Europa und Amerika und besonders der englische Wildfowl Trust in Slimbridge bauten gezielt Zuchtstämme auf. Gleichzeitig wurde auf Hawaii eine verstärkte Bekämpfung der eingeführten Räuber durchgeführt.

Glücklicherweise sind Hawaiigänse leicht zu züchten, so daß inzwischen eine größere Anzahl Tiere wieder ausgewildert werden konnte. 1976 wurde der Bestand an wildlebenden Tieren in Hawaii auf etwa 600 und der auf Maui auf rund 100 geschätzt. Mit den Tieren, die sich in Züchterhand befinden, beträgt der derzeitige Weltbestand (1990) mehr als 1000. Ein gutes Beispiel der Arterhaltung durch Zucht.

Als mustergültig kann die Unterbringung im Wildfowl Trust gelten. Dort wurde während der Brutzeit jedes Paar in einem etwa 250 qm großen, mit Gras bewachsenen Einzelgehege gehalten. Die kleinen Wasserstellen wurden kaum aufgesucht. Kleine Hütten aus Rohr- oder Weidengeflecht dienten gleichzeitig als Winterschutz und als Bruthütten. Nun muß man aber bedenken, daß das winterliche Klima in Slimbridge meist sehr mild ist. Wir sollten auf strengere Winter gefaßt sein und geschützte Innenräume haben, zumal Hawaiigänse vielfach in unserem Winter brüten. In größeren Anlagen sind sie mit anderen Arten verträglich. Da sie nicht sehr laut und wenig ruffreudig sind, kann man sie auch in Wohnsiedlungen halten. Die Nahrung besteht aus der nicht sehr üppigen Vegetation zwischen dem Lavagestein, z.B. aus Gräsern, Kräutern, Beeren. Wir geben Futter Schema F. Dabei sollte man wegen der Verfettungsgefahr nicht zuviel kalorienreiche Körner anbieten.

Die Rufe der Hawaiigans klingen leise klagend »ne-ne« (daher der Name bei der einheimischen Bevölkerung). Während der Balz jedoch klingen sie stimmhafter und rauher. Der Tretakt findet auf dem Lande statt. Als Nester werden Erdmulden zwischen Lavagestein gescharrt und mit Pflanzenteilen und später mit Dunen ausgelegt. Das Normalgelege besteht aus 3–6 rahmfarbenen Eiern von 78,2 × 55 mm. Brutdauer 30 Tage. Man muß für die Hawaiigans als Winterbrüter Brutstätten in Innenräumen bereitstellen. Da die meisten Paare ab dem zweiten Lebensjahr regelmäßig zur Brut schreiten, dabei zuverlässig brüten und führen, ist die Zucht an und für sich problemlos. Geklagt wird jedoch vielfach über unbefruchtete Eier und absterbende Embryonen.

Schutzstatus: WA, Anhang I

Schwäne

Für die meisten Liebhaber kommt die Schwanenhaltung aus Platzmangel nicht in Frage. Schwäne, deren Leben sich überwiegend auf dem Wasser abspielt, benötigen eine genügend große Wasserfläche, 100 qm, besser das Doppelte oder noch größer, sollten es sein für ein Paar. Schwäne sind meist streitsüchtig, besonders in der Brutzeit, deshalb ist ein Zusammenhalten mit anderem Wassergeflügel nur auf größeren Wasserflächen möglich. Am streitsüchtigsten sind die allbekannten Höckerschwäne unserer Parkteiche, die Enten regelrecht ersäufen können. Wer die Wahl hat, sollte die leicht züchtbaren Trauerschwäne (*Chenopis atrata*, Foto S. 108) bevorzugen. Sie sind nicht ganz so streitsüchtig, aber in der Brutzeit auch nicht ungefährlich.

Am schönsten und weniger aggressiv sind Schwarzhalsschwäne *(Sthenelides melanocoryphus)*.

Während der Zeit, wenn die Gewässer vereisen, muß ein frostfreier Stall vorhanden sein.

Schwimmenten/Gründelenten

Schwimm- oder Gründelenten sind Enten, die ihre Nahrung im Gegensatz zu den Tauchenten nicht tauchend, sondern, falls sie sie nicht auf oder über der Wasseroberfläche aufnehmen, gründelnd im Flachwasser suchen. Das heißt, mit erhobenen Schwanz stecken sie Hals und Kopf fast senkrecht unter Wasser und seihen die Nahrung aus dem Bodensatz. Als Teichtiefe genügen in unseren Gehegen 40–60 cm. Die hier beschriebenen 6 Arten wurden früher alle der Gattung *Anas* zugerechnet, nach neuerer Systematik werden sie heute teilweise anderen Gattungen zugeordnet.

Knäkente

Querquedula querquedula (Foto S. 125)
syn.: *Anas querquedula*
engl.: Garganey
Gesamtlänge: 38 cm, Gewicht: 300–450 g
Der Erpel wirkt insgesamt silbriggrau. Hervorstechendes Merkmal ist im Prachtkleid der breite, weiße zum Nacken herabgebogene Überaugenstreifen des sonst braunen Kopfes. Eine besondere Zierde sind die verlängerten, herabhängenden Schulterschmuckfedern.

Das Weibchen hat das typische graue Tarngefieder, den der mattgrüne, weiß eingefaßte Spiegel ziert. Der Erpel ist im Ruhekleid durch hellere graublaue Flügeldecken vom Weibchen zu unterscheiden.

Bei der Balz, aber auch bei Störungen, hört man das schnarrende »Klerrp-klerrp« des Erpels. Das Weibchen läßt selten ein quakendes »Knäck« hören.

Die Knäkente ist in weiten Teilen Europas und Mittelasiens beheimatet. Als echter Zugvogel überwintert sie in West-, Zentral- und Ostafrika bzw. die mittelasiatische Population im tropischen Asien bzw. in weiter südwärts gelegenen Tropengegenden. Ihre Brutgebiete sind vegetationsreiche, stehende Süßgewässer.

Die zierliche, schlicht aber hübsch gefärbte Knäkente ist verträglich und stellt die normalen Ansprüche an Haltung und Unterbringung. Nur eines ist zu bedenken: Als Zugvogel benötigt sie einen geschützten Winteraufenthalt, der sie vor starken Frösten schützt.

Sie nimmt ihre natürliche Nahrung weniger durch Gründeln auf, wie die meisten anderen Schwimmenten, sondern durch Schnattern an der Wasseroberfläche. Die Nahrung ist vielseitig, der Anteil tierischer Bestandteile ist hoch. Wir geben Futter nach Schema D und sorgen für genügend tierisches Eiweiß.

Die Knäkente lebt paarweise, genistet wird versteckt in dichter Gras- und Krautvegetation.

Das Gelege von 8–12 rahmgelben Eiern wird 22 Tage bebrütet. Die Aufzucht mit Kükenfütterung ist ohne Besonderheiten. Mit 6 Wochen sind die Tiere flugfähig und im nächsten Frühjahr zuchtfähig.

Krickente

Nettion crecca (Foto S. 125)
syn.: *Anas crecca*
engl.: Teal
Unsere kleinste europäische Ente.
Gesamtlänge: 36 cm, Gewicht: 250–300 g
Im Prachtkleid hat der Erpel ein grauegewelltes Gefieder. Davon hebt sich der ka-

stanienbraune Kopf mit dem sehr breiten grünen Seitenstreifen kontrastreich ab. Im Ruhekleid ist er durch sein insgesamt dunkleres Gefieder, den kaum sichtbaren Augenstreif sowie die klarere Flügelzeichnung vom Weibchen zu unterscheiden. Der grüne Flügelspiegel ist bei beiden Geschlechtern und auch im Ruhekleid vorhanden. Das Weibchen ist braun und gelblich gefleckt.

Besonders häufig hört man in der Balz, die oft als Gesellschaftsbalz stattfindet, das melodische helle »Krük« oder »Krilück« mehrerer Erpel. Das Weibchen quakt nasal »gä-gä-gä-gä«.

Die Krickente hat ihr weitverbreitetes Brutvorkommen in den gemäßigten Breiten Europas und Asiens, die Unterart *N. c. carolinensis* auch in Nordamerika. Während ein Großteil im Winter südwärts zieht und z. B. in Südeuropa und Afrika überwintert, verbringt ein Teil die kalte Jahreszeit auch bei uns. Das steht im Gegensatz zur Knäkente, die bei uns nie überwintert. Die Brutbiotope sind Feuchtgebiete mit Flachgewässern und dichter Vegetation.

Die Ansprüche an Unterbringung und Haltung sind ähnlich denen der Knäkente. Ein Vorzug ist ihre größere Winterhärte. Gelegentlich gilt sie als scheu.

Bei der Ernährung gibt es keine Besonderheiten. Der Bedarf an tierischer Nahrung ist geringer als bei der Knäkente. Geeignet ist Futter nach Schema D.

Zucht und Aufzucht sind nicht schwierig. Da die Krickente in der Natur in dichter Bodenvegetation brütet, ist für entsprechend versteckte Brutplätze zu sorgen, gelegentlich werden auch Nisthöhlen angenommen.

Das Gelege besteht meist aus 6–10 rahmfarbenen Eiern. Die Brutdauer beträgt 21–23 Tage. Die Jungen sind mit 6 Wochen flügge. Oft gelingt eine künstliche Aufzucht der wärmebedürftigen Küken besser als die Naturbrut.

Löffelente

Spatula clypeata (Foto S. 125)
syn.: *Anas clypeata*
engl.: Shoveler
Gesamtlänge: 51 cm, Gewicht: 500–800 g

Typisch für die Art ist der lange, vorn löffelähnliche, verbreiterte Schnabel. Der Erpel besticht im Brutkleid durch die klar abgegrenzten Farben. Der Kopf mit dem braunschwarzen Schnabel ist flaschengrün. Die Brust ist weiß, Bauch und Flanken sind lebhaft rotbraun, der Rücken ist überwiegend grau. Das Weibchen ähnelt der weiblichen Stockente, ist aber leicht an dem Löffelschnabel zu identifizieren.

Den Erpel im Ruhekleid unterscheidet man von dem Weibchen durch den rein hellblauen Vorderflügel, auch hat er den Bauch und die Flanken mehr rötlichbaun.

Die Löffelente ist weit verbreitet auf der gesamten nördlichen Hemisphäre. Ihr Brutbiotop sind nährstoffreiche Flachseen mit einer ausgedehnten Röhrichtzone, auch sumpfiges Gelände mit offenen Wasserstellen. Während einzelne in wintermilden Bereichen auch bei uns überwintern, zieht die Mehrzahl südwärts bis in tropische Bereiche.

Die besonders durch den buntfarbigen Erpel beliebten, friedfertigen Löffelenten sind an und für sich recht einfach zu halten und unterzubringen. Nur eines muß man beachten: Bei sehr tiefen Minusgraden kann der für die Nahrungsaufnahme so wichtige Lamellenschnabel regelrecht zufrieren. Das heißt, die sehr dichtstehenden Lamellen vereisen, die Tiere verhungern. Vorsorglich muß deshalb eine Winterunterkunft für harte Frosttage vorhanden sein.

Löffelenten sind Gemischtköstler, die ihre Nahrung seihend in nahrungsreichen Flachgewässern finden. Bei der Futteraufnahme dient der große Löffelschnabel ausgezeichnet zum Ausfiltern selbst kleinster Nahrungspartikel des Oberflächen-Planktons. Interessant ist dabei, daß die Löffelenten oft zu mehreren, dicht hintereinander im Konvoi schwimmend, die Nahrungssuche betreiben. Dabei profitiert die nachfolgende Ente jeweils von der Vorschwimmerin, welche durch ihr Paddeln ständig Plankton aufwirbelt. Zur Fütterung eignet sich Standardfutter Schema D mit einem erhöhten Eiweißanteil.

Vom Löffelerpel, welcher allgemein wenig ruffreudig ist, hört man als Balzruf ein kurzes, dumpfes »tuk-tuk«. Das Weibchen quakt hingegen stockentenartig »woak-woak«. Zum Nisten sorgen wir für Verstecke in dichter Vegetation, oft werden auch Nistkästen angenommen.

Das Gelege besteht aus 8–12 graugrünen oder rahmfarbenen Eiern. Brutdauer 25–27 Tage. Mit eiweißreichem Futter ist die Aufzucht nicht schwer. Die Jungen sind im nächsten Frühjahr zuchtreif, dennoch werden sie oft erst im zweiten Jahr brutaktiv. Man sollte Löffelenten nicht mit den vewandten Arten von der Südhalbkugel, z. B. der Südamerikanischen Löffelente (*S. platalea*) oder der Australischen Löffelente (*S. rhynchotis)*, gemeinsam halten. Die Gefahr der Mischlingsbildung ist sehr groß.

Pfeifente
Mareca penelope (Foto S. 125)
syn.: *Anas penelope*
engl.: Wigeon
Wesentlich kleiner als die Stockente.

Gesamtlänge: 46 cm
Gewicht: ca. 700 g

Der Erpel wirkt im Brutkleid sehr dekorativ. Den rotbraunen Kopf ziert eine gelbliche bis bräunliche Stirnblesse, die sich zu einem Scheitel erweitert. Die Flanken und der Rücken sind silbergrau mit feiner Wellung. Die Brust ist weinrot. Weiß sind die Vorderflügel und der Bauch, ein auffälliges Merkmal auch während des Fluges.

Die Weibchen sind in der Gefiederfärbung variabel; so gibt es graubraune, aber auch mehr rotbraune Typen. Auch bei ihnen ist der leuchtendweiße Bauch auffallend.

Der Erpel im Ruhekleid unterscheidet sich durch das mehr rötliche Gefieder und den auffallend weißen Vorderflügel vom Weibchen.

Die Stimme des Erpels gab der Art ihren Namen. Sie ist ein lautes pfeifendes »huiu«, dabei der i-Laut betont und höher liegend. Das Weibchen ruft schnarrend »terr«.

Die Pfeifente ist in weiten Teilen des nördlichen Europas und Asiens beheimatet und besiedelt vegetationsreiche Flachgewässer. Überwintert wird in zum Teil riesigen Scharen im Bereich der Meeresküsten. So überwintert sie auch in großer Zahl an der deutschen Nordseeküste, um bei Vereisung südwärts, teilweise bis Nordafrika, zu ziehen.

Die Unterbringung der recht winterharten Pfeifente sollte in einem Gehege mit guter Bodenvegetation, von dem ein genügend großes Teilstück aus einer Grasfläche besteht, erfolgen. Da sie friedfertig ist, läßt sie sich gut mit anderen, ebenfalls friedfertigen Enten zusammen halten. Abweichend von den bisher beschriebenen Schwimmenten ernährt sie sich fast nur vegetarisch und gründelt auch kaum. Wir sorgen deshalb neben der Körnerfütterung für ständige Grünzeuggaben und eine Grasnarbe, auf der sie nach Gänseart äsen kann.

Pfeifenten brüten leicht in »Gefangenschaft«, der Erpel beteiligt sich oft an der Kükenführung. Die Nester werden im Schutze dichter Vegetation angelegt, manchmal werden auch Nistkästen angenommen. Die Eiablage erfolgt teilweise im Mai, meist erst im Juni. Das Gelege besteht aus 7—9 rahmgelben Eiern. Brutdauer 23—24 Tage. Die Küken sind leicht aufzuziehen, flugfähig sind sie mit 6 Wochen und im nächsten Frühjahr zuchtfähig. Bei der Fütterung sollten Wasserlinsen nicht fehlen.

Verwandte Arten

Zwei Verwandte der Pfeifente können ebenfalls zur Haltung empfohlen werden: Die Amerikanische Peifente *(Mareca americana)* und die Chilepfeifente *(Mareca sibilatrix)*.

Sie haben ähnliche Eigenschaften wie unsere »Europäerin«, wobei die Erpel der Chilepfeifente aber als zänkisch gelten und für Kleinanlagen mit gemischter Besetzung weniger geeignet sind. Wegen der Gefahr von Mischlingszuchten sollte man keinesfalls zwei dieser Arten zusammen halten.

Stockente

Anas platyrhynchos (Foto S. 125)
engl.: Mallard
Stammform der meisten Hausenten (ausgenommen sind die Warzenenten).
Als Prototyp der Ente anzusehen.
Gesamtlänge: 58 cm, Gewicht: 900–1500 g
Wohl jeder kennt sie als die typische, allverbreitete Wildente unserer Heimatgewässer und jedes Stadtparkteiches und kann miterleben, wie der Erpel sein tarnfarben bräunlich geflecktes Ruhekleid (ähnlich dem Weibchenkleid) ablegt und sein farbiges Brutkleid mit dem flaschengrün schimmernden Kopf und der typischen Schwanzlocke anlegt. Auch im Ruhekleid lassen sich die Geschlechter gut unterscheiden. Während der Schnabelfirst beim Weibchen stets dunkel ist, hat der Erpel einen einfarbig gelblichen oder grünlichgelben Schnabel. Man kann sie aber auch stimmlich gut unterscheiden: das »quak-quaak« oder »waak-wak-wak« des Weibchens unterscheidet sich deutlich vom heiseren »räab-räab-räab« des Erpels.

Ihr riesiges Verbreitungsgebiet erstreckt sich über die gesamte nördliche Hemisphäre. In Europa ist sie die weitaus häufigste Ente.

Ihr Lebensraum ist überall dort, wo nährstoffreiche Gewässer und genügend Deckung vorhanden sind. Die ehemals scheue Wildente der freien Landschaft (dort ist sie auch heute noch scheu) hat inzwischen jeden Großstadtparkteich erobert und ist durch Fütterung der Besucher oft fast handzahm.

Unterbringung und Haltung sind unkompliziert, selbstverständlich müssen aber die Mindestanforderungen jeglicher Zierentenhaltung erfüllt sein. Wenn der Ententeich oben nicht mit Netz oder Draht überspannt ist, werden sich Stockenten bald von alleine einstellen, manchmal auch unerwünscht, denn abgesehen vom hohen Futterverbrauch und Zänkereien besteht die Gefahr, daß sie mit den von uns gehaltenen Enten verwandter Arten Mischlinge zeugen. Ganz anders als z.B. die Mandarinenten sind Stockenten schon als Küken in kurzer Zeit ohne Scheu gegenüber ihrem Pfleger.

Die Stockente ist in der Nahrungswahl sehr vielseitig, die Fütterung ist deshalb nicht schwierig nach Futter-Schema D.

Die Balz, jeder kann sie auf unseren Parkgewässern beobachten, beginnt bereits im Herbst. Dabei kommt es oft zu stürmischen Verfolgungsjagden. Der Erpel neigt zu Polygamie und begattet auch fremde Weibchen. Als Nistplätze werden unterschiedliche Stellen aufgesucht, meist versteckt am Boden, manchmal auch hochgelegen auf Kopfweiden oder ähnlich gelegen. Ab Ende März werden 9–13 graugrüne oder gelbgrüne, auch lehmgelbe Eier gelegt. Brutdauer 26 Tage. Wir stellen ihnen die beschriebenen Nistkästen oder -körbe zur Verfügung. Die Kükenaufzucht ist einfach.

Baikalente oder Gluckente

Nettion formosum (Foto S. 125)
syn. *Anas formosa*
engl.: Baikal Teal

Manchmal wird der Name Formosa-Ente oder Formosa-Krickente gebraucht, das ist falsch. Die Annahme, daß der lateinisch-wissenschaftliche Name von Formosa (jetzt Taiwan) herrührt und ein Herkunftsgebiet der Ente bezeichnet, ist unzutreffend. Formosa bzw. formosum bedeutet vielmehr schöngestaltet/schön.

Gesamtlänge: 40 cm, Gewicht: 500–600 g.

Wenn der Erpel sein Prachtkleid angelegt hat, ist die Artbezeichnung *formosa* keine Übertreibung, denn er ist tatsächlich eine Schönheit.

Der Kopf ist vierfarbig: schwarz die Kopfplatte und die Augenumgebung, letztere senkrecht verlängert zur ebenfalls schwarzen Kehle und das dadurch unterteilte Gelb von Zügel- und Backengegend. Dazu ist noch die halbmondförmige hintere Kopfhälfte weiß eingefaßt und intensiv erzgrün glänzend. Dann die bräunlichen Flügel mit den sichelartig gebogenen Schulterfedern, die weinrote Brust mit feinen schwarzen Tupfen sowie die feine graue Wellung der Flanken. Das Weibchen, gelbbraun gemustert, hat als typisches Artmerkmal einen gelblichweißen Fleck an der Schnabelwurzel. Der Erpel unterscheidet sich im Ruhekleid von ihr durch die intensivere (braunere) Gesamtfarbung und durch die etwas verlängerten Schulterfedern.

Die Brutgebiete der Baikalente befinden sich in Ostsibirien, vom Baikalsee im Süden bis an die Eismeerküste im Noden. Überwintert wird hauptsächlich auf den Binnenseen und an den Meeresbuchten Japans und Südostchinas. Ihr Brutbiotop sind Gewässer in der sumpfigen Taiga sowie Sümpfe und Flußdeltas am Rande der Tundra.

Die Haltung kann sowohl in Einzelabteilen als auch in Gesellschaftsanlagen erfolgen und schafft keine besonderen Probleme. Die Baikalente ist verträglich und schnell zutraulich.

Auch die Ernährung bringt keine Besonderheiten. Fütterung nach Futter-Schema D.

Während der Balz läßt der Erpel seine typischen tiefen Glucklaute, sie klingen wie »hot-hot…«, ertönen. Das Weibchen quakt ähnlich wie andere Schwimmenten. Die Baikalente galt lange Zeit als fast nicht züchtbar, weil die Weibchen einfach nicht legten. Inzwischen trifft das nicht mehr zu, und es kommt immer häufiger zu erfolgreichen Zuchten. Die Nester werden vielfach in dichter Vegetation nahe am Wasser angelegt. Die 6–10 graugrünen Eier haben eine Brutdauer von 24–26 Tagen. Wenn es erst einmal zur Eiablage kommt, ist auch die Zucht nicht schwieriger als bei den vorher beschriebenen Arten. Im nächsten Frühjahr nach dem Schlupf sind die Jungen selbst zuchtfähig.

Tauchenten

Aythyini
Tauchenten suchen ihre Nahrung überwiegend unter Wasser am Gewässergrund in einem Meter (höchstens 4 m) Tiefe. Meeresenten oder Meertauchenten, wie sie gelegentlich genannt werden, tauchen noch wesentlich tiefer. Teiche bzw. Wasserbecken für Tauchenten sollten eine Mindestwassertiefe von 70 cm, besser 1 m haben. Man erkennt Tauchenten schon am Körperbau: Die Beine sind weit hinten am Körper angesetzt, auffallend ist der dicke Kopf, und außerdem liegt ihr Körper tiefer im Wasser als bei Schwimmenten. Ihre Küken haben gelbe Gesichter ohne Augenstreif, sie unterscheiden sich dadurch von den Küken der meisten Schwimmenten.

Kolbenente

Netta rufina (Foto S. 126)
engl.: Red-crested Pochard
Gesamtlänge: 56 cm
Gewicht: 800–1200 g
Auffällig sind beim Erpel im Brutkleid der dicke fuchsrote Kopf und Oberhals mit dem karminroten Schnabel und klar abgegrenzt dazu in Schwarz Unterhals, Brust und Hinterende. Die Flanken und die Schwingen sind weiß. Das Weibchen ist hauptsächlich graubraun mit auffallend heller Wangenzeichnung. Der Erpel ähnelt im Ruhekleid dem Weibchen sehr, ist aber durch den roten Schnabel eindeutig von ihm zu unterscheiden.

Die Vorkommen der Kolbenente liegen im mittleren und südlichen Europa und östlich davon in Asien bis hin zur West-Mongolei. Die größte Verbreitung ist im asiatischen Bereich; in Deutschland gibt es nur vereinzelte Vorkommen. Die hiesigen Vorkommen überwintern vorwiegend im Mittelmeerraum, wo sie meistens im Oktober eintreffen. Im April kehren sie dann wieder in ihre Brutgebiete zurück, um kurz danach mit dem Gelege zu beginnen. Ihr Lebensraum sind flache Binnenseen mit reichlicher Ufervegetation und üppiger Unterwasserflora.
Kolbenenten sind einfach zu halten und relativ winterhart. Bei Gemeinschaftshaltung können die Erpel während der Balzzeit im Frühjahr streitsüchtig gegen Mitbewohner sein, auch begatten sie leicht fremde Weibchen.
Ein Großteil ihrer natürlichen Nahrung besteht aus Wasserpflanzen, aber auch aus Kleinlebewesen, die sie tauchend oder gründelnd aufnehmen. Zur Fütterung geeignet ist unser Futter-Schema D.
Bei der Balz bringt der Erpel seinen fuchsroten Kopf enorm zur Geltung, indem er das Kopfgefieder stark aufplustert. Dabei schwimmt er mit ausgestrecktem Hals unter Ausstoßen von nasalen »Geng«-Rufen. Charakteristisch ist auch sein »Balzfüttern«, dabei holt er tauchend Gewässerpflanzen vom Teichgrund herauf und überreicht sie dem Weibchen. Die Zucht ist meist erfolgreich, Kolbenenten nisten gern in dichter Vegetation, oft werden aber auch Nisthöhlen oder Nistkörbe angenommen. Die Gelege enthalten 8–12 graugelbe Eier. Brutdauer 26–28 Tage. Die Aufzucht ist leicht.
Die Jungen sind mit 6–7 Wochen selbständig und im nächsten Frühjahr zuchtfähig.

Tafelente

Aythya ferina (Foto S. 126)
engl.: Pochard
Eine gedrungene Ente mit großem, langem Kopf und auffallend flacher Stirn.
Gesamtlänge: 46 cm
Gewicht: 700–1100 g
Beim Erpel sind Kopf und Hals kastanienbraun, die Augen leuchtend rot, das Rumpfgefieder ist silbergrau mit feiner Wellung, Brust und Schwanz sind schwarz.
Beim Weibchen sind Kopf, Hals und Brust dunkelbraun, der Rumpf ist graubraun. Den Erpel erkennt man im Ruhekleid an seinem helleren Rücken und rötlicheren Kopf.
Verbreitet in großen Teilen Europas und Mittelasiens. Zur Brutzeit besiedeln sie nährstoffreiche Flachseen von 1–2 m Wassertiefe mit größeren offenen Wasserflächen und Röhrichtgürteln. Im gemäßigten Westeuropa sind sie teils Standvögel oder ziehen im Winter südwärts. Bekannt sind auch große Mauserplätze, getrennt nach Geschlechtern. So werden im Ismaninger Speichersee bei München jedes Jahr über 20000 Tafelerpel gezählt.
Die dekorative Tafelente ist winterhart und gut für Gemeinschaftsanlagen geeignet. Bei der Unterbringung sind keine außergewöhnlichen Anforderungen notwendig. Da sie sich als Tauchente viel auf dem Wasser aufhält, ist jedoch das ausreichend bemessene Wasserbecken wichtig (Mindesttiefe 70 cm).
Ihre Nahrung, vorwiegend Wasserpflanzen, sucht sie überwiegend tauchend. Wir können das Futter-Schema D geben und legen dabei besonderen Wert auf eine gute Versorgung mit Grünzeug.
Während der Balz schwimmt der Erpel mit auffallend gerecktem und geblähtem Hals, dabei häufig den Kopf ruckartig auf den Rücken werfend, um dann wieder Kopf und Hals aufs Wasser zu legen. Zur Brut, bei der natürlicherweise in dichter Ufervegetation genistet wird, werden auch Nistkästen angenommen. Das Gelege aus 8–12 graugrünen Eiern wird meist ab Mitte Mai gelegt. Brutdauer 24–26 Tage, wobei das Weibchen allein brütet. Die Küken sind leicht aufzuziehen. Bei der Fütterung sollten Wasserlinsen nicht fehlen. Mit etwa 8 Wochen sind die Jungen flugfähig und selbständig und im nächsten Frühjahr zuchtfähig.

Reiherente

Aythya fuligula (Foto S. 126)
engl.: Tufted Duck, Tufted Pochard
Eine kleine, gedrungene Tauchente
Gesamtlänge: 43 cm
Gewicht: 600–1000 g
Der Erpel ist im Brutkleid bis auf die weißen Flanken und den Bauch tiefschwarz. Der Kopf mit dem blaugrauen Schnabel und den leuchtend schwefelgelben Augen ziert ein spitzer, vom Hinterkopf in den Nacken herabhängender Schopf. Das Weibchen ist fast einfarbig schwarzbraun mit angedeutetem Schopf.
Im Ruhekleid ist der Erpel sehr schwer vom Weibchen zu unterscheiden, am ehesten noch durch eine etwas hellere Flankenzeichnung.
Beheimatet ist die Reiherente im gesamten nördlichen Bereich Europas und Asiens. In den letzten 50 Jahren hat sie ihr europäisches Brutgebiet nach Westen und Süden ausgedehnt. Ihre Brutbiotope sind stehende und langsam fließende Binnengewässer mit bewachsenen Inseln oder genügend Uferbewuchs zum Nisten. Als Zugvögel verbringen viele den Winter im Mittelmeerraum oder in Afrika. In nicht

zu harten Wintern verbleibt auch regelmäßig eine größere Anzahl auf Deutschlands Seen.

Die attraktive, dabei friedliche und anspruchslose Reiherente läßt sich gut auf größeren Teichanlagen in Gemeinschaft mit anderen Enten halten. Für Kleingehege ist sie weniger geeignet. Wassertiefe mindestens 70 cm.

Ihre Nahrung holt sie sich fast ausschließlich tauchend vom Grunde der Gewässer, zum Teil aus großen Tiefen. Im Gegensatz zur vorher beschriebenen Tafelente ist die Nahrung überwiegend animalischer Art: z.B. Muscheln, Schnecken, Insektenlarven, außer Samen der Wasserpflanzen ist der pflanzliche Anteil gering.

Fütterung: Futter-Schema D.

Oft brüten Reiherenten in lockeren Kolonien. Das Weibchen baut in dichter Vegetation nahe am Wasser ein gut verstecktes Nest, das mit Grünpflanzen und wenig Dunen ausgepolstert wird. Auch in unseren Anlagen bevorzugen sie derlei Brutplätze. Freistehende Nesthöhlen werden kaum angenommen. Das Gelege besteht aus 6–12 graugrünen Eiern. Brutdauer 23–25 Tage.

Die Küken sind schon, erst wenige Tage alt, recht selbständig. Mit 8–9 Wochen sind sie flugfähig. Mit Zuchterfolgen kann man meist erst im zweiten Jahr rechnen. Die Naturbrut gelingt zwar vielfach nicht, aber mit der künstlichen Brut und Aufzucht gibt es kaum Schwierigkeiten.

Glanzenten

Cairnii

Zu den Glanzenten zählen Arten aus recht unterschiedlichen Gattungen, so auch die hier beschriebenen Mandarin- und die Braut- sowie die Rotschulterente, wobei letztere neuerdings den Gründelenten zugerechnet wird.

Rotschulterente

Callonetta leucophrys (Foto S. 143)

engl.: Ringed Teal

Einzige Art der Gattung *Callonetta*.

Die Rotschulterente hat soviel Vorzüge und ist so hübsch, daß man sie uneingeschränkt empfehlen kann.

Eine der kleinsten und zierlichsten Enten.

Gesamtlänge: 35 cm

Gewicht: 190–360 g

Erpel: Vom Kopf sind Gesicht und Kehle isabellgrau, Scheitel und Nacken schwarz. Hervorstechende Merkmale sind das rosa Brustgefieder mit schwarzer Rundfleckung, das graue, fein schwarzgewellte Flankengefieder, die namensgebenden kastanienroten Schulterfittiche, der runde weiße Fleck seitlich am Schwanzansatz und bei beiden Geschlechtern, besonders im Flug sichtbar, der grüne Flügelspiegel mit angrenzendem großen weißen Fleck auf den Flügeldecken. Der Erpel legt kein Ruhekleid an, er ist immer in Pracht.

Beim Weibchen sind die Flügeldecken trübbraun statt kastanienrot, weiter sind sie teilweise, wie z.B. die Unterseite, trübweiß mit grober brauner Querbänderung, die Kopfseiten weiß mit hellbraunem unregelmäßigem Wangenfleck.

Ihr Verbreitungsgebiet ist das mittlere Südamerika östlich der Anden. Die genaue Ausdehnung des Brutgebietes ist weitgehend unbekannt. Bruten wurden bisher in Argentinien und Paraguay nachgewiesen. Als Biotop sind Gewässerflächen wie Teiche und Flüsse in locker bewaldeter Landschaft, aber auch im dichten Wald anzusehen.

Rotschulterenten sind zahm und verträglich mit anderen Arten. Es eignen sich alle Gehegetypen zu ihrer Unterbringung. Sogar zum Freiflug eignen sie sich besser als die meisten anderen Enten. Nur eines muß man bedenken: Ihre Heimat sind die Tropen, man darf ihnen deshalb keine starken Minustemperaturen zumuten und muß für einen entsprechend frostfreien Winterstall sorgen. Da sie flugfähig gehalten auch öfters aufbaumen, sollten im Gehege entsprechend dicke Äste sein. Zur Ernährung empfiehlt sich Futter nach Schema D, und besonders in der Zuchtzeit als Zugabe Garnelen und als willkommener Leckerbissen Mehlwürmer.

Der Balzruf des Erpels wird als heiseres, katzenähnliches Miauen »whiiu« beschrieben. Der Ruf des Weibchens ist ein scharfes, ansteigendes »hau-it«, und außerdem lassen sie ein leises Quaken hören. Als Baumhöhlenbrüter nehmen sie gern erhöht angebrachte Nisthöhlen oder -kästen an. Meist erst Ende Mai werden 5−8 weiße Eier gelegt. Brutdauer 23 Tage. Auch der Erpel beteiligt sich fürsorglich an der Aufzucht. Aufzuchtsverluste sind dabei selten, und so sollten wir auf jeden Fall Naturbrut und -aufzucht bevorzugen. Mehr noch als andere Küken sind die Kleinen als Tropenkinder wärmebedürftig. Besonders für die Erstlinge darf das Wasser nicht zu kalt sein. Bei der Kükennahrung sollten Wasserlinsen als Zugabe nicht fehlen.

Mandarinente
Dendronessa galericulata (Foto S. 143)
syn. *Aix galericulata*
engl.: Mandarin Duck
franz.: Canard mandarin
Gesamtlänge: ca. 43−45 cm
Gewicht: um 600 g, das Weibchen ist ca. 100 g leichter.

Während das Weibchen das typische graubräunlich gemusterte Tarngefieder trägt, ist der Erpel im Prachtkleid einer der buntesten der Entenfamilie überhaupt. Hervorstechendes Merkmal ist seine schopfartige Haube, die am Schnabelansatz glänzend stahlgrün beginnt, auf dem Hinterkopf in Rostbraun übergeht und im herabhängenden Schopf wieder grün endet, kontrastierend zu den weißen Kopfseiten und dem leuchtend roten Schnabel. Die kupferfarbenen Halsfedern sind zu einem Kragen verlängert. Auffallend und einmalig sind auch die zwei zimtbraunen »Segelfedern« am Unterrükken, besonders wenn sie bei der Balz aufgerichtet werden.

Im Ruhekleid (ab Ende Mai bis Anfang September) ähnelt der Erpel dem Weibchen, er ist jedoch von ihr durch seine mehr bräunliche Tüpfelung im Brust- und Flankenbereich zu unterscheiden. Die Füße sind intensiver orangefarben als beim Weibchen, und der Schnabel ist matt rotbraun. Während die Küken mit einem gelben, graubraun gemusterten Dunengefieder schlüpfen, ist das spätere Jugendkleid ähnlich dem Weibchenkleid. Die jungen Erpel erkennt man jedoch an den mehr gelblichgrünen Füßen, welche beim jungen Weibchen hingegen dunkelgraugrün sind. Die Brust ist beim Erpel außerdem rötlichbraun geschuppt, beim Weibchen mehr grau.

Die Mandarinente kommt aus dem ostasiatischen Raum: aus Nordostchina, dem angrenzenden Amurgebiet Sibiriens und aus Japan. Sie bewohnt während der Brutzeit Seen und Teiche sowie Ufer und Buchten ruhig fließender Flüsse in Laubwaldgebieten. Während die Populationen der südlichen Gebiete Standvögel sind, weichen die Bestände der kälteren nördlichen Gebiete beim Zufrieren der Nahrungsgewässer nach Süden aus. Die Bestände in Nordchina sollen durch großräumige Abholzungen zurückgegangen sein. In Europa haben sich durch entwichene Gehegevögel teilweise kleine Bestände entwickelt. In Süd-England, wo gezielte Ausbürgerungsversuche stattfanden, ist eine Population schon auf über 1000 Tiere angewachsen.

Die Geschlechter sind auch stimmlich gut zu unterscheiden, das gilt auch bei heranwachsenden Jungtieren und bei Tieren im Schlichtkleid. So gibt der Erpel ein pfeifendes »Wrrick«, das Weibchen dagegen ein dunkleres quakendes »aekak« von sich.

Wegen des äußerst attraktiven, exotischen Aussehens des Mandarinerpels im Prachtkleid wird die Art sehr gerne gehalten. Daß sie auch noch anspruchslos, winterhart, leicht züchtbar und friedlich ist, sind weitere Pluspunkte. Die Friedlichkeit hat natürlich ihre Grenzen in engen Gehegen, besonders wenn die Mitbewohner von der eigenen oder verwandten Art sind. Zwei oder drei Paar Mandarinenten in einem 10 qm-Gehege machen sich das Leben zur ständigen Qual. Ansonsten eignen sie sich für alle der beschriebenen Gehegetypen, auch zu mehreren in großen Gemeinschaftsanlagen (Teichanlagen).

Die natürliche Nahrung der Mandarinenten besteht wie bei anderen Schwimmenten aus Wasserpflanzen und Kleingetier wie Wasserinsekten, Würmer, Mollusken. Zur Erntezeit suchen sie auch die Felder auf und fressen Getreide, daneben Baumfrüchte wie Eicheln u. a.

Die Fütterung erfolgt nach Futter-Schema D.

Das Balzgeschehen spielt sich für einen Schwimmvogel selbstverständlich auf dem Wasser ab. Nach einleitendem Schütteln und Scheinputzen wird das schmuckvolle Hauben- und Kragengefieder in sehr auffallender Weise ruckartig hochgeschnellt, dabei ertönt ein nasales »Pfrrruiehb«. Weitere Balzelemente sind ein Sichschütteln (das Imponierschütteln) unter Ausstoßen eines Schwirrlautes und ein grunzendes Pfeifen (der Doppelpfiff). Das Weibchen beginnt oft schon Ende März 9—12 gelbbraune Eier zu legen. Brutdauer 30—31 Tage. Falls man das erste Gelege entfernt, kann es zu 1 oder 2 Nachgelegen kommen.

Als Höhlenbrüter erhalten Mandarinenten die beschriebenen Naturstamm-Bruthöhlen oder Kästen mit einem Innendurchmesser von rund 30 cm. Falls die Enten flugfähig in einer Voliere gehalten werden, kann die Bruthöhle auch in 1,5 bis 2 m Höhe angebracht werden.

Die Küken erklettern im Alter von 24 Stunden mit ihren scharfen Krallen an den Zehen die Höhlenwand, sofern diese rauh genug ist, und springen auf den Erdboden herab. Ihr leichter elastischer Körper schützt sie dabei vor Verletzungen. Der Erpel beteiligt sich nur selten an der Jungenaufzucht. Falls er sich störend benimmt, muß er aus dem Aufzuchtsgehege verbannt werden. Aufzuchtsfutter siehe unter Kükenfütterung.

Vielfach werden Mandarinenten künstlich erbrütet und aufgezogen. Dabei kommt es oft zu Problemen. So versuchen die scheuen Küken pausenlos dem Aufzuchtbehälter zu entfliehen und sterben nach 2—3 Tagen, ohne Nahrung aufzunehmen, an Hunger und Erschöpfung. Die Ursache ist, daß man die Küken zu lange (innerhalb der Prägungsphase) in der Brutmaschine beließ. Daher sollte man die Küken unmittelbar nach dem

Schlupf, auch wenn sie noch naß sind, im Aufzuchtbehälter unter den Infrarotstrahler als Wärmequelle setzen und gleichzeitig auch das Aufzuchtfutter anbieten. Ein eingehängter Federbüschel fördert das Geborgenheitsgefühl der Kleinen. Die Jungen sind schnellwüchsig und bereits etwa im Alter von 6 Wochen flugfähig. Schon im Herbst ihres Schlupfjahres legen die jungen Erpel ihr Prachtkleid an und sind im folgenden Frühjahr geschlechtsreif.

Brautente

Aix sponsa (Foto S. 143)
engl.: North American Wood Duck
Gesamtlänge: 43—51 cm
Gewicht: Erpel 700—900 g, Ente 550–680 g

Der Erpel ist im Prachtkleid recht bunt gefärbt, was ihm eine große Beliebtheit bei den Zierentenhaltern einbrachte. Auffallende Gefiedermerkmale sind der schwarze, metallisch glänzende Kopf mit der weißen Kinn- und Kehlzeichnung und der verlängerten, in den Nacken herabfallenden Schopfhaube.

Das Weibchen ist von dem ähnlichen Mandarinentenweibchen am besten durch seinen weißen Augenstreif zu unterscheiden, der bei der Brautente um das Auge läuft, breit ist und nach hinten spitz ausläuft. Die Mandarinente hingegen hat einen schmalen, strichförmig vom Auge zum Nacken ziehenden Streifen. Den Erpel kann man im Brutkleid vom Weibchen durch seinen zwar jetzt matteren, aber immer noch leuchtenderen Schnabel und die Fußfärbung unterscheiden.

Die in den 50er Jahren aufgetretene helle Mutation, inzwischen ziemlich verbreitet, wird als »gelb« bezeichnet. Sie ist weniger schön als die Wildfarbe.

Die Brautente bewohnt Nordamerika in zwei weitgehend getrennten Populationen, einer westlichen und einer östlichen. Beide Populationen verbringen den Winter im südlichen, eisfreien Teil ihres Verbreitungsgebietes. Ihr Brutbiotop sind die Gewässer innerhalb von Waldlandschaften. Im Winter wird, z.T. in größeren Trupps, auch offenes Gelände aufgesucht. Für die Unterbringung und Haltung gilt das gleiche, wie es schon bei der Mandarinente beschrieben wurde. Außerdem ist sie noch friedfertiger und auch zutraulicher dem Pfleger gegenüber.

Die Brautente wird ebenso wie die Mandarinente gefüttert nach Futter-Schema D.

Der Erpel balzt sehr ausgeprägt, eine Gesellschaftsbalz, wie Mandarinerpel sie vollführen, betreibt er jedoch nicht. Dagegen ist sein Balzfüttern, wobei er seinem Weibchen Leckerbissen reicht, bei Enten sonst recht selten. Die Zuchtvoraussetzungen sind für ihn als Höhlenbrüter ähnlich wie bei der Mandarinente, die künstliche Aufzucht ist sogar problemloser, und die Küken sind weniger scheu.

Das Gelege umfaßt 10—14 cremeweiße Eier, Brutdauer 28—30 Tage. Mit 9 Wochen sind die Jungen flugfähig, sie bekommen im ersten Herbst ihr Prachtkleid und sind im folgenden Frühjahr zuchtreif.

Meerenten und Säger

Die Haltung von Sägern und besonders Meerenten ist zum Teil sehr schwierig und kann nicht ohne weiteres empfohlen werden. Nur wer eine längere »Entenerfahrung« hat und vor allem Anlagen mit genügend großen und tiefen Wasserflächen besitzt, die auch im Sommer kühles, sauerstoffreiches Wasser enthalten, kann sich an leichter zu haltende Arten wagen. Meeresenten aus hochnordischen Gegenden, wie Trauerenten, Samtenten, Eisenten, sollten ganz tabu sein.

Wer einen größeren Teich oder einen kleinen Baggersee, womöglich mit reichlich Fischbesatz, besitzt, kann sich an die Sägerhaltung wagen. Wohl am schönsten, dabei nicht allzu schwierig zu halten und auch schon vielfach gezüchtet, ist der kleine bunte Kappensäger (*Lophodytes cucullatus,* Foto S. 144) mit der großen, fächerartig spreizbaren Federhaube; er kommt aus Nordamerika. Man bedenke, daß ein Großteil seiner natürlichen Nahrung aus Fischen besteht und daß er neben Pellets immer auch Fisch und Garnelen erhalten sollte.

Kraniche

Neben Zoos und Vogelparks halten auch Privatliebhaber gelegentlich Kraniche. Meistens handelt es sich dabei um den Jungfernkranich (*Anthropoides virgo,* Foto S. 144) oder auch um Kronenkraniche, meist die ostafrikanische Unterart (*Balearica pavonina regulorum,* Foto S. 144). So verlockend die Haltung dieser schönen Tiere auch sein mag, so muß man sich doch die Frage stellen, ob man die Voraussetzungen für ihre Haltung bieten kann. Wer ein Grundstück zur Verfügung hat, vielleicht 1500 qm groß, das neben Grasflächen mit Buschwerk bestanden ist, und mit einem kleinen Teich darin, kann mit der Kranichhaltung liebäugeln. Er muß dieses Grundstück hoch und fuchssicher einzäunen und am besten mit Netz überspannen, damit die Tiere flugfähig gehalten werden können. Notwendig ist auch ein geräumiges Schutzhaus, das zumindest für die Kronenkraniche auch beheizbar sein muß.

Man beachte vor allem auch den jeweiligen Schutzstatus der Tiere. So gelten z.B. Jungfernkraniche derzeit lt. EWG-Verordnung als zusätzlich vom Aussterben bedrohte Arten, deren Ein- oder Ausfuhr nur mit einer zusätzlichen Genehmigung nach §21b B Nat Sch G zulässig ist.

Literatur

▽

Aeckerlein, W.: Die Ernährung des Vogels. Verlag Eugen Ulmer, Stuttgart 1986.

Albrecht, E.: Käfig- und Volierenbau. Verlag Rasch u. Röhring, Hamburg 1989.

Arnolds, D.: Die Edelfasanen. Geflügel-Börse, Heft 19/1990.

Aschenbrenner, H.: Rauhfußhühner. Verlag M. & H. Schaper, Hannover 1985.

—: Die Satyrhühner oder Tragopane, eine Übersicht. Die Voliere, Heft 8/1987.

Baining, H.: Meine Straußwachteln. Gefiederte Welt, Heft 3 u. 4/1974.

Behnke, H.: Hege, Aufzucht und Aussetzen von Fasanen und Rebhühnern, 6. Auflage. Parey Verlag, Hamburg-Berlin 1985.

Boetticher, H. v.: Die Perlhühner (Neue Brehm-Bücherei). A. Ziemsen Verlag, Wittenberg-Lutherstadt 1954.

—: Fasanen, Pfauen, Perlhühner und andere Zierhühner. Verlag Oertel u. Spörer, Reutlingen 1956.

—: Wachteln, Rebhühner, Steinhühner, Frankoline und Verwandte. Verlag Oertel u. Spörer, Reutlingen 1958.

Boetticher, H. v. u. Grummt, W.: Gänse- u. Entenvögel aus aller Welt, 2. Auflage, Neue Brehm-Bücherei, Wittenberg-Lutherstadt 1965.

Brown, A. A.: Kunstbrut. Handbuch für Züchter. Verlag M. & H. Schaper, Hannover 1988.

Delacour, J.: The Pheasants of the World, 2. Edition. Verlag Spur Publications 1977.

Dorn, P.: Handbuch der Geflügelkrankheiten. Verlag Eugen Ulmer, Stuttgart 1971.

Ebert, U.: Vogelkrankheiten. Zier- und Wildvogel-Behandlung, Haltung, Pflege. Verlag M. & H. Schaper, Hannover, 1984.

Franz, O.: Wasser- und Wasserziergeflügel. Verlag Oertel u. Spörer, Reutlingen 1959.

Gevers: Erlebnisse mit Satyr-Tragopanen. Geflügel-Börse Nr. 17/1974.

Gewalt, W.: Haltung und Zucht von Park- und Ziergeflügel. 2. Aufl. Verlag Oertel u. Spörer, Reutlingen o. J.

Glutz von Blotzheim, U. N., Bauer, K. M., Bezzel, E.: Handbuch der Vögel Mitteleuropas Bd. 5. Akadem. Verlagsges. Frankfurt/M. 1973.

Grahl, W. de: Amerikanische Hauben- und Baumwachteln. Gefiederte Welt, Heft 1, 2, 3/1958.

Grzimek, B. u. a.: Grzimeks Tierleben, Bd. VII—VIII: Vögel. Kindler Verlag, Zürich 1968.

Guangmei, Z.: Überblick über den Grünschwanz-Glanzfasan. Die Voliere, Heft 8/1987.

Hahn, U.: Vogelkrankheiten. POV-Sachbuchverlag, Alfeld 1987.

Heinroth, O., Heinroth, M.: Die Vögel Mitteleuropas Band 3. Bermühler Verlag, Berlin-Lichterfelde 1928.

Heintzel, H., Fitter, R., Parslow, I.: Pareys Vogelbuch, 3. Aufl. Parey Verlag, Hamburg u. Berlin 1980.

Howe, G.: Die Zucht der Satyrhühner. Die Voliere, Heft 8/1987.

Johnsgard, P. A.: The Pheasants of the World. Oxford Univ. Press, Oxford 1986.

Kolbe, H.: Die Entenvögel der Welt. Verlag Neumann, Leipzig/Radebeul 1984.

Kronberger, H.: Haltung von Vögeln, Krankheiten. G. Fischer, Jena 1978.

Lorenz, K.: Vergleichende Bewegungsstudien an Anatiden. Journal Ornithologie, Bd. 3, 1941.

Madge, St. u. Burn, H.: Wassergeflügel. Parey Verlag, Hamburg u. Berlin 1989.

Mark, R. R. P. v. d.: Sierwatervogels. Verlag L. J. Veen's, Amsterdam 1969.

Neunzig, K.: Einheimische Stubenvögel. Creutzsche Verlagsbuchhandlung, Magdeburg 1922.

Nicolai, J.: Fotoatlas der Vögel. Verlag Gräfe u. Unzer, München 1982.

Oldenettel, J.: Zierentenhaltung bei beschränkten Platzverhältnissen. Gefiederte Welt, Heft 5/1983.

—: Vogelgerechte Zimmer- und Gartenvolieren. Gefiederte Welt, Heft 5 und 6/1984.

—: Streifengänse. Gefiederte Welt, Heft 1-1985.

—: Schöne und begehrte Hühnervögel: Satyr-Tragopane. Gefiederte Welt, Heft 1-1986.

Raethel, H.-S.: Enten, Zier- und Hausenten. Verlag Gräfe und Unzer, München 1988.

—: Hühnervögel der Welt, Verlag Neumann-Neudamm, Melsungen 1988.

Robiller, F.: Käfige und Volieren. Verlag Neumann-Neudamm, Melsungen 1983.

— (Herausgeber): Lexikon der Vogelhaltung. Landbuch-Verlag, Hannover 1986.

Rutgers, A. (Herausgeber): Enzyklopädie für den Vogelliebhaber Bd. 1. Verlag Littera Scripta Manet, Gorssel-Holland 1966—1970.

Scott, P.: Das Wassergeflügel der Welt. Parey Verlag, Hamburg u. Berlin 1961.

Siegmann, O.: Kompendium der Geflügelkrankheiten. 4. Auflage. Verlag M. & H. Schaper, Hannover 1983.

Thien, H.: Geheimnisvolle Tierwelt Chinas. L. Stocker-Verlag, Graz—Stuttgart 1981.

Trossen, J.: Ziergeflügel im Garten. Verlag Eugen Ulmer, Stuttgart 1971.

Wienands, J.: Wassergeflügel. Gefiederte Welt, Heft 7—12/1966 u. 1/1967.

Wolters, H. E.: Die Vogelarten der Erde. Parey Verlag, Hamburg u. Berlin 1975-1982.

Wolters, J.: Edelfasane — Spezies in Farbe. Verlag J. Wolters, Bottrop 1989.

Bildnachweis

▽

Oldenettel, J., Friedeburg-Etzel: S. 17, S. 35 oben und links unten, S. 54 oben und rechts unten, S. 72 oben und rechts unten, S. 90 oben, S. 107 rechts oben, S. 108, S. 125 links oben, links und rechts unten, S. 126 links unten, S. 144 links oben

Reinhard, H., Heiligenkreuzsteinach: S. 18 links oben, S. 36 links oben und unten, S. 53, S. 54 links unten, S. 71, S. 72 links unten, S. 107 links unten, S. 125 mitte rechts, S. 143 links und rechts unten

Bielfeld, H., Jameln: S. 18 links unten, S. 35 rechts unten, S. 36 rechts oben, S. 89, S. 90 rechts unten, S. 107 rechts unten, S. 125 links oben und mitte links, S. 126 rechts unten, S. 144 großes Foto

Muss, P.J., St. Katharinen: S. 18 rechts oben und unten, S. 90 links unten, S. 107 links oben, S. 143 oben

Pappel, W.: S. 126 oben

Robiller, F., Weimar: S. 144 rechts unten

Arten- und Sachregister

▽